はしがき

近年、歴史に題材をとったテレビドラマや映画をよく見かけます。その中には、豊臣大坂城や近代都市「大大阪」など、大阪を舞台に製作されたものが少なくありません。また、二〇一九年には百舌鳥・古市古墳群が世界文化遺産に登録されました。

こうしたことを背景に、大阪に残された史跡や文化財への関心は以前に増して高まっており、歴史遺産をめぐるまち歩きや、博物館などでのボランティアガイドの活動に参加される方々が増えてきているように思います。さらに、新型コロナウイルスの感染が拡大する以前は、大阪を訪れた海外からの観光客の多くが大阪城に足を運ぶなど、史跡・文化財は観光資源としても注目されています。

このように大阪という地域の歴史が脚光を浴びることは喜ばしいことです。しかし、そうした関心の多くは、特定の歴史上の人物や出来事に特化した断片的なものになってしまっているのではないでしょうか。それぞれの史跡や文化財を、連続した歴史の流れの中に位置づけてこそ、その特色や意義が見えてくるはずです。

また、一般には知られていない史跡、再評価されるべき歴史遺産も大阪には多くあります。そうしたものに目を向けることなくして、地域の歴史の真の豊かさに触れることはできないでしょう。

そこで私たちは、最新の歴史学の成果にもとづいて、「新しい」大阪の歴史ガイドブックを作れないかと考えました。単に主な史跡・文化財を並べ、それらを解説するだけのものではなく、われわれ歴史家が、学生や市民のみなさんを案内してその地を訪れ、歴史を学んでもらう、そういった擬似体験をえられるような書籍です。こうした意図にもとづき、日ごろ大阪をフィールドに調査・研究に活躍されている方々にご協力をいただいて、本書を編むこととしました。

本書で目指したのは、史跡・文化財の個々の解説ではなく、それら相互の結びつきと、それが所在する地域とのかかわりを重視したガイドブックです。ですので、本書では史跡・文化財と地域の歴史を一体的に感じ、学んでもらえるような具体的な見学コースを、地図や図版を多く交えながら提示しています。本書を手に取って実際に現地を訪れ、大阪の歴史の特色や豊かさを感じ取っていただければと思います。

地域に残された歴史遺産は、私たちの知的好奇心を刺激するとともに、地域がかかえる現代的な問題を考えるきっかけとなるものです。そうしたものを私たちの世代だけではなく、後世にも伝えていく大切さを、本書とともに史跡・文化財をめぐりながら考えていただけたら望外の幸せです。

二〇二一年七月

磐下　徹

凡例

一　本書では、章ごとに史跡案内地図を掲げた。案内地図に記載している史跡については、それぞれの地図ごとに通し番号を振った。

一　本文中では、案内地図に記載している史跡をゴチック体で示すとともに、（　）内に案内地図の史跡番号を記し、本文と地図とを対照できるようにした。

一　史跡案内地図は、文理閣編集部が作成した。図・測量図・写真は、各執筆者および関連の研究機関の提供による。

一　難読の用語には振り仮名をつけた。読み方については『平安時代史事典』（角川書店、一九九四年）、『国史大辞典』（吉川弘文館、一九七九～一九九七年）、『新版　角川日本史辞典』（角川書店、一九九七年）を参照したが、学界の慣用や有職読みを採ったものもある。ただし、歴史上の用語の読み方には定説がない場合も多く、振り仮名で示した発音が確定的なものだということではない。

一　天皇陵に治定されている古墳の名称は、各種の表記方法があるため、本書ではあえて統一せず、各執筆者の方針どおりとした。

一　本文中の博物館・資料館等の施設情報は二〇二一年三月現在のもので、見学にあたっては各自確認していただきたい。

『歴史家の案内する大阪』目次

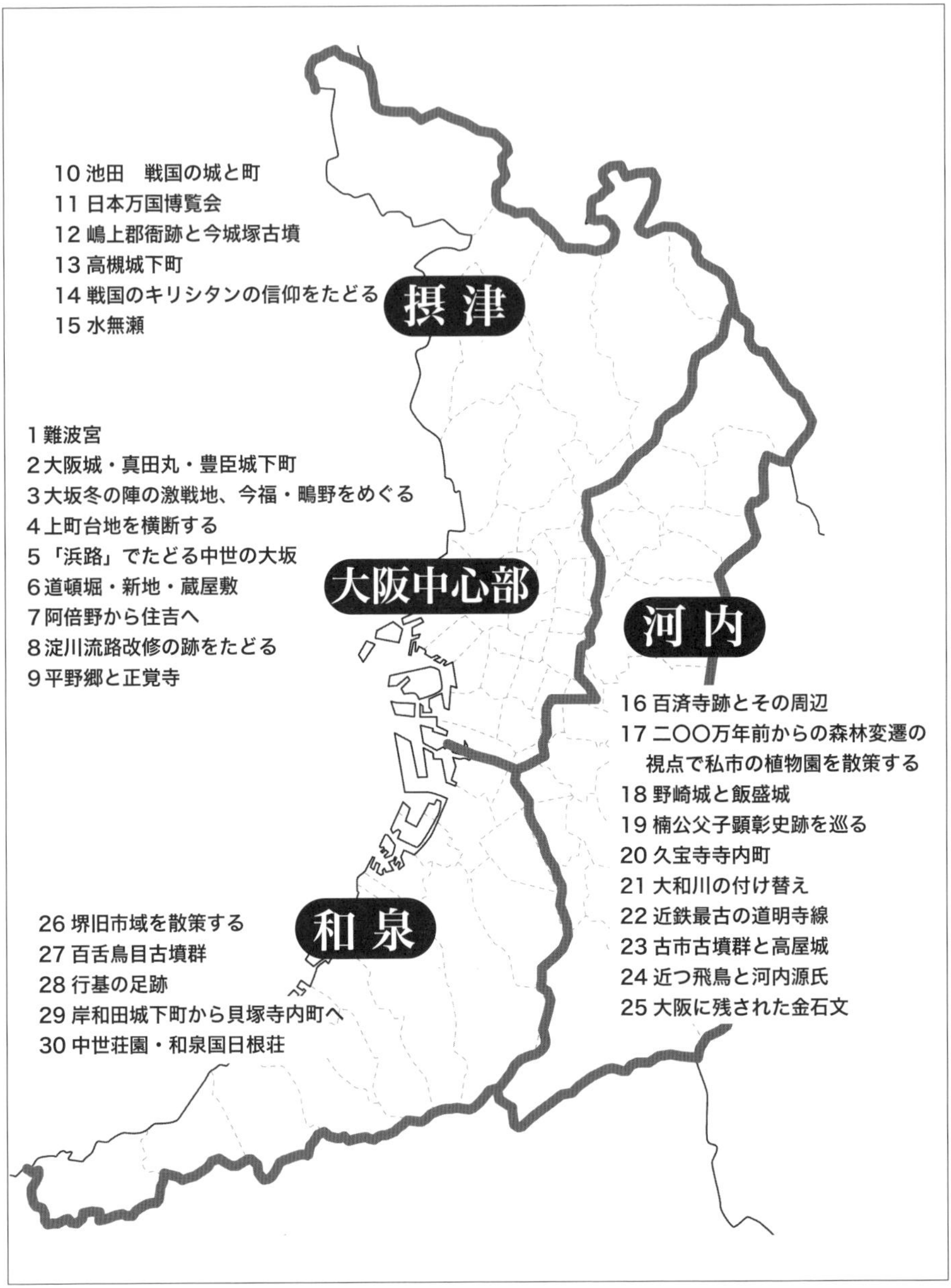
摂 津
10 池田　戦国の城と町
11 日本万国博覧会
12 嶋上郡衙跡と今城塚古墳
13 高槻城下町
14 戦国のキリシタンの信仰をたどる
15 水無瀬
大阪中心部
1 難波宮
2 大阪城・真田丸・豊臣城下町
3 大坂冬の陣の激戦地、今福・鴫野をめぐる
4 上町台地を横断する
5「浜路」でたどる中世の大坂
6 道頓堀・新地・蔵屋敷
7 阿倍野から住吉へ
8 淀川流路改修の跡をたどる
9 平野郷と正覚寺
河 内
16 百済寺跡とその周辺
17 二〇〇万年前からの森林変遷の視点で私市の植物園を散策する
18 野崎城と飯盛城
19 楠公父子顕彰史跡を巡る
20 久宝寺寺内町
21 大和川の付け替え
22 近鉄最古の道明寺線
23 古市古墳群と高屋城
24 近つ飛鳥と河内源氏
25 大阪に残された金石文
和 泉
26 堺旧市域を散策する
27 百舌鳥目古墳群
28 行基の足跡
29 岸和田城下町から貝塚寺内町へ
30 中世荘園・和泉国日根荘

大阪中心部

1 難波宮

積山　洋
Hiroshi Sekiyama

上町台地の裾から難波宮へ

　JR環状線「森ノ宮」駅を降りると、西側に大阪城公園が広がっている。東西方向に走るのは大阪の大動脈、中央大通りで、その上には阪神高速東大阪線が走っている。標高わずか二・五mほどの駅前から西に向かって坂道を登ること約一〇分で、標高二〇m余の平坦面にいたる。そこは大阪市を南北に貫く上町台地の北端、低いとはいえ大阪平野で最も高い地点である。かつては東の河内湖、西の大阪湾など、四方が見渡せた。

　難波宮《なにわのみや》はこの高台に位置するわが国の代表的な古代の王宮のひとつである。長く所在不明であったが、戦後、山根徳太郎博士が主導した発掘調査により、この地で発見された。前期難波宮は、飛鳥時代の大化元年（六四五）、乙巳《いっし》の変で蘇我入鹿らが滅ぼされ、大化改新で孝徳天皇が難波に遷都して造営した王宮である。日本古代の本格的な宮室の原点となり、斉明天皇元年（六五五）に都が飛鳥に戻ったのちも存続したが、朱鳥元年（六八六）に火災に遭った。後期難波宮は奈良時代の神亀三年（七二六）、首都の平城宮にいた聖武天皇が副都（第二の都）として再建した宮室である。その周辺では条坊制という碁盤目状の街造りも進んだ。桓武天皇が延暦三年（七八四）、平城京から長岡京へ遷都した際に建物は解体され、長岡宮に移築された。

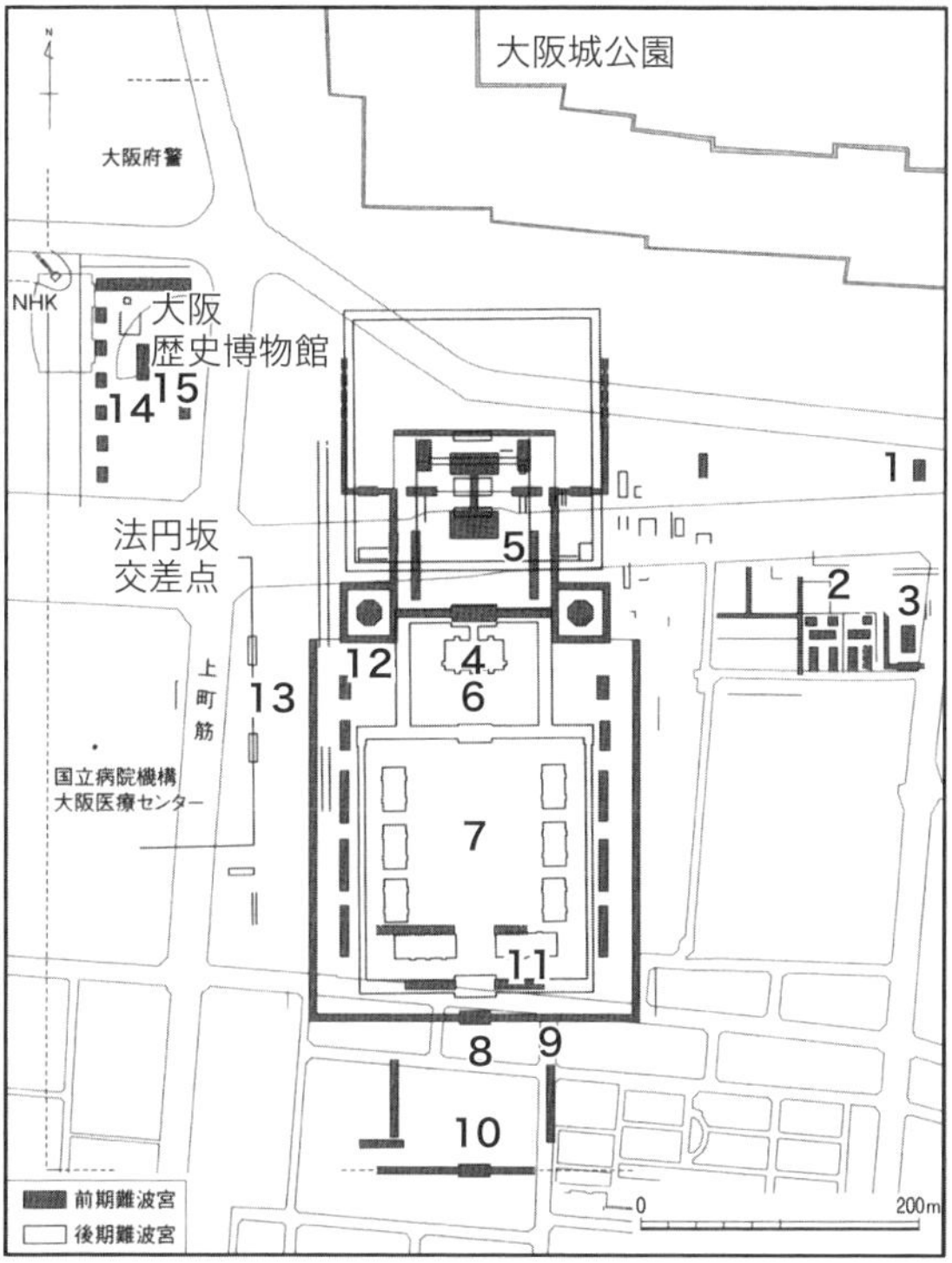

1～3 前期難波宮 東方官衙　4 後期難波宮 大極殿　5 前期難波宮 内裏前殿　6 後期難波宮 大極殿院　7 前期・後期難波宮 朝堂院　8 前期難波宮 朝堂院南門　9 前期難波宮 東朝集堂　10 前期難波宮 南門　11 大阪市文化財協会 展示室　12 前期難波宮 西八角殿院　13 後期難波宮 五間門と塀　14 前期難波宮 内裏西方官衙　15 法円坂倉庫群（5世紀）復原倉庫

こうして前期・後期難波宮は、約一四〇年間、首都として、後には副都としての歴史を日本史に刻んだわけである。

前期難波宮東方官衙

さて、上ってきた坂道が平坦面に達するところに交差点がある。その

難波宮の東限の崖 北から

南に東向きの崖があり、ここが前期難波宮のほぼ東限である。ここから難波宮中心部までの宮域東部が**東方官衙**（1～3）である。

東方官衙には性格の異なるいろいろな建物群がある。まず、交差点を

北西に渡ると、前期難波宮の建物跡が発見された**ＫＫＲホテル大阪遺跡庭園**（１）がある。今は埋め戻されているが、地上には柱の跡が原位置通りに復原表示されている。通常の建物と異なり、この建物は東と北にもう一列余分に柱が並ぶ。これは廂《ひさし》が張り出す構造で、屋根は一回り大きく高く見える格式の高い殿舎である。

遺跡庭園　南から

駐車場に復原表示された直角に折れる柱列　南から

次いで、交差点を渡って南へ戻ろう。大通りの南側では、多数の建物跡が発見されている。

少し西へ進むと陸橋の下、左手に「前期難波宮内裏東方遺跡」の看板があり、この一帯で発見された建物群の概要がわかる。例えば、東西棟の南に南北棟が並び、北には倉庫を設けた実務的な役所のような区画（２）や、地面を石敷舗装し、四面に廂がつく格式の高い建物が立つ特殊な区画（３）などがある。看板のある鉄柵の出入口から駐車場に入ると、そこにも発掘調査で発見された単廊（二列の柱が並び、その内側が通路＝廊）の直角に折れる柱跡がオレンジの復原線で示されている。

難波宮中心部へ

再び鉄柵の外に出て西へ向かうと、いきなり左手の視界が開ける。前期・後期難波宮の中心部が重なって発見され、一九七〇～八〇年代に整備された難波宮跡公園である。

特に目を引くのは高さ二ｍ余の石壇で、後期難波宮の正殿である「**大《だい》極殿《ごくでん》」の基壇**（４）である。発掘調査で発見された大極殿跡の真上に凝灰岩で復原されている。礎石の配置から、基壇の上に建てられた大極殿は東西南北のすべてに廂が張り出す四面廂《しめんびさし》という最も格式の高い殿舎として復原された。ここに、聖武天皇が出御したのである。

難波宮跡公園　右手に後期難波宮復原基壇　後方に大阪歴史博物館　南東から

大極殿の北にも少し低い大極殿後《こう》殿《でん》の基壇が連なっている。その左右にも復原回廊がとりつき、ぐるりと大極殿を囲む。これが**大極殿院**（6）であり、普通の貴族など入れない特別な空間である。

　大極殿後殿の基壇では黒く丸い表示が規則的にみられる。後殿の下層にあった前期難波宮の内裏南門の柱位置を示す。その北方で、やはり四面廂の前期難波宮の正殿「**内裏前殿**」（5）が発見されている。当時のわが国で最大規模であり、かつ華麗な殿舎だったであろう。残念ながら、内裏前殿は砂で丁寧に埋め戻されたが、ここだけ高速道路を地面に降ろして保存され、いまは地下で眠っている。

　太極殿の基壇から南に目を転じると、広々とした空間に二種類の遺構復原がみられる。ひとつは赤を基調として地面から少しくぼんで復原された回廊や南北棟の殿舎群で、発見された柱の位置を低い石柱で表示してある。これが前期難波宮の遺構復原である。もうひとつは地面から少し高く復原された回廊や建物基壇（花壇風に見える）で、後期難波宮の復原である。いずれも南北の中軸線を基準として左右対称になっており、中国風の設計である。

　基壇中央の階段を降り、南へ向かう。**大極殿院**（6）の地面は発掘調査で確認された通り石敷きで復原された。さらに南には前期・後期ともに官人たちの空間である**朝堂院**（7）

手前に前期難波宮西八角殿院、左手に後期難波宮大極殿院　大阪歴史博物館から

が広がっている。広大な広場は、彼らが列立する重要な儀式の場、左右に並ぶ建物（朝堂）は政務の場であり、周囲を回廊が取り囲む。朝堂院は中国や朝鮮半島の宮城にはない日本独自の空間で、その始まりが前期難波宮であった。

宮域南部、転じて北西部へ

公園を南下すると、左右に花壇のような高まりが見える。後期難波宮の朝堂の復原基壇である。公園の南隣には一三階建てマンションがあり、ここで前期難波宮の**朝堂院南門**（8）が発見された。目立たないがマンションの前庭に、復原された門の柱跡を見ることができる。

　このマンションのすぐ東側のT字状交差点から南下する南北道路の下で、南北五〇m以上という長大な前期難波宮の**東朝集堂**（9）がみつかった。朝集堂は、毎朝官人たちが身支度する場である。その西側は学校のグラウンドであり、ここでは中軸線を挟んで対称の位置で西朝集堂、さらには前期難波宮の正門である**南門**（10）が発見されている。その南は急な下り坂になっており、地形上も南門が宮域の南限だと実感できる。

　T字状交差点に戻り、北へ渡った左手に**大阪市文化財協会**（11）がある。一階に展示室があり、平日なら見学できる（要予約）。小規模ながら縄文時代～近世の出土品が展示されている。

　ふたたび公園に戻り、北西へ。公園の北端近くには前期難波宮の**西八角殿院**（12）がある。東西八角殿は前期難波宮だけにあり、仏堂説や荘厳建築説などが提起されている。公園の西端では後期難波宮の南北塀と門が復原表示されている（13）。この塀は掘立柱で建てられ、南北約二〇〇mの三等分点に、桁行五間という格式の高い門が二棟、発見された。この西側は重要な区画だが、内部は不明である。

大阪歴史博物館へ

法円坂交差点を渡ると、大阪歴史博物館の敷地にいたる。ここでも博物館の内外に赤く丸い柱のマークが地上に表示されている。この敷地で発見されたのは、前期難波宮内裏西方官衙の**倉庫群**(14)である。律令制下の中央官司である大蔵省の起源であり、七世紀後半には単に「大蔵」と呼ばれた。朱鳥元年(六八六)の難波宮火災はここで発生したと『日本書紀』は伝える。

大阪歴史博物館の北側に復原表示された「並び倉」の柱跡(円形)と案内板(左奥)

復原された5世紀のクラ　敷地内に建物跡16棟も表示されている

博物館の南隣には高さ一〇m弱の木造建築が復原されている(15)。前期難波宮より二〇〇年以上も古い五世紀前半のクラであり、ほぼ同様の建物跡が計一六棟、整然と並んでみつかった。難波古代史の原点ともいうべき法円坂倉庫群である。

最後に、大阪歴史博物館に入館しよう。まず一〇階から難波宮跡を見下ろし、フロアの後期難波宮大極殿の実物大復原を見てほしい。展示も詳細である。一階では地下に保存された遺構の無料見学ツアー「難波宮遺跡探訪」にも参加でき、たっぷりと難波宮に浸ることができるだろう。

参考文献

積山洋『東アジアに開かれた古代王宮 難波宮』(新泉社、二〇一四年)

2 大坂城・真田丸・豊臣城下町

松尾信裕
Nobuhiro Matsuo

大坂城

賤ヶ岳の合戦で柴田勝家を破り、織田信長の後継者争いに勝利した羽柴秀吉は、天正一一年（一五八三）から大坂の地に自らの居城を築き始めた。大坂城である。この地には天文二年（一五三二）以降、本願寺とその寺内町があり、本願寺寺内町はその周囲に堀や土塁を巡らせて「摂州第一の名城」と呼ばれた。その本願寺は織田信長と元亀元年（一五七〇）から戦い、天正八年（一五八〇）に正親町天皇の仲裁によって和睦した。その結果、本願寺は紀伊鷺森に移転し、信長が大坂を手中に収めた。しかし、二年後の天正一〇年に信長は明智光秀の謀反により横死する。そして、信長の後継者となった秀吉が大坂を自らの本拠地と定めた。

秀吉が築いた大坂城は徳川幕府が再築した徳川大坂城の地下に埋没している。ただ、中井家や広島市立中央図書館が所蔵する「豊臣大坂城本丸図」を見ると、徳川期の本丸の形は細部での違いはあるが、豊臣期から大きく変わっていないことがわかる。二の丸についても「大坂冬の陣配陣図」を見ると、現在の大阪城外堀に近い姿であったと想像できる。

豊臣期の大坂城は二の丸の周囲に惣構をめぐらせ、その規模は現在の四倍以上の面積があった。二の丸と惣構の間には武家屋敷を配する三の丸があった。三の丸の範囲は北が大川の南の京街道、西が谷町筋の東、

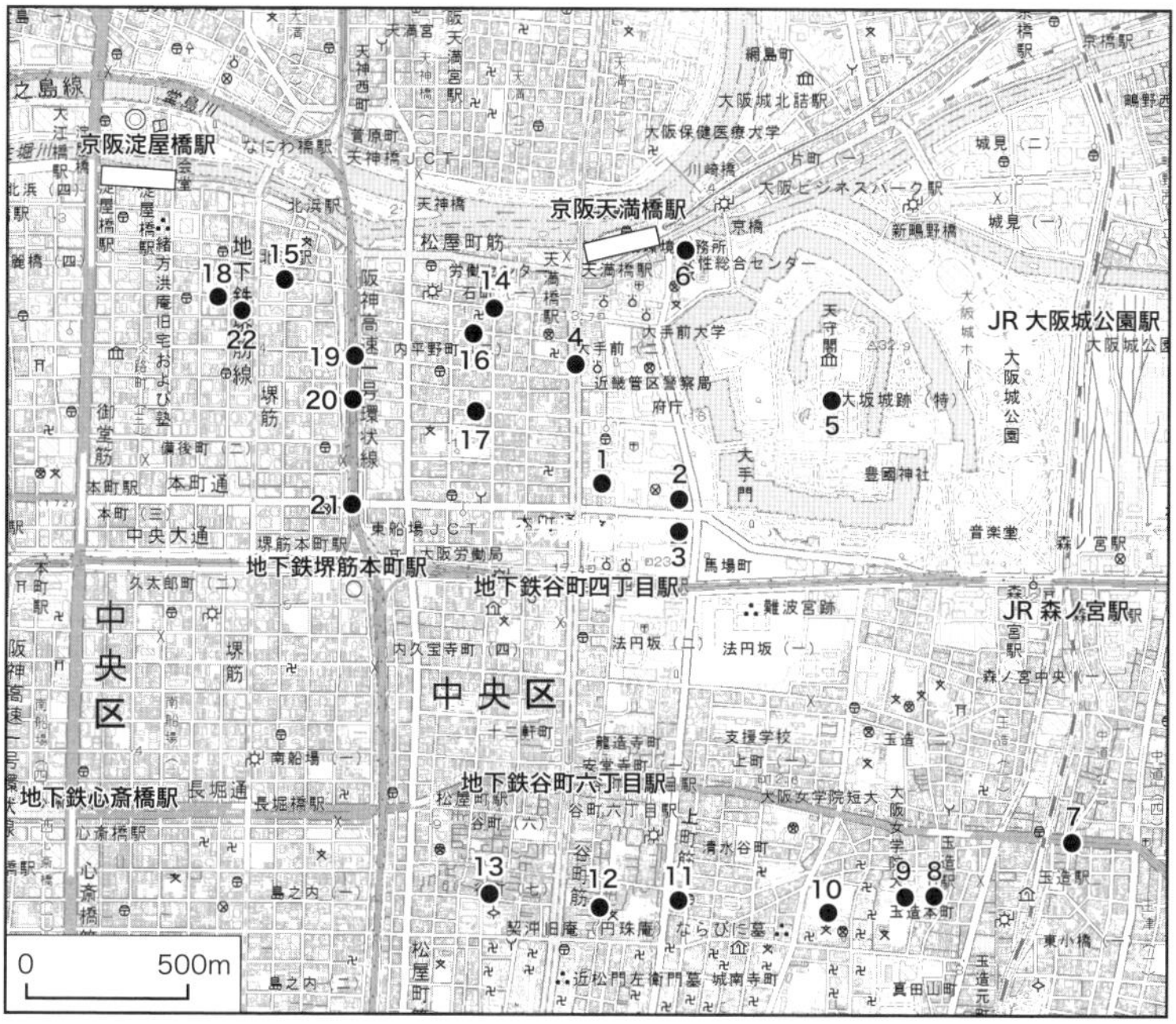

1 大阪府庁新別館　2 大阪府警察本部　3 大阪歴史博物館　4 谷町筋の地下駐車場　5 石垣の公開施設建設予定地　6 ドーンセンター石垣　7 大坂城惣構の黒門跡　8 三光神社　9 真田山旧陸軍墓地　10 明星学園　11 惣構堀の北側の肩　12・13 堀痕跡　14 島町　15 高麗橋通り　16 釣鐘町　17 大手通り　18 伏見町　19 平野橋　20 大手橋　21 本町通り　22 くすりの道修町資料館

南が奈良街道（内安堂寺通り）、東が玉造稲荷神社東の斜面付近と想定する。明治時代の『大阪実測図』を読むと、その範囲に約二五〇mの方形地割が確認できる。この方形地割が広がる範囲を三の丸と推定する。この街区はさらに分割され、秀吉に臣従した大名たちの屋敷になっていた（図1）。

この範囲内では金箔瓦が多く出土し、武家地であったことを裏付ける。**大阪府庁新別館敷地**（1）や**大阪府警察本部敷地**（2）の街区、さらに南の**大阪歴史博物館**（3）がある街区では大規模な武家屋敷が数箇所発見されている。また、**谷町筋の地下駐車場**（4）では武家地の西端を限ると推定する堀跡も見つかっている。谷町筋より東の地域は現在でも公共施設が建ち並ぶ一画であり、豊臣期の武家屋敷が徳川幕府用地となり、さらに明治新政府に移管されて国や大阪府・大阪市の敷地となり現在に至っているのである。

大阪城公園では徳川幕府が築いた堀や石垣しか見ることができない。しかし、本丸広場の地下には豊臣期の石垣が埋没していることがわかっている。金蔵の背後（東側）で行われた発掘調査では、高さ六mの豊臣期大坂城の石垣が発見された。現在この**石垣の公開施設**（５）の建設準備が進められている。また、天守閣の南西には地下七mで見つかった豊臣期石垣を保存する施設がある。

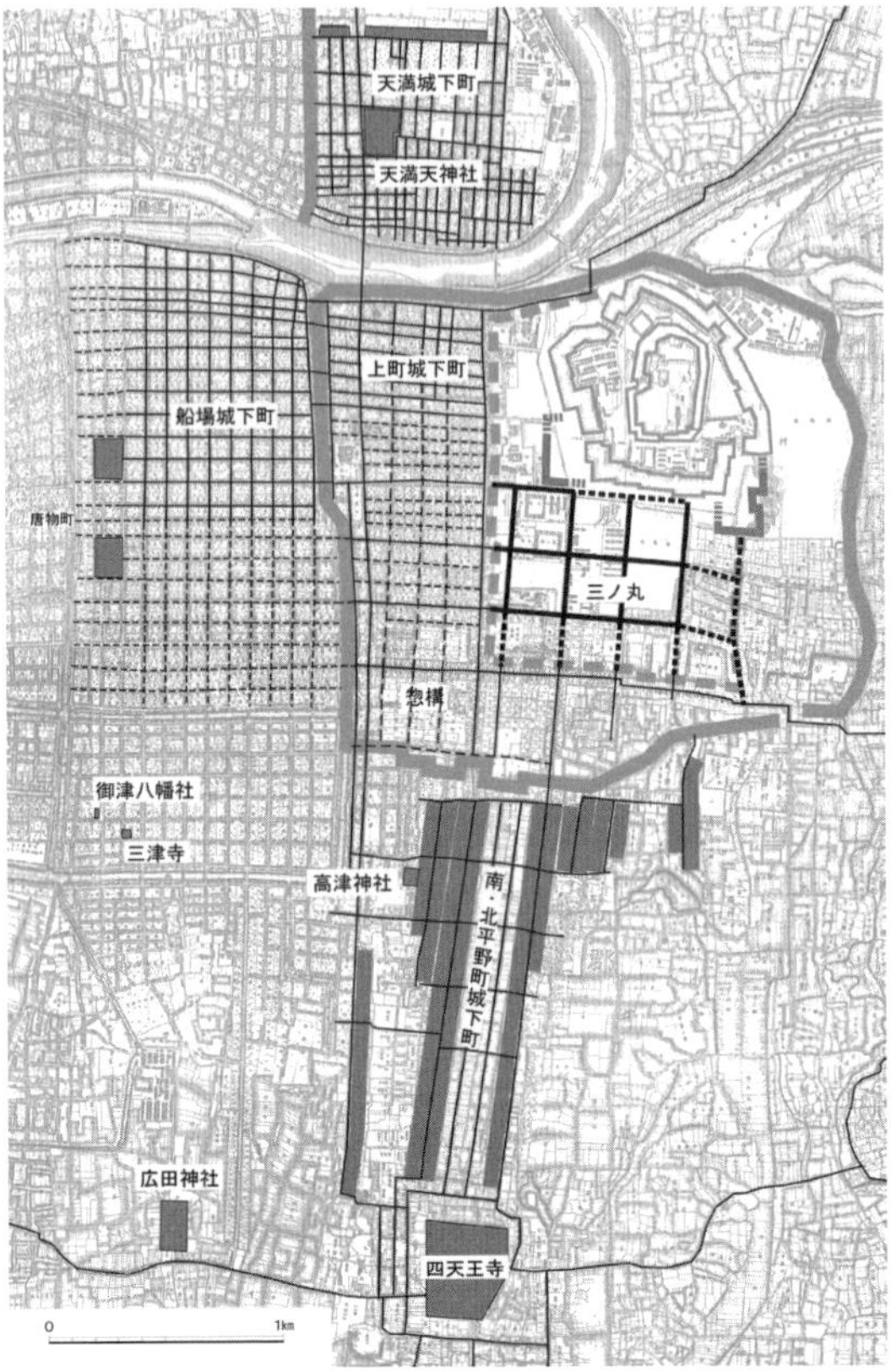

図1　豊臣期の大坂復元図

写真1　ドーンセンター石垣

豊臣期の石垣が見学できる場所として、天満橋駅に近い大阪府立男女共同参画・青少年センター（通称ドーンセンター）の北側道路がある。ここに**ドーンセンター敷地の調査で発見された石垣**（6・写真1）が移築されている。自然石を多用した野面積みの石垣で、一つだけ矢穴のある割石がある。慶長三年（一五九八）から築かれた石垣と推定されており、当時の石垣構築技術がうかがえる。

惣構《そうがまえ》と真田丸《さなだまる》

文禄三年（一五九四）に豊臣大坂城を囲う惣構が建設される。その位置は北が大川を利用し、東は猫間川を改修し、西は上町台地西裾の湿地を利用して東横堀川が造られた。そして南には上町台地を東西に横断する空堀が開削された。この堀跡は今でも谷地形や窪地として痕跡をとどめている。JR玉造駅から長堀通り（国道三〇八号線）の南側歩道を一〇〇m程東に行くと「二軒茶屋・石橋旧跡」の石碑が建つ。ここの北側歩道を見ると、コンクリート製の橋の欄干が残る。ここは**大坂城惣構の黒門**（7）があった所で、江戸時代にも大坂から奈良へ向かう大和街道が、城内から出る地点にあたる。惣構の南堀はこの地点から西へと続く。再び玉造駅に戻り、駅を過ぎ玉造筋を越えると、長堀通りの南に西へ行く道がある。この道を一〇〇m程行くと左手（南）に**三光神社**《さんこう》（8）の鳥居が見える。

三光神社と西に続く**真田山旧陸軍墓地**（9）、さらに西の小橋寺町を挟んで西側にある**明星学園**（10）の

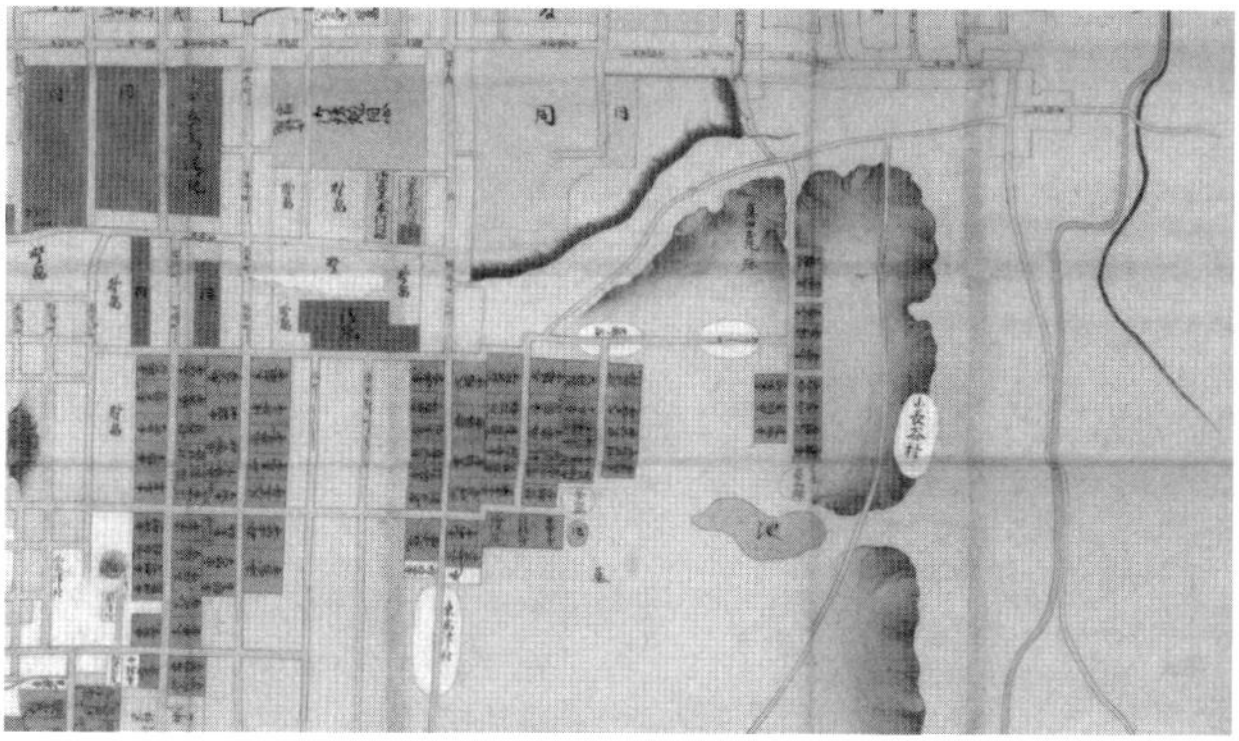
写真２　大坂三郷町絵図部分（貞享元年頃　1684）

敷地が、大坂冬の陣で真田信繁（幸村）が築いたとされる真田出丸跡と推定される。真田出丸は江戸時代の大坂三郷町絵図（**写真2**）などで、明星学園の場所を含むことは確かだが、その範囲や構造については諸説があり確定していない。

明星学園の北の道をさらに西に辿ると上町筋に出る。上町筋に面した民間ビルの敷地で**惣構堀の北側の肩**（**11**）が発見された。堀の北肩しか見つかっていないが、ボーリングデータによると幅二〇m以上、深さ一〇m以上の規模と推定される。上町筋を西に渡ると、空堀通りの南側に**窪地**（**12**）がある。さらに西に谷町筋を越えても屈曲しつつ断続的に**窪地**（**13**）が残る。この窪地が堀の痕跡と推定される。

豊臣期城下町

豊臣期の城下町は秀吉が大坂城築城に着手した天正一一年から建設されている。京都の神官の吉田兼見が残した『兼見卿記《かねみきょうき》』に、天正一一年八月三〇日条に「長岡越中宿所へ音信、屋敷普請場ニ在之、即面会、築地以下普請驚目了、宿所未仮屋之躰也、諸侍各屋敷築地也、広大也、在家天王寺へ作り続く也（長岡越中の宿所へ音信　屋敷普請場にこれあり　即面会　築地以下普請目を驚かす　宿所いまだ仮屋の躰なり　諸侍各屋敷築地なり　広大なり　在家天王寺へ作り続くなり）」とあり、築城と同時に町人地が四天王寺まで建設されている。この町人地は上町筋と谷町筋に挟まれた二条の南北道路に面し、各町屋敷は奥行き二〇間で、道路に挟まれた街区の中央に町境となる背割線が通る。この町人地は吉田兼見が翌日の日記に「巳刻発足和泉堺、至平野見物、当在所悉天王寺へ引寄也、竹木堀以下埋之也（巳刻和泉堺を発つ　平野に至り見物す　当在所悉く天王寺へ引き寄せるなり　竹木以下でこれを埋めるなり）」と記しており、平野郷から有力町人を移住させた町で、平野町城下町と呼ぶ。

平野町城下町と同時に建設されたと推定できる町人地が、大坂城の西にある**島町**（**14**）である。この町人地は平野町と同じく奥行きが二〇間あり、直線で島町から**高麗橋通り**

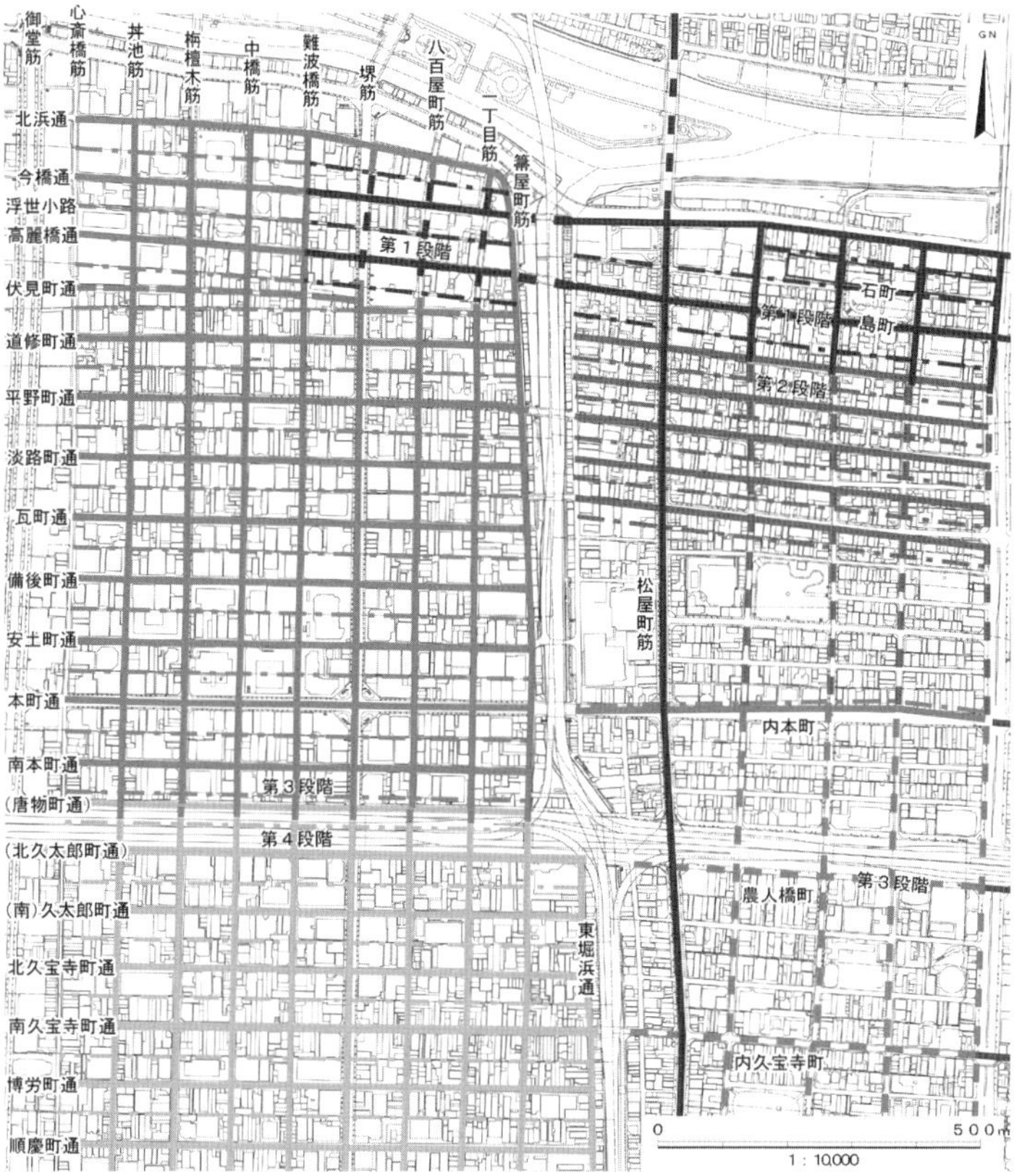

図2　大坂城下町推定復元図

(15)へと伸びている。島町の町人地は、中世の都市であった渡辺津を城下町の一角に取り込むことを目的としたものと考えられる。

その後、天正年間に島町の南の**釣鐘町**(16)から**大手通り**(17)まで町人地が拡大する。この町人地の道路は島町に平行して敷設されているが、町屋敷の奥行きが一五間しかなく、島町より遅れて建設されたと推定する。さらに、慶長三年(一五九八)に城内で武家屋敷地の造成が始まり、これと同時に城内にいた町人が新しく建設された船場城下町に移転させられた。船場にできた屋敷地は奥行き二〇間であるが、道路方向は初期に建設された高麗橋通りの町人地とは異なり、ほぼ正東西である。初期城下町と船場城下町の道路方向が違うため、三角形の隙間が生じた。その隙間を埋めた町人地が高麗橋通りと道修町通りに挟まれた**伏見町**（18）である。現在も伏見町は堺筋の位置で直線にならず、屈曲しているのはこれによるものである。

写真３　博労町と南前場町の背割

船場城下町は数度の拡張工事が行われていると推定できる。それは、東横堀川に架かる**平野橋**（19）や**大手橋**（**思案橋**）（20）は上町城下町の延長線にあるが、道路は船場までは直線に延びず、東横堀川で屈曲する。しかし**本町通り**（21）より南では上町城下町の東西道路は東横堀川に架かる橋を通って直線になっている。本町通り以南の町は、上町の東西道路を延長させていると分かる。また、南本町の南の唐物町は、他の町と違って敷地の奥行きが北側街区で四間、南側街区で一二間と極端に短い。唐物町も拡張工事によって生じた隙間を埋めた町なのだろう（**図２**）。

船場地域で見つかった豊臣期の町人地は東西道路に面して間口があり、道路に接して母屋があり、敷地奥には蔵が建つ。その間にはごみ穴や付属建物がある。敷地背後には現在でも背割下水を踏襲した下水が流れており、ビルの隙間を見通せる町境となっている（**写真３**）。敷地内からは海外や国産の陶磁器が大量に出土し、当時の大坂町人の生活が復元できる。これらの建物は多くが火災に遭っており、大坂冬の陣（慶長一九年）によって被災していることが明らかである。道修町二丁目にある**くすりの道修町《どしょうまち》資料館**（22）には、薬業関連の資料だけでなく、発掘調査で出土した豊臣期の陶磁器などが展示されているので是非観覧をお勧めする（日祝休館）。

大坂城下町の範囲内では多くの発掘調査が行われてきた。その調査では、当時の道路は本町通りの北側街区で見つかった以外は道路跡は見つかっていない。それ以外の調査では現在の道路に面した屋敷地が見つかっている。これは現在の町が豊臣期の城下町の道路の位置を踏襲して今日に至っているからだと考えてよい。大阪は豊臣秀吉によって建設された町が現在まで残っているのである。

参考文献

内田九州男「豊臣秀吉の大坂建設」『よみがえる中世』2（平凡社、一九八九年）
大澤研一・松尾信裕「真田丸について―「真田丸図」と構造の検討―」（NHK・NHKプロモーション『二〇一六年NHK大河ドラマ特別展「真田丸」』、二〇一六年）
大澤研一・松尾信裕「『極秘諸国城図』所収「大坂真田丸」図および『諸国古城之図』所収「摂津　真田丸」図の再検討―千田嘉博氏の大澤・松尾への批判に応えて―」（『松江歴史館研究紀要』第六号、二〇一八年）
坂井尚登「大坂城真田丸―絵図・地形図・空中写真によって考察する位置と形状―」（『城郭史研究』第三四号、二〇一五年）
積山洋「豊臣氏大坂城惣構南面堀の復原」（渡辺武館長退職記念論集刊行会編『大坂城と城下町』思文閣出版、二〇〇〇年）
積山洋「真田出丸の復元」（『葦火』一八三号、（公財）大阪市博物館協会大阪文化財研究所、二〇一六年）
千田嘉博『真田丸の謎　戦国時代を「城」で読み解く』（NHK出版、二〇一五年）
千田嘉博『真田信繁「勝利」への条件』（三笠書房、二〇一五年）
千田嘉博「新発見の大坂　真田丸」絵図の学術的価値について」（『松江歴史館研究紀要』第五号、二〇一六年）
松尾信裕「豊臣期大坂城下町の成立と展開」（『ヒストリア』第一九三号、二〇〇五年）
松尾信裕「大坂城下町」（仁木宏・松尾信裕編『信長の城下町』高志書院、二〇〇八年）
松尾信裕「『諸国古城之図』所収「摂津真田丸」図の再検討」（『大阪歴史博物館研究紀要』第一五号、二〇一七年）
渡辺武『図説再見大阪城』（財）大阪都市協会、一九八三年）

3 大坂冬の陣の激戦地、今福・鴫野をめぐる

大澤研一
Kenichi Osawa

慶長一九年（一六一四）一〇月、大坂冬の陣が勃発した。豊臣氏と徳川氏が雌雄を決する最終決戦の幕開けである。冬の陣は多くの局地戦の総称だが、今回はそのなかでもとりあげられる機会の少ない今福《いまふく》・鴫野《しぎの》の戦いゆかりの地を巡ってみよう。

鴫野の戦い

出発地点は大阪メトロ・JR鴫野駅である。目の前の今里筋の東側を南下し、側道に入るとまもなく「南鴫野商店街」と交わる。ここは大阪城方面からの道筋に重なる。商店街を抜け城東小学校の角を道なりに斜め右に進むと、平坦だった道が緩やかに高度を上げる。ここは天王田一丁目（もと天王田村）で、廃川となった**楠根川《くすねがわ》（旧大和川の支流）の左岸堤防（1）**に到着したのである。ここで左折するとすぐ左手に**八劔《やつるぎ》神社（2）**があらわれる。境内には徳川期大坂城築城用の刻印付き石垣石が置かれているので、それを見学して

南鴫野商店街西側入口

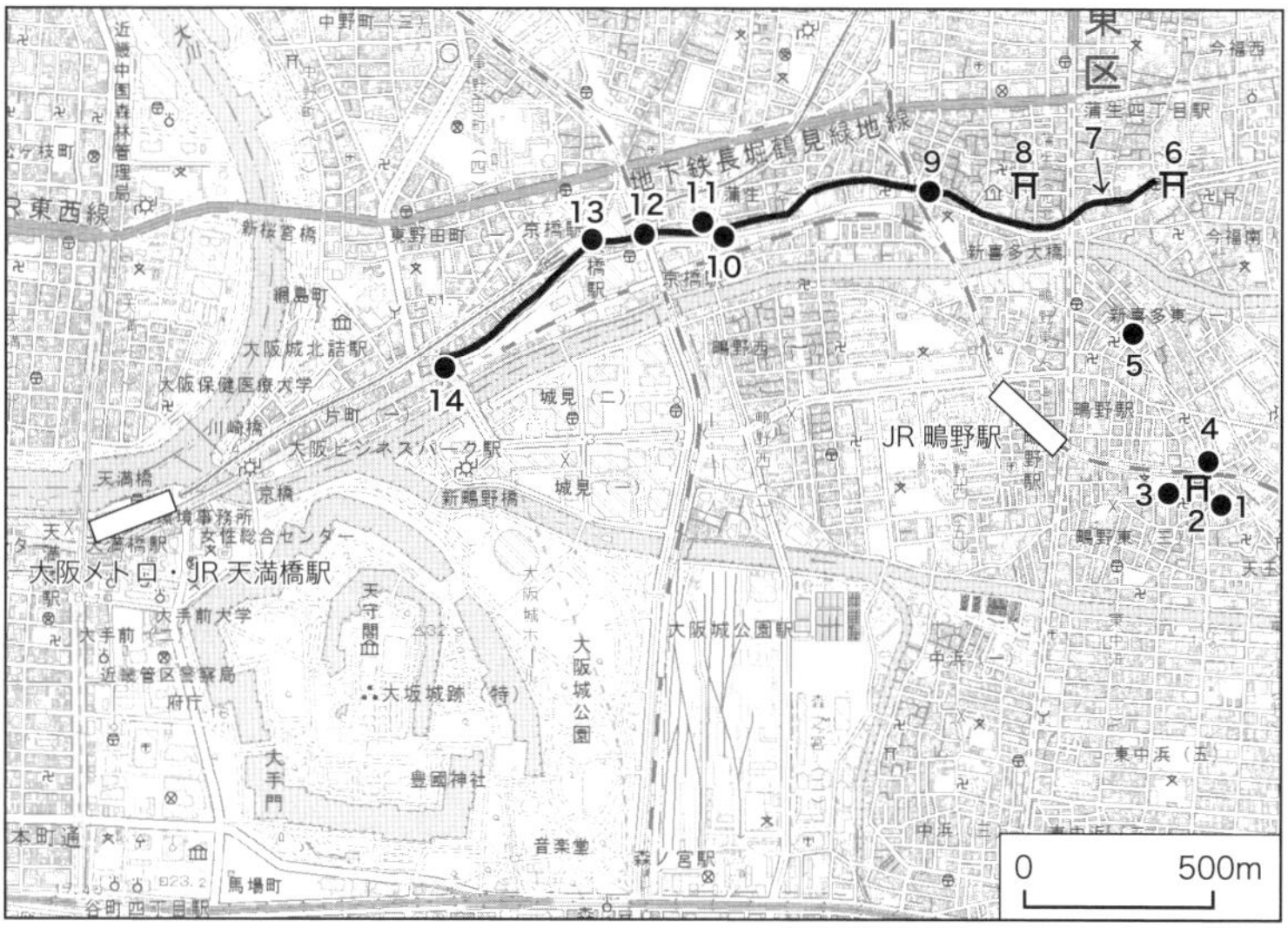

1 楠根川左岸堤防　2 八劔神社　3 鴫野古戦場碑　4 楠根川橋りょう　5 楠根川跡緑陰歩道　6 三郷橋稲荷大神　7（太線）鯰江川北岸堤防　8 若宮八幡宮　9 堤防両側の落ち込み　10 蒲生橋親柱　11 蒲生墓地　12 鯰江川橋りょう　13 京街道分岐点　14 野田橋跡

境内を抜けると、城東小学校東側入口に置かれた大正九年（一九一〇）の「**鴫野古戦場碑**」（**3**）が目の前だ。

鴫野の戦いは慶長一九年一一月二三日から二六日まで続いた。まず豊臣方が大坂城から鴫野へ出張し柵を構えた。簡単な砦だったのであろう。そこへ翌日徳川方が攻め込み、二五日には逆に砦を築いたという。両者の小競り合いが繰り返されるなかで二六日、今福でも戦いが勃発した。この日、「鴫野堤」の芦のなかに身を隠した徳川方の上杉景勝《うえすぎかつかげ》隊が豊臣方に横合いから銃弾を浴びせて進軍を食い止め、今福・蒲生で苦戦中だった佐竹《さたけ》義宣《よしのぶ》隊を側面から援護したという。八劔神社は上杉景勝本陣跡だったといい、この一帯がまさに鴫野の戦い

城東小学校前の「鴫野古戦場碑」

左の下る道が楠根川跡。右の道が楠根川左岸堤防道。右奥の森が八劔神社。下の橋が楠根川橋りょう。

の故地だったのである。そうなると、さきほどの商店街の道筋は豊臣方が大坂城から出撃し、鴨野を目指したルートだった可能性が高い。

楠根川旧河道から今福へ

堤防道に戻って北上してみよう。

三郷橋稲荷大神

楠根川の流路は道路などに転用されているが、ＪＲ学研都市線がここを越える橋梁は、今でも「**楠根川橋りょう**」（**4**）の名を残している。さらに堤防道を進むと寺院が点在しており、鴨野の旧集落に到着したことに気づかされる。なお、この付近の楠根川跡は「**楠根川跡緑陰歩道**」（**5**）の名称で整備されている。周辺住民の憩いの場であるが、一方で当地の歴史環境を伝える貴重な史跡といえるだろう。

鯰江川右岸堤防道（蒲生4丁目4番地）

新喜多橋で寝屋川を渡り、すぐに道を右へとって歩くと、ほどなく今福南一丁目と二丁目の境界道に出る。この道を北進するとまもなく角にコンビニエンスストアのある幅広い道にぶつかる。そしてここを北に越えるとすぐ右手に**三郷橋《さんごうばし》稲荷大神**（6）がみえる。さきほどの幅広い道はもと鯰江川《なまずえがわ》の流路で、神社名は鯰江川に架けられていた橋の名に由来する。そして神社前には真新しい「大坂冬の陣古戦場　今福・蒲生戦いの跡」碑が建つが、この神社が建つ**鯰江川の北岸堤防**（7）こそが今福、そして蒲生の戦いの場だったのである。

若宮八幡宮

堤防上の戦い

今福・蒲生での戦いは慶長一九年一一月二六日の一日のみだった。今福にはもともと豊臣方の軍勢が立て籠もっていたが、徳川秀忠はこの日の朝、今福に付城設置を命じ、佐竹義宣隊による今福攻撃が開始された。そのため、豊臣方はいったん今福より三町ほど大坂城寄りの「堤堀切」（蒲生付近か）へ兵を引いた。なお蒲生の**若宮八幡宮**（8）に佐竹義宣が一時本陣を置いたとされるが、いずれにしても堤防とその近隣が主戦地だったことが知られる。

この堤防道は現在も断面の形状が台形であることが確認でき、特に蒲生三丁目二番付近では**道の両側が落ち込む姿**（9）がはっきりと見てとれる。この堤防の形状と慶長一九年秋の天候が、この戦いを極めて特殊なものとした。天候とは旧暦八月の大雨である。この大雨により北方を流れる淀川の左岸堤防が守口付近で決壊し、今福を含む現在の旭区・都島区・城東区北部が大洪水に見舞わ

堤防道の北側斜面（蒲生3丁目2番地）

れて、海のようになったという。さらに鯰江川の北堤防がその水の逃げ場を断ち切るように立ちはだかったため、一一月末になっても水は引かなかった。

堤防の南側はもともと鯰江川の流れだったことから、その北堤防が唯一今福・蒲生と大坂城方面を結ぶ道筋となって、水上に浮かんでいたのである。したがって東から攻める徳川方と、それを押し返そうとする豊臣方は、必然的にこの堤防上の一本道で激突することになったのである。

午前中は徳川方が優勢だった。佐竹隊が堤防上にあった豊臣方の柵内に攻め込み、今福の守将だった矢野和泉守らを討って大坂城下町北東端の片原町（片町）口に迫った。しかし午後になると豊臣方が反撃を開始する。片原町（片町）口を防御していた木村重成《きむらしげなり》隊が木戸から出撃。そして後藤基次《ごとうもとつぐ》（又兵衛）隊は一本道を向かってくる佐竹隊を側面から攻撃した。この反撃にあって形勢はあっという間に逆転し、佐竹隊は勇将渋江内膳政光らの討死もあって大きく押し戻され、蒲生の本陣すら危い状況にいたった。そこに救援に駆けつけたのがさきほどの上杉景勝隊で、同隊は木村隊に側面から銃撃を加え、豊臣方を押し戻したのだった。こうして一一月二六日の戦いは終わった。

堤防道を大坂城下町へ

堤防道を蒲生二丁目まで進むとJR京橋駅が間近となり、都会の雰囲気が漂ってくる。蒲生二丁目と一丁目の境にある交差点の東南角で鯰江川に架かっていた**蒲生《がもう》橋の親柱**（10）を見たのち西へ進むと、右手に**蒲生墓地**（11）があらわれる。現在は都会のなかの墓地だが、もともとは町外れにあたり、江戸時代に流

京街道との分岐付近

行した死者回向の七墓めぐりのひとつであった墓地である。

さらに直進するとJR大阪環状線のガードをくぐる。ここには「**鯰江川橋りょう**」（12）の名称がつけられており、この道が堤防道であることをあらためて認識させてくれる。その先も飲食街が続くが、注意深く観察すると道が左に鈍角に曲がる地点がある。そして右手のショッピングセンターの建物もそれに沿った建築となっていることに気づく。実はこの道の屈曲地点が、かつて**京街道の分岐点**（13）だったところで、豊臣方の矢野和泉守が斃れたのはここだったといわれる（『後藤合戦記』）。

さらに西へ向かい、地域の安寧を護ってきた二人（二体）地蔵尊から左手の道をとる。かつての野田町（現在は片町）を過ぎると最後の見学地**野田橋跡**（14）はまもなくである。この橋は鯰江川に架かっており、木村重成隊が出陣した木戸はこの野田橋の南詰にあった。現在では北詰に橋の顕彰碑が建つのみだが、ここの鯰江川旧流路部分では道がくぼんでおり、かつて川が流れていたことを容易に想像できる。そしてこの橋を南に越えたところが大坂城下町の片原町（片町）、すなわち道の北側だけに家が立ち並ぶ町だったのである。この橋をめぐる攻防に想いをめぐらしながら天満橋駅までもうひとがんばりすることにしよう。

野田橋跡の道のくぼみ

参考文献

中村博司「大坂冬の陣最大の激戦　今福・鴫野合戦」（『大阪春秋』八九号、一九九七年）

4 上町台地を横断する

——古代・中世・近世の都市をめぐる——

仁木　宏
Hiroshi Niki

大阪市の中心部には南北に上町台地がのびる。この上町台地の先端には、古代に難波宮が造営され、一六世紀末には豊臣秀吉によって大坂城が築造された。

難波宮は難波京の北の端に位置する。難波京は、上町台地の上面を中心に広がり、南の端は、北端から四km余り南のＪＲ寺田町駅付近にまでいたる。秀吉の大坂城下町は大坂城から三方向に広がったが、そのうち南にのびた主軸街路は上町台地上を南下し、四天王寺の北側まで到達している。中世後期には、四天王寺周辺には都市空間が広がっており、秀吉は大坂城と四天王寺を結ぶことで新しい町づくりを企図していたのである。

本コースでは、上町台地を東から登りはじめ、横断し、台地の西下までたどり、さらに西に向かうこととする。地形のアップダウンを体感するとともに、右に述べたような、上町台地上の重層する都市史について思いをはせてほしい。

東から上町台地を登る

ＪＲ環状線桃谷駅の南口改札（1）

から出発しよう。明治二八年（一八九五）、大阪鉄道桃山駅として誕生した同駅は、上町台地の東端近くに位置する。改札から西へ出ると、西方へ直線的にのびる道路がみえる。この道はほぼ正東西方向にのびている。難波京の条坊を構成する東西道路であり、つまり古代以来の道なの

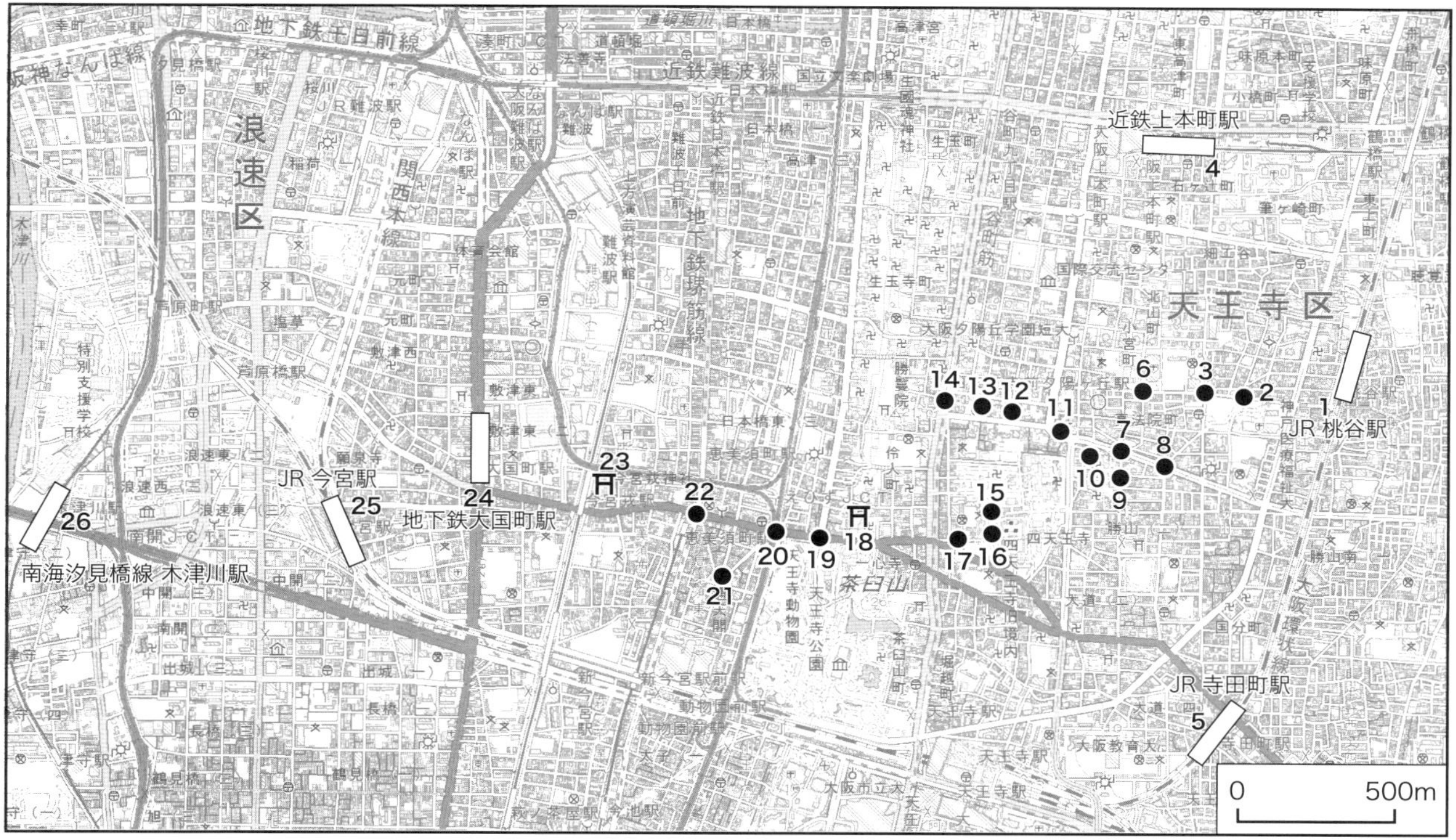

1 JR桃谷駅南改札口　15 四天王寺休憩所　16 四天王寺西門　17 四天王寺大鳥居　18 安居神社　21 通天閣　23 今宮戎神社　24 地下鉄大国駅　25 JR今宮駅　26 南海木津川駅

である。

この道を西へ向かって歩いて行こう。玉造筋（交差する交通量の多い道）を越えて、道は直線でつづいており、ゆるい坂を上がることになる。上町台地を登っているのである。

ところが駅から二〇〇mほど行くと急に坂道を降りはじめることになる。これは真法院谷とよばれる谷である。上町台地には長い年月の間に流水によって多くの谷が刻まれているが、これはその一つである。真法院谷は四天王寺の北東に発し、南東から北東方向につづいている。古い地図によると四天王寺の北東付近に溜め池が築かれ、そこから谷間を用水が流れていたことがわかる。この用水を利用して谷部には水田が開かれている。上町台地の上は用水が得にくいため水田はほとんどないので、こうした谷間は水田を営むことができる貴重な空間だったのだろう。

駅から歩いてきた道路が一番下がりきったところ（2）がかつての谷底である。ここで交差する道路を数m北へ行ったところから北東方向へ道がつづいている。この道は現在は長くはつづいていないが、かつては真法院谷のなかを北東方向にのびる道で、上町台地東端付近にまで到達していたことが古い地形図からわかる。「内務省大阪実測図」（一八八八年）によると「字下ノ大道」という地字が道路にそって長くのびており、この道が、ある時期に「下ノ大道」とよばれていたことを推測させる。上町台地上の「上ノ大道」に対し、台地を東へ下り、このあと台地の東縁を玉造方面へ走る「大道」であったのかもしれない。

地図２から北方向を見る。右奥へつづく道が「下ノ大道」か。

大阪平野の地形を描いた最も古い地図である「明応二年御陣図」（福

智院家文書、『新編八尾市史』古代・中世史料編）によると、四天王寺（「天王寺」）の東から出た道がすぐに枝分かれし、北へ向かう道が「木村《このむら》」にのびていることがわかる。「木村」は現在の鶴橋駅東方にあたる。だとすれば、この枝分かれして「木村」へのびる道は、真法院谷の谷底を通る道である可能性が高い。つまり一五世紀にはあった道路ということになる。

地図３　府立夕陽丘高等学校の南東の交差点。左から右へつづく道が難波京の「朱雀大路」。右手前から左奥へつづくのは、これと直交する、東西方向の条坊の道。

難波京の「朱雀大路」

谷底から西へ向かう道（当初たどってきた、難波京条坊の道）は急坂を登ることになる。一〇〇mほど行くと大きな交差点に出る（3）。北西に夕陽丘高校、南東に五条公園が位置する地点である。ここで正南北の道路と交差するが、この南北道路が難波京の中軸道路で、平安京でいえば「朱雀大路《すざくおおじ》」にあたる（ただし、難波京の道路名は不明）。交差点で右折すると「朱雀大路」が一kmほどつづいて残っている（近鉄上本町駅あたり（4）まで）。その先は、豊臣時代の都市改造や近代の区画整理事業によって途絶えてしまうが、地図上で真北に視線をのばせば、その道が難波宮跡公園にいたることがわかるだろう。

一方、交差点を左折すると、「朱雀大路」がＪＲ寺田町駅付近（5）までつづく。平安京の「羅城門《らじょうもん》」にあたる施設がその付近にあったはずである。

夕陽丘高校南東の交差点からさらに西へ約二〇〇m進もう。信号（6）を越えた次のＴ字路を今度は南下する。東西方向の大きな通り（勝山通り）を渡る（7）ことになるが、この時、左手（東側）を見てほしい。一〇〇mほど先の信号のあたり（8）

の道路が大きく陥没していることがわかる。これは、真法院谷が、さきほどわれわれが交差したあたりからさらに南西にのび、このあたりまで落ち込みとしてつづいているのである。この間、「下ノ大道」も一二〇mくらい残っている。

四天王寺の防衛ライン

勝山通からさらに七〇mほど南下したところ（9）で、西へ曲がり、小道を登って行く。このあたりは、「内務省大阪実測図」（前掲）では「字東門前」とあり、四天王寺の東側の「門前」にあたることがわかる。右手（北側）にある寿法寺の西側のマンション（10）を建設する際、事前に発掘調査がおこなわれ、堀や石垣が見つかっている。この付近は、西方にある四天王寺付近が一番高く、そこから東へ向かって徐々にくだって行く地形にある。東から攻めてくる敵を防ぐため、そのゆるい勾配を利用して、堀が掘られ、その西側に石垣が積まれており、その上に土塁《どるい》があったと想定される。

地図9　四天王寺の東側の崖を登る小道。ここにも戦国時代には石垣や堀が築かれていたかもしれない。

この地点以外でも、四天王寺の北側から東側にかけて、戦国時代の堀は発掘調査で数多く見つかっている。四天王寺は上町台地の上にあるが、地続きの北側からは攻められやすい。西側は、台地の西のり面にあたり、後述するように急な崖になっているので攻められにくい。これに対して上町台地の東側はだらだらとした斜面であるため、攻められやすい。南側は「河堀」とよばれるかなり幅の広い低地が広がっているので、やはり守りやすい。だから、北側と東側には堀を掘って守っていたのである。

では、誰がどのような目的で四天王寺を攻めたのであろうか。四天王寺とその門前は後述するように戦国時代にはかなりの規模の都市であり、武士や徳政一揆などの攻撃をうける可能性があった。これとは少し状況が異なるが、以下のような事例も知られている。天文二二年（一五五三）、四天王寺に駐屯していた武士が、大坂寺内町《じないまち》住人の馬を抑留したため、それを取り返すため本願寺や寺内町民らが四天王寺に押し寄せた。そして東側から四天王寺に攻め込み、武士の家を焼き討ちにする事件が発生した（『天文日記』（本願寺証如の日記））。東側から四天王寺を攻めたということなので、ちょうどわれわれと同じあたりから四天王寺にせまったのかもしれない。

豊臣大坂城下町の主軸街路

四天王寺の北東部から北方へまわりこむことにしよう。「五条宮前」の交差点から「五条宮前西」の交差点にいたる。「五条宮前西」から北に向かって上町筋（11）がのびている。この上町筋に並行して、三本の道路（12・13・14）が通っており、その中で一番西側が谷町筋になる。これら四本の街路は、この四天王寺の北側の勝山通から、上本町四丁目・谷町七丁目まではならんで走っている。これら四街路は、豊臣秀吉の大坂城下町建設にあたって、大坂城から四天王寺までをつなぐために、上町台地上に新たに通された計画街路であった。

豊臣時代には、四街路のうち真ん中の二本（12・13）の両側には町家が建ちならんでいたと推定されている。これらは「平野町」という名前であり、大坂の東南郊にあって当時、発展が著しかった平野《ひらの》の町の商人に町立てさせた街区であったと推

地図12あたりから北方向を見る。平野町通が一直線にのびている。

定される。両端の道路（11・14）に沿っては寺院街が形成された。京都に造られた寺町に先行する「寺町」であったと評価されている。

秀吉は、大坂城から四天王寺を結ぶ新しい街区を上町台地の上に新造したことになる。当時の記録には、秀吉は、大坂と堺を結ぶ計画であったと記すものもある。それは大袈裟であろうが、大坂城下町の初期の段階において、秀吉は都市興隆のため、大坂城と、従来から発展していた四天王寺門前町とを結ぶことを試みたのだろう。

秀吉は、四本の並行する直線道路を引いたわけだが、同じ直線道路でも、難波京の条坊の道が正南北、正東西であるのとちがい、城下町の直線道路は東へ数度傾いている。これは上町台地の自然地形に規定されたもので、台地の一番高いところを選んで道路を設けたためこのような傾きが生じたのである。同じく道路を直線に引くといっても、古代都城と近世都市の発想のちがいが見える。

四天王寺西門前の門前町

四天王寺の中の休憩施設（15）でひと休みし、同寺の西門から再スタートしよう。

四天王寺は、推古天皇元年（五九三年）に創建されたとつたえる古代寺院として出発した。中世においても、南から北へ、中門（仁王門）、五重塔、金堂、講堂を一直線に配置する「四天王寺式伽藍《がらん》配置」をとっていたことは『一遍上人《いっぺんしょうにん》絵伝』（一三世紀末から一四世紀初頭に成立？）によって確認される。この正南北の軸線は、難波京（「朱雀大路」）の軸線方向とも一致し、実際のところ四天王寺は難波京の条坊制のなかに組みこまれている。

四天王寺の西門（地図16）から大鳥居（地図17）を見る。彼岸には正面に陽が沈む。

　ところが、同じ絵伝で、一遍は四天王寺の西門の外側で布教しており、多くの信者が集まる姿が描かれている。四天王寺の**西門**（16）は「極楽浄土の東門」とも呼ばれるように、そこが極楽への入口との認識がめばえていた。これは一〇世紀から流行が拡大しはじめた浄土思想にともなうもので、鎌倉時代にはそうした考えが一般庶民にまで広がっていたのであろう。

　四天王寺の西門を浄土の入口と考えたのは当時の地形環境にもとづく。西門の西側には至近に大阪湾が広がっており、その先の淡路島や明石海峡が眺められる、そうした景色を浄土に導く領域になぞらえたためであろう。すなわち、四天王寺は上町台地の高所に位置しており、西側は比較的急な崖になっている。また乱流する淀川のなかでももっとも大きな流れが木津川であったが、これが四天王寺の西方で大阪湾にそそいでいた。こうした雄大な自然地形も、西門を「浄土の東門」とみなした理由であろう。春と秋の彼岸中日《ひがんちゅうにち》には、西門の先に太陽が沈む様子を拝もうと多くの参詣者が集まる。これを「日想観《にっそうかん》」とよび、まさに極楽往生を疑似体験するものとされている。

　ただ、四天王寺からのびる東西方向の軸線の形成は、右に述べたような宗教的なものだけではなかった。『一遍上人絵伝』には、四天王寺の西側に立つ**大鳥居**（17）の外側に市小屋が設けられ、商売している様子が描かれている。この後、室町時代にかけて、四天王寺の西側には商業空間が発達していった。

　一五世紀末の記録によると、「天王寺八七千間（軒）在所」（『大乗院寺社雑事記』）とされている。こうした都市空間が具体的にどのあたりに展開していたのかは不明である。四天王寺の鳥居の外側すぐのあたりなのか。それとも後述するように、そこから今宮につづく坂道のあたりなのかはわからない。ただ、四天王寺の西門の西側に商業空間が発達していたことはまちがいない。

　では、どうして四天王寺の西側なのか。上町台地の北端に大坂寺内町、ついで豊臣期大坂城下町が発展するのはいずれも一六世紀になってからである。よって上町台地の上面に南北方向の街道はあっただろうが、都市的な伸展は限定的であった。南方には、熊野街道がつづいていたが、こちらも住吉社あたりまでは顕著な都市空間はなかった。一方、西側には、後述するように坂の下すぐに今宮戎《えびす》社とその門前町があり、その先には木津の港町が想定されている。すなわち、西方には人が集まる空間が近接しており、モノの流れがあったのである。

「逢阪」を下る

四天王寺の西の大鳥居から西へ進んで行こう。「四天王寺前」の交差点から一心寺の方向へ坂をくだって行く。坂の途中にある**安居《やすい》神社**（18）には、大坂夏の陣の際の真田幸村最期の地という伝承がある。この坂は「逢阪《おうさか》」とよばれる。「逢阪」という地名は日本各地にあるが、「魔物」「異界の他者」に「逢う」阪という意味であろう。四天王寺という中心から「異界」へつづく坂道なのである。同じ西へ向かう道ではあるが、西方極楽浄土へつながるという発想とはまた異なる意識が籠められているのだろう。坂の先には閻魔堂もあり、地獄の入口でもあるのだ。

逢坂　上町台地を西へ下がってゆく。

なお、逢阪は「天王寺七坂」の一つに数えられている。逢阪は、近代早くから馬車や車をとおすため、なだらかにされたようだが、逢阪の北にある残りの坂はかなりの急勾配のものが多い。これは上町台地が、東側はなだらかだが、西側は急峻になっているからである。

坂を三〇〇mほど下りきったあたりに「公園北口」の交差点（19）があるが、ここからは北へ向かって松屋町筋が伸びている。松屋町筋は、上町台地の西の裾を北上し、島之内から船場にかけては東横堀川の東側を走る。そして天神橋を渡ると大阪天満宮門前町のアーケード街となり、長柄橋にいたる。この道は古代以来の官道といわれ、中世には四天王寺と渡辺津を結ぶ「浜路」に比定される（5「「浜路」でたどる中世の大坂」参照）。いずれにせよ、台地の西側の主要道がこのあたりまでつづいていたわけだが、ここで逢阪の道と合流し、坂道を登っていったのである。

「公園北口」交差点からさらに西へ一〇〇mほど進んだところにある「天王寺動物園北」の交差点（20）あたりで、坂を完全に下りきったことになる。ここから西の恵美須町方面を見ると、道路がまた少しだけ高くなっていくようにも見える。これは「天王寺動物園北」の交差点付近が台地と砂堆の間の低地帯にあたり、そこから西へ砂堆を上っていくことになるからである。このように、上町台地の西側には、長い年月をかけていく筋もの砂堆が形成され、地形がわずかにアップダウンしているのである。

今宮門前の浜市と木津の港町

左手に**通天閣**（21）を見ながらさらに西へ向かう。堺筋との交差点（地下鉄・阪堺電車「恵美須町」駅付近）（22）を越えてさらに二〇〇mほど行くと**今宮戎神社**（23）に着く。同社は、商売繁昌の「戎さん《えべっさん》」として親しまれているが、その起源は飛鳥時代までさかのぼると伝える。平安時代には当社の近くに住む人々が朝廷の御厨子所《みずしどころ》に仕え、天皇へ鮮魚を奉献する供御人《くごにん》になったという。やがて当社は四天王寺西門前の浜市の

今宮戎神社（地図23）　大阪の商売の神様で、正月の「十日戎」は大変なにぎわいである。

市神としての性格をもつようになったのだろう。中世後期には、経済・流通の拠点として今宮（村）は繁栄していた。

南海電鉄「今宮戎」駅を越え、**地下鉄「大国町」駅**（24）を越えたあたりが、近世の木津村の集落にあたる。このあたりは区画整理事業が進んでいるため古い地形がほとんど残っていないが、「大国町」駅あたりから西へ向かって少しだが高くなっているようにも見える。これは木津村が砂堆の上に乗っていることを示す。この木津村が中世には陸地の西の限界であり、その西側には淀川の最末流である木津川が流れ込んでいた。時期によっては、もうそこが大阪湾そのものであった。「木津」という地名からも推定されるように、材木が接岸する港であったのだろう。

木津村の南西端あたりに現在、**JR「今宮」駅**（25）が立地する。今回のコースはここまでとする。ただ、もしもう少し足をのばせるなら、「今宮」駅からさらに一kmほど行けば、現在の木津川に到達する。ただし、木津川の堤防は高く、川を望むポイントは見当たらない。このあたりはもとは三角州であり、江戸時代の広大な埋め立て地であった。現在は、もっと先に行かないと海（大阪湾）にはたどりつけない。**南海汐見橋線「木津川」駅**（26）からレトロな電車に乗って帰途につかれることをお勧めしたい。

参考文献

伊藤毅『近世大坂成立史論』（生活史研究所、一九八七年）
大阪市『新修大阪市史』本文編第一～三巻（一九八八～八九年）
大澤研一『戦国・織豊期大坂の都市史的研究』（思文閣出版、二〇一九年）
佐久間貴士編『本願寺から天下一へ大坂』（よみがえる中世二、平凡社、一九八九年）
三原大史「『明応二年御陣図』からみた中世後期の河内国」（『都市文化研究』二三、二〇二一年）

5 「浜路」でたどる中世の大坂

大澤研一
Kenichi Osawa

近世・近代は経済・産業都市として知られた大阪であるが、中世のイメージが湧きにくいとよく言われる。そこで、中世の主要道であった「浜路」を道しるべとして北は天満から南は四天王寺まで歩き、中世大坂の実像にアプローチしてみたい。

「浜路」とは

「浜路《はまみち》」（1）とは中世大坂を南北に貫通する古道で、現在上町台地西縁辺部を通る松屋町《まっちゃまち》筋の前身にあたり、北は天神橋を越えて天神橋筋商店街、南は下寺町《したでらまち》（西寺町）へと続く。文献上は藤原宗忠の日記『中右記』天仁二年（一一〇九）一一月八日条を初見とするが、道筋は古代難波京の西京極大路を継承しており、さらに熊野参詣の途中で立ち寄る王子の場所を勘案すると、このあたりの熊野街道の最有力候補とみなされる重要道である。

天満宮から地下町方向をみる

天満の地と天満宮

スタート地点は大阪メトロ南森町駅・JR大阪天満宮駅である。この一帯は近くに鎮座する**大阪天満宮**（中世は天満天神社）（**2**）にちなんで天満《てんま》と呼ばれており、上町台地の北に接続する砂堆だったところである。

駅から地上へあがると長いアーケード街が目に入る。日本一の長さを誇る天神橋筋商店街である。その

天神橋南詰交差点から松屋町筋

賑やかさに心が惹かれつつも、商店街を南に進み二本目の道を東に入ると北側に大阪天満宮の表門が見えてくる。大阪天満宮は遅くとも一一世紀に存在が確認できる古社であるが、今回はその門前一帯に注目してみたい。

天満宮から南方の大川にかけては低地が広がる天満のなかでも微高地にあたり、発掘調査でも平安時代以降の遺物がまとまって確認されている。ここでは中世から門前町の性格を備えた町場が展開していた可能性が高いだろう。一方、寛文五年（一六五五）の由緒書によれば天満宮は**「宮の前町」**（3）「**地下町**《ちげまち》」（4）の住人から労役を収取していた。その町名や「大阪実測図」（明治一八年）を参考にすると、この二町の所在地は、「宮の前町」が天満宮境内西に接する天神橋筋商店街、「地下町」が「宮の前町」から分かれたと伝える東西方向の天満西町が想定される。前者は天満宮境内の軸線に沿った南北方向、後者は東西方向と、軸線の異なるエリアが緩やかに結びついて、天満宮の西側に門前町の主要部分が形成されていたものと推測される。そしてメインの「宮の前町」がまさに「浜路」だった。

なお天満では天正一三年（一五八五）、豊臣秀吉による都市繁栄策として**天満本願寺**（5）が置かれた。本願寺は天満宮の東方にある大阪造幣局の敷地あたりと推定されている。そして本願寺と天満宮の間には寺内町ができあがった。この寺内町建設により天満は広域で都市化を遂げることになった。

都市・渡辺

天神橋筋商店街をまっすぐ南へ下

ると、天神橋に達する。ここで大川を渡ると正面が松屋町筋である。この天神橋を挟んだ大川両岸一帯が中世では**渡辺**（6）と総称され、中世の武士団渡辺党の本拠地として有名である。渡辺党は藤原姓遠藤氏と源姓渡辺氏から構成され、遅くとも一一世紀末から一二世紀初頭には当地に土着した。特に大川南岸は摂津国衙や西成郡唯一の式内社**坐摩《いかすり》《ざま》神社**（7）（現御旅所が旧地か）、渡辺別所（浄土堂）、渡辺津があり、都市的様相を形成していたが、渡辺党はこれらに関与することで勢力を保った。

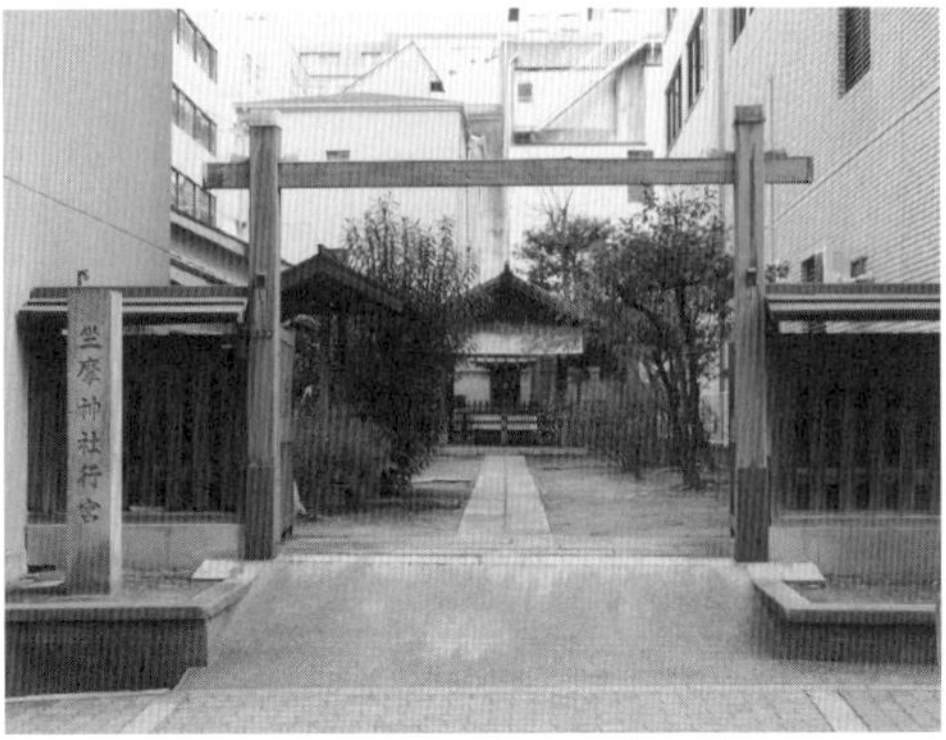

坐摩神社御旅所（推定旧鎮座地）

渡辺津碑と天神橋

中世には天神橋の前身と目される渡辺橋が「浜路」の北端と天満を結ぶ重要な役割を果たした。渡辺橋は鎌倉時代初期に重源《ちょうげん》の勧進によって架橋されたが、戦乱に巻き込まれることもあった。四天王寺・住吉社、さらには熊野を目指す人々が渡辺津から陸路を南へ向かったのである。渡辺はまさに水陸交通の交わる要衝であり、政治施設や寺社が集まる、中世大坂を代表する都市のひとつだったといえよう。なお渡辺津は長らく天満橋西側の八軒家浜《はちけんやはま》であると言われてきたが、現在は否定されている。

松屋町筋から上町台地へ上る島町をのぞむ

「浜路」周辺の景観

熊野を目指す人々は途中の王子で礼拝をおこなった。王子とは熊野社の御子神とされ、その数は九九ともいわれたが、その最初が渡辺津の渡辺（窪津《くぼつ》）王子だった。その場所は元禄二年（一六八九）の井原西鶴著『一目玉鉾』に「今の天神橋の浜に立っている熊野一之王子」と記されている。天神橋の位置は江戸時代も現在も変わっていないので、渡辺王子は天神橋付近の川辺にあったことになろうか。ちなみにこの王子は現在、天王寺区の堀越神社内に移転しているので、のちほどまた触れることにしたい。

天神橋から松屋町筋を南下しつつ周りをみると、左手（東側）がやや上り坂になっているのに気づく。この坂が上町台地の西側斜面である。現在は緩やかな傾斜となっているが、特に天神橋から東方の天満橋にかけての台地突端部は、かつては急傾斜だったことが判明している。「大坂」の地名はこの台地突端部の斜面に由来する。織田信長軍と大坂本願寺軍が大坂本願寺合戦（石山合戦）でせめぎ合った**楼《ろう》の岸《きし》**（8）は、この突端部高所に比定される。

坂口王子址

一㎞ほど南進すると人形販売店が増え、松屋町筋らしくなってくる。そして松屋町住吉から台地を上るとすぐ南大江公園がある。ここは渡辺王子の次の王子だった坂口《さかぐち》王子を継承した朝日神明社《あさひしんめいしゃ》（9）の故地で、

下（西）寺町

その顕彰碑が建つ（神明社は明治終わりに此花区春日出中に移転した）。

松屋町筋に戻り、さらに長堀通、そして千日前通を過ぎると下寺町《したてらまち》（10）（西寺町ともいう）に入る。なお、ここにいたるまでに三番目の王子、郡戸王子が存在したものとみられるが、その比定地は定まっていない。郡戸を「こうづ」と読み、江戸時代以来高津宮《こうづぐう》（比売許曽《ひめこそ》神社）を候補地とする説が唱えられる一方で（『摂津志』）、「コウト」との読み方も熊野参詣記には散見され、読み方だけでは決め手に欠ける。今後の研究の進展に期待したい。

慶長から元和年間にかけて形成・完成した下寺町を過ぎ、合邦《がっぽう》が辻《つじ》（11）から逢坂《おうさか》（12）を上町台地に上ると、四天王寺の石鳥居が見えてくる。ここでは先に堀越神社（13）に寄ってみよう。ここに熊野第一王子之宮（渡辺王子）がある。詳細は不明だが、一八世紀初めまでに渡辺から四天王寺石鳥居前へ移り、さらに大正四年（一九一五）に堀越神社へと合祀された。

堀越神社にある熊野一之王子

四天王寺と熊野信仰

一一世紀以降、**四天王寺**（14）は浄土信仰のメッカとして幅広い層の信仰を集めた。その象徴である石鳥居は、永仁二年（一二九四）に忍性《にんしょう》が建立したもので、当初部分は両柱下部に限られるものの健在である（重要文化財）。もっとも四天王寺が集める信仰は多彩であった。熊野へ向かう人々も王子ではないが四天王寺に必ずといってよいほど立ち寄っており、主として舎利供養をおこなったようだ。

舎利供養は現世利益を求めて仏の舎利を供養するものであるが、熊野も観音浄土信仰に加え現世利益の聖地としての側面を合わせもっていた。そして南大門内側にある熊野遙拝石《くまのようはいせき》は、四天王寺と熊野信仰とのつながりを想起させる存在である。中世人は四天王寺と熊野に、共通する救いの道を見いだしたのではなかろうか。

四天王寺内熊野遙拝石

参考文献

大澤研一『戦国・織豊期大坂の都市史的研究』（思文閣出版、二〇一九年）

6 道頓堀・新地・蔵屋敷

豆谷浩之
Hiroyuki Mametani

道頓堀の由来

江戸時代の大坂には、市中に数多くの堀川がめぐらされていた。現在では、それらの多くは埋め立てられてしまったが、今も残るのが道頓堀である。

道頓堀は、慶長一七年（一六一二）、平野藤次《ひらのとうじ》・成安道頓《なりやすどうとん》・安井治兵衛《やすいじへえ》・安井九兵衛《やすいくへえ》により開鑿《かいさく》が開始された。「道頓堀」の名は、この中の成安道頓に由来するものである。やがて安井治兵衛が病死し、さらに大坂の陣で成安道頓が戦死したため、残された平野藤次と安井九兵衛が大坂の陣後の元和元年に完成させた。

地下鉄、または近鉄の日本橋《にっぽんばし》駅で下車し、日本橋一丁目交差点北東の出口から地上へ。堺筋を少し北に進むと、ほどなく道頓堀に架かる日本橋に到達する。道頓堀には数多くの橋が架かっているが、幕府が管理した「公儀橋《こうぎばし》」は日本橋だけだった。それは、堺筋が紀州街道につながっ

安井道頓・安井道卜紀功碑

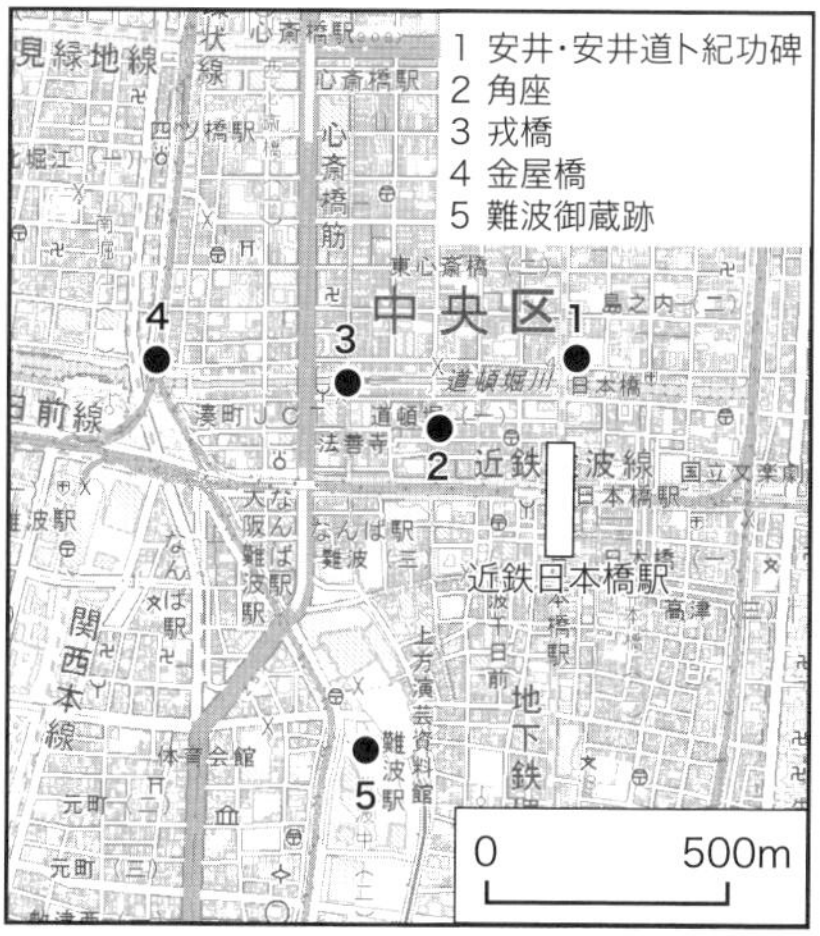

てゆく幹線道路だったからである。

橋を渡った東側には、「**安井道頓・安井道卜《どうぼく》紀功碑**」（**1**）が建てられている。後者の「安井道卜」は安井九兵衛のことである。この碑に書かれているように、かつて道頓は「安井」道頓として知られていた。しかし、安井家文書（大阪歴史博物館蔵、大阪市指定文化財）などの研究により、現在では「成安《なりやす》」道頓であったとするのが通説である。

道頓堀と芝居小屋

日本橋を引き返して、道頓堀の南側を西へ進む。現在では、飲食店をはじめ様々な商店が軒を連ね、多くの人でにぎわっているが、一七世紀前半頃までは、未開発地も多い町外れの埋立地であった。振興策の一つとして芝居小屋の営業が許可され、現代につながる繁華街の基礎がつくられていった。

日本橋から西へ二つ目の橋が、太左衛門橋《たざえもんばし》である。この橋のたもとには**角座**（角の芝居）（**2**）があった。角座をはじめ、浪花座・中座・朝日座・弁天座は、道頓堀を代表する芝居小屋「道頓堀五座」として知られるが、いずれも現在はなく、現地で当時をイメージすることは難しい。大阪歴史博物館に「角の芝居」がミニチュア模型で復原されているので、関心のある方は見ていただきたい。

さらに西に進むと、ひときわ人通りの多い心斎橋筋に達する。ここに架かる橋が**戎橋**（**3**）である。この橋は、江戸時代には「操橋《あやつりばし》」とも呼ばれていた。近辺に操り人形の芝居小屋があったからだという。

埋め立てられた堀川

御堂筋を越えて、道頓堀北側の宗《そ》

金屋橋から見た西横堀跡

右衛門町《うえもんちょう》を西に進むと、やがて阪神高速道路に達する。高速道路の下には「**金屋橋**《かなやばし》」（**4**）がひっそりと架かっている。現在では埋め立てられてしまったが、ここから北の高速道路敷地は西横堀川の跡地である。道頓堀川との合流地点では、わずかに往時を偲ばせる姿で残っているため、「金屋橋」は文字通り「橋」としての形を保っているのである。

この地点で高速道路は、四方向に分岐する。このうち南海難波駅に向かう部分もまた、堀川の跡地に建設されたものであった。難波入堀川《なんばいりほりがわ》と呼ばれたこの川は、享保一八年（一七三三）に幕府の**難波御蔵**（**5**）が建設されたときに、そこへの水路として開鑿されたものである。明治三七年（一九〇四）になると、難波御蔵跡地に大蔵省煙草専売局の工場が建設され、その後は大阪球場等を経て、現在は大規模商業施設「なんばパークス」となっている。

中之島東部と西天満の蔵屋敷

江戸時代の大坂は、日本国内における流通・経済の中心地として「天下の台所」と呼ばれることがある。それを象徴する施設が、諸藩が大坂に設けた蔵屋敷であった。蔵屋敷には、年貢米や専売品とされた各地の特産物が運び込まれた。また、地元から赴任してきた蔵役人と蔵元・掛屋など屋敷に関わった大坂町人が交流する場でもあり、「もの」と「ひと」を通じて各地と大坂とをつなぐ結節点であった。

地下鉄、または京阪電車の北浜駅から地上に出ると、すぐ北側に土佐堀川が流れている。そこに架かる難《なに》

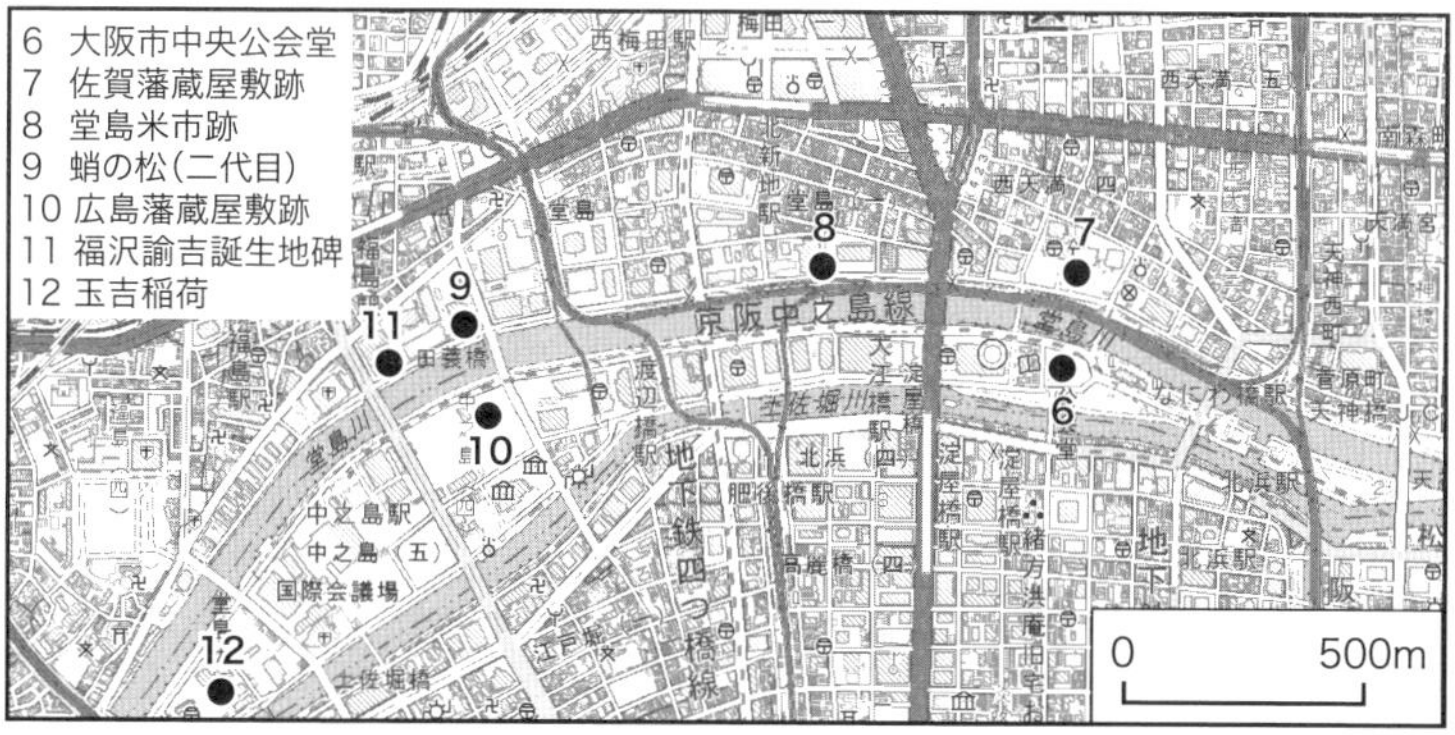

波橋《わばし》を渡ると中之島である。道を左に曲がって大阪市立東洋陶磁美術館の前を通り過ぎると、**大阪市中央公会堂**（6）（大正七年〈一九一八〉完成、重要文化財）が見えてくる。実はこの付近が、江戸時代の中之島の東端であった。ここには、備中成羽《なりわ》藩（山崎家）の蔵屋敷があり、「山崎《やまざき》の鼻《はな》（端）」と呼ばれた。水辺の景勝地でもあったこの場所は、明和四年（一七六七）に新地が造成されて料理屋の営業が許可され、行楽地としても知られるようになった。

佐賀藩蔵屋敷跡の碑

　公会堂前を通り過ぎて鉾流橋《ほこながしばし》を北に渡ると、左前方に大阪高等裁判所がある。ここには、**佐賀藩**（鍋島家）の**蔵屋敷**（7）があった。この地では、一九九〇年に大阪の蔵屋敷跡では初めての発掘調査が行われ、屋敷内に船を引き込むために設けられた入り堀（船入《ふないり》）の石垣が見つかっている。石垣の最上部は、地上に移築復元された。裁判所構内にあるため外から見ることはできないが、インターネット等の航空写真で位置を確かめることができる。

堂島米市と広島藩蔵屋敷

裁判所の南側を西に向かって進むと御堂筋に出る。南に折れて大江橋を渡り、再び中之島へ。堂島川沿いの遊歩道を西に進むと、中之島ガーデンブリッジが見えてくる。対岸付近には**堂島米市**（8）があった。四ツ橋筋を越えてさらに進むと、田蓑《たみの》橋《ばし》南詰に到着する。この道より東が鳥取藩（池田家）、西が広島藩（浅野家）蔵屋敷の跡である。

田蓑橋を北に渡ると、橋の西側に「**蛸《たこ》の松**」（9）がある。もともと「蛸の松」は、対岸の中之島にあった。広がった枝振りが蛸に似ていることからその名がつけられたといい、「浪花百景《なにわひゃっけい》」などにも描かれた名所であった。しかし、明治末年に枯れてしまい、平成になって現在地に二代目が植えられた。

蛸の松（二代目）

川向こうの**広島藩蔵屋敷跡**（10）では、広い敷地のほぼ全域が発掘調査されている。絵図面など関連資料も豊富であることから、大阪の蔵屋敷の代表として取り上げられることが多い。大阪歴史博物館にもミニチュア模型が展示されている。

堂島新地の蔵屋敷

振り返って北を見ると、大阪高等検察庁などが入る大阪中之島合同庁舎がそびえ立っている。この場所でも発掘調査が行われたが、蔵屋敷が建てられる以前の資料として、調理痕跡が残るスッポンの骨や、陶器を焼いた窯跡《かまあと》が見つかっている。

この一帯は、一七世紀末の貞享《じょうきょう》・元禄年間に開発された堂島新地である。道頓堀などと同様に、この地でも振興策として、料理屋の営業が許可された。前者はそれに関係する出土品と考えられる。一方後者は、開発されたばかりの新地で、陶器生産が行われていたことを示す。文字の記録にはなく、全く予想しなかった発見であった。

　堂島川北岸を少し西に進むと、道路沿いに**福沢諭吉誕生地の碑**（11）が建っている。福沢は、天保五年（一八三四）、両親が中津藩（奥平家）蔵屋敷に赴任していたときに誕生した。やがて家族とともに国元に戻ったのち、青年期には大坂の適塾《てきじゅく》に学んだ。大坂にゆかりの深い人物である。

福沢諭吉誕生地の碑

中之島西部の蔵屋敷

すぐ西にある玉江橋を渡って堂島川沿いを西へ。この地区には、高松藩（松平家）、徳島藩（蜂須賀家）、熊本藩（細川家）など、船入を備えた大規模な蔵屋敷が並んでいた。現在では全く痕跡を残していないが、明治二一年（一八八八）「大阪実測図」を見ると、船入の出入口と、その上に架かる船入橋の痕跡を見つけることができる。復刻版なども出ているので、興味のある方は見てはいかがだろう。

　そのまま直進し、あみだ池筋を越えて次の道を左へ。少しわかりにくいが、ビルの間を右に曲がって緑地を進むと、「**玉吉稲荷**《たまよしいなり》」（12）の小さな祠がある。もともと、この地に

玉吉稲荷の祠（小倉藩蔵屋敷跡）

あった小倉藩（小笠原家）蔵屋敷内に祀《まつ》られていたと推定されている。大坂の蔵屋敷には、稲荷社のほか、広島藩の厳島《いつくしま》社や高松藩の金比羅《こんぴら》社など、地元ゆかりの神社が祀られた。この付近が江戸時代の中之島の西端、中之島を端から端まで歩いたことになる。

参考文献

『安井家文書の世界』（大阪歴史博物館・特集展示リーフレット）

『新発見史料からみる江戸時代の道頓堀』（大阪歴史博物館・特集展示リーフレット）

『展示の見所　十四　浪花まちめぐり　蔵屋敷』（大阪歴史博物館）

『天下の台所はここから始まる　大坂蔵屋敷』（大阪くらしの今昔館）

大阪歴史博物館・大阪文化財研究所編『大坂　豊臣と徳川時代　近世都市の考古学』（高志書院、二〇一五年）

牧英正『道頓堀裁判』（岩波書店、一九八一年）

八木滋「近世前期道頓堀の開発過程―新出文書の検討から―」（『大阪歴史博物館研究紀要』第十二号、二〇一四年）

7 阿倍野から住吉へ

―熊野街道界隈を訪ねて―

大澤研一 *Kenichi Osawa*

地下鉄谷町線の阿倍野駅から地上にあがると、阿倍野筋に面して再開発の進んだまちが目の前にあらわれる。ここから上町台地の南半分をおおよそ**熊野街道**（1）のルートに沿ってたどってみることにしよう。

阿倍野の原風景

まずは「阿倍野」という地名の由来を確認してみたい。現在のところ史料的初見は承安四年（一一七四）であり（『吉記』）、当地に居住した古代氏族安倍氏の「アベ」と未開発地を意味する「野」が結びついて生まれたと推測される。当地の歴史とかつての環境を偲ばせる名といえよう。

さて、出発するとすぐに阿倍野の交差点である。南西角にある阿倍野区民センター一階の**街かどミュージアム**（2）はぜひ見学したい。小さいコーナーではあるが、近隣の古墳時代前期の阿倍野筋遺跡から出土した漁労用の土錘やイイダコ壷が展示されている。台地上で漁具、というと違和感を覚えるかもしれないが、当時は西へ向かって二〇分も歩けば海だったことから、案外ここの住人は食料を海から得ることが多かったのかもしれない。

区民センターの西側に隣接して**大阪市設南霊園**（3）がある。明治七年（一八七四）に設置された広大なこの霊園にも立ち寄ってみよう。見渡すと近代以降の個性的な形の墓石が目に飛び込んでくる。霊園中央部

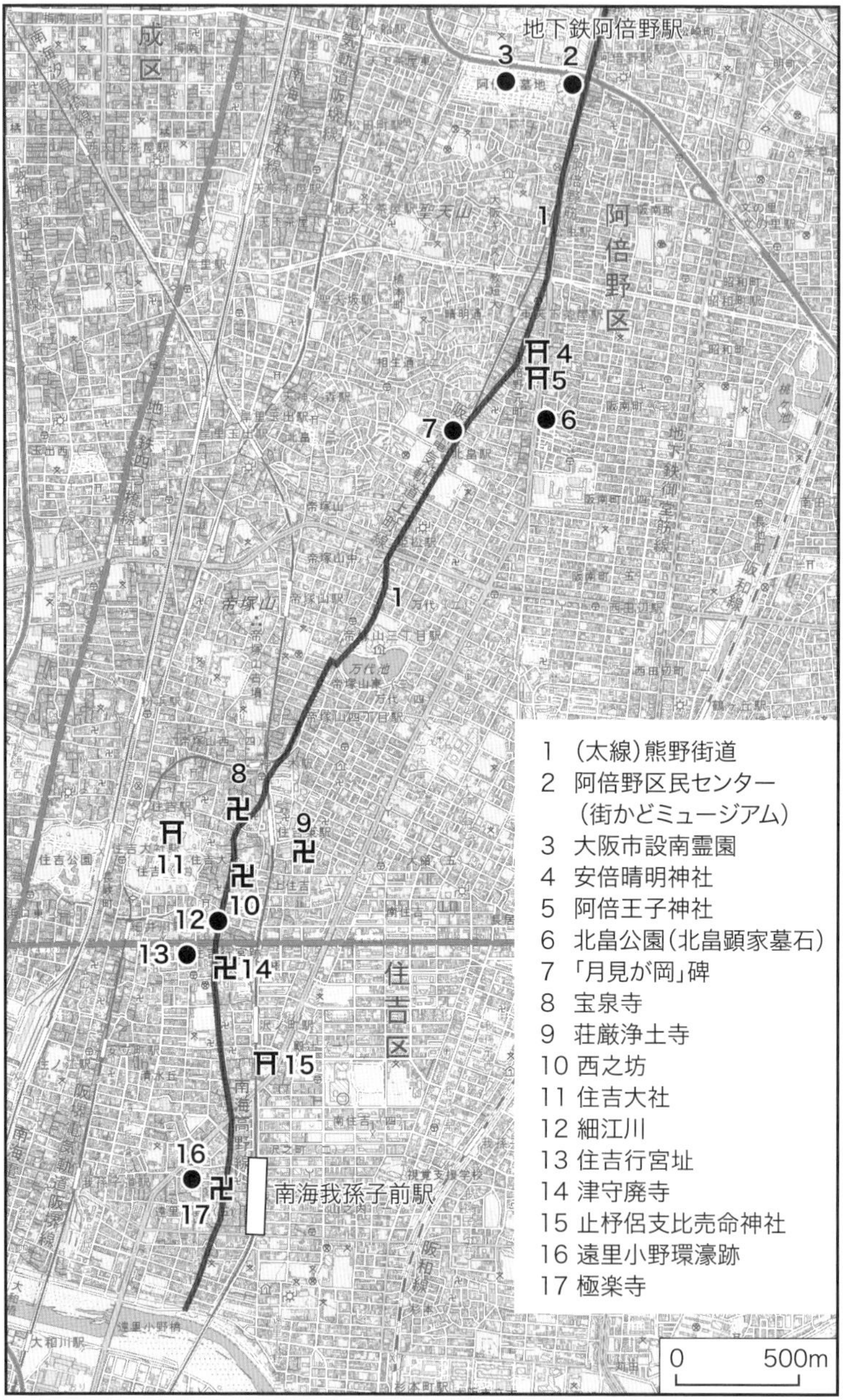
地下鉄阿倍野駅
阿倍野区
住吉区
成区
南海我孫子前駅
1 （太線）熊野街道
2 阿倍野区民センター
（街かどミュージアム）
3 大阪市設南霊園
4 安倍晴明神社
5 阿倍王子神社
6 北畠公園（北畠顕家墓石）
7 「月見が岡」碑
8 宝泉寺
9 荘厳浄土寺
10 西之坊
11 住吉大社
12 細江川
13 住吉行宮址
14 津守廃寺
15 止杼侶支比売命神社
16 遠里小野環濠跡
17 極楽寺
0 500m

熊野街道

五代友厚墓

には薩摩出身で明治初期大阪経済界のリーダーだった五代友厚《ごだいともあつ》（一八三六～八五）のひときわ大きな墓石が建つ。その南西方向には元治元年（一八六四）禁門の変で斃れた長州藩士四八名の「死節群士之墓」もある。ここは幕末維新期の大阪・日本を駆け抜けた歴史の証人たちが多く眠る場所である。

阿倍野筋に戻り、松虫の交差点を越えて熊野街道の道筋に入っていこう。ここは車も少なく、子どもの声が間近に聞こえ旧街道の雰囲気が残る。少し歩くと左に**安倍晴明《あべのせいめい》神社**（4）と**阿倍王子《あべおうじ》神社**（5）があらわれる。このあたりがかつての阿倍野の集落である。阿倍王子神社は大阪府内で唯一場所が移動していない熊野王子社とされ、平安時代には熊野参詣の道すがら奉幣や里神楽の奉納がおこなわれた。なお、現在南面する社殿はかつて街道を向く西向きだった。

熊野街道からみた阿倍王子神社

ここで阿倍王子神社の境内を東へ横断し、**北畠公園**（6）に向かうことにする。ここには南北朝時代の公卿北畠顕家《きたばたけあきいえ》の墓石が建つ。顕家は後醍醐天皇の新政を支え、陸奥守として奥州地域の掌握に努めたが、一三三五年、足利尊氏が九州から京へ兵を攻め上らせたのに対抗して出兵し、摂津・和泉での激戦に加わった。そして顕家は二一歳で生涯を終えることになったが、その場所が当地から堺の石津にかけてと伝えられている。現在の墓石は江戸時代の学者並河誠所がここを顕家最期の地と考え、建立したものである。

北畠顕家墓

近代開発の足跡

熊野街道にもどって南に向かうとまもなく阪堺電車の路線と合流する。少し進むと閑静な住宅地の一角に**「月見が丘」碑**（7）を見つけることができる。名前からしてそう古くない命名と推測されるが、なるほど裏面をみると昭和一七年（一九四二）の設置と刻まれている。このあたりは江戸時代には阿部野村と住吉村が接し、畑作地が広がる場所であったが、大正から昭和初期にかけて住宅開発が進み、景観が一変した。そして、現在北畠と呼ばれる大阪を代表する高級住宅地が誕生した。さらに昭和八年（一九三三）に南側の帝塚山地区と合わせて風致地区となることで環境が保たれてきた経緯がある。

「月見が丘」碑

宗教都市・住吉

しばらく直進を続けると熊野街道は南海高野線を越え、いよいよ住吉の中心部へと入る。ここは道がゆるやかにカーブし、沿道に寺院が見え隠れする旧村の面影をよく残している。歩いていると寺院の多いことに気づく。**宝泉寺**（8）では、庶民の現世安穏と極楽往生・死者供養の想いを受け止めた石造十三仏を拝することができる。奈良西大寺蔵の叡尊像を三分の二のサイズで精密に模した木像を安置する**荘厳浄土寺**《しょうごんじょうどじ》（9）が続く。実際、叡尊は布教の旅に熊野街道を利用していた。そして**西之坊**（10）は、西国三十三所観音霊場を三十三回巡礼する三十三度行者の拠点寺院であった。交通の要衝という性格を基盤に個性的な寺社が集まる、宗教都市ともいえる景観が彷彿とされよう。

宝泉寺

熊野街道は**住吉大社**（神社）（11）の裏手（東側）を進み、古代から残る**細江川**《ほそえがわ》（12）（このあたりはもと入江）を越えると長居公園通に至る。この道を渡ったところで少し西へ進むと国史跡「**住吉行宮**《あんぐう》**址**」（13）がある。ここは住吉社の社家津守《つもり》氏の居館正印殿があったところで、南北朝時代に南朝の後村上天皇が二度滞在し、行宮となった。この周辺では近年発掘調査が進み、居館を画したと推測される大溝や平安京と共通性をもつ白色土器の高坏、青磁など多彩な遺構・遺物が発見されており、京都との間に活発な交流があったことがうかがわれる。

熊野街道に戻って南へ向かうと、

住吉行宮址

すぐに左に大阪市立墨江小学校があらわれる。道に向かって「**津守廃寺**」(14)の標柱と解説板が建つ。ここは白鳳期の土器・瓦を出土する古代寺院跡であり、平安時代以降は津守氏ゆかりの津守寺が存在した場所だった。寺は廃仏毀釈で失われたが、正印殿といい津守寺といい、この一帯には津守氏関連の施設が広がっていたわけで、津守氏の勢力が強大だった様子が知られよう。

街道沿いに残る中世の面影

直進を続け、願生寺の次の四つ辻を左に折れ、南海高野線の踏切を渡ったところに**止杼侶支《とどろき》比売命《ひめのみこと》神社**(15)がある。式内社で別名若松社。住吉大社の摂社だったといわれている。ここには「後鳥羽天皇行宮址」碑が建つ。『住吉松葉大記』によれば承久三年(一二二一)、後鳥羽院の熊野詣に合わせて住吉神社の津守経国がここに「若松御所」を造築したという。現存の他の熊野参詣記では

「後鳥羽天皇行宮址」碑

確認できない記事であるため、注目されることの少ない場所である。

熊野街道筋に戻り、あべの筋を越えると、この一帯は遠里小野《おりおの》五丁目である。**遠里小野**(16)はかつて環濠集落であった。ここは中世では荏《え》

胡麻《ごま》を取り扱う油商人の居住地として名を馳せた都市的な場であった。油商人たちも各地への移動には熊野街道を利用したのであろう。周囲の環濠は江戸時代末までは残っていたようであるが、現在は環濠の北端に位置する安養寺の北側にみられる境内と道路との段差が往時の環濠を偲ばせるのみである。

遠里小野環濠跡

　いよいよ最後の訪問地、**極楽寺**(17)である。ここには大阪市内では少ない南北朝時代の年号をもつ石燈籠が建っている。武光・武弘という二名の勧進により建武三年（一三三五）建立されたとの銘文が知られているが、残念ながら現在では判読は容易でない。

　ここまでくると宝永元年（一七〇四）に付け替えられた大和川、そして堺市がもうまもなくである。熊野街道を軸に上町台地南部の史跡を訪ねる旅はここまでとし、南海高野線我孫子前駅から帰路につくことにしよう。

参考文献

大澤研一『戦国・織豊期大坂の都市史的研究』（思文閣出版、二〇一九年）
北畠俊「遠里小野環濠」（城郭談話会編『図解近畿の城郭Ⅴ』戎光祥出版、二〇一八年）

8 淀川流路改修の跡をたどる

大澤研一
Kenichi Osawa

淀川の付け替え

琵琶湖に流れを発し大阪湾に注ぐ淀川は全長わずか七五㎞の河川だが、京都・大阪を横断する流れは流域の人々に多くの恩恵をもたらしてきた。一方では、淀川の支流域に広がっていた花崗岩の風化したマサ土地帯から多量の土砂が流入し、その堆積がしばしば大規模な洪水を誘引した。明治一八年（一八八五）の洪水で未曾有の被害が発生したことをきっかけに、抜本的な対策として最下流部で流路の付け替えが実施された。ここでは付け替えにより廃川となった**中津川《なかつがわ》の痕跡**（1）と新たに誕生した流路（以下、新淀川。ただし現在の正式名称は淀川）をたどってみたい。

中津川とは

かつて淀川は下流部で分流を繰り返したが、中心的な流れは大川《おおかわ》と中津川だった。中津川は毛馬《けま》（大阪市都島区）で大阪市中へ向かう大川と分かれたのち、農村部を蛇行しながら大阪湾に注いでいた。その蛇行を解消し増水をスムーズに流すため直線状の放水路、すなわち新淀川が開削され竣工したのは明治四二年（一九〇九）のことだった。そして中津川は廃川となった。その中津川の旧流路を訪ねるため、阪急十三《じゅうそう》駅からスタートしよう。

北野高校の昭和校舎

まず新淀川に架かる昭和七年（一

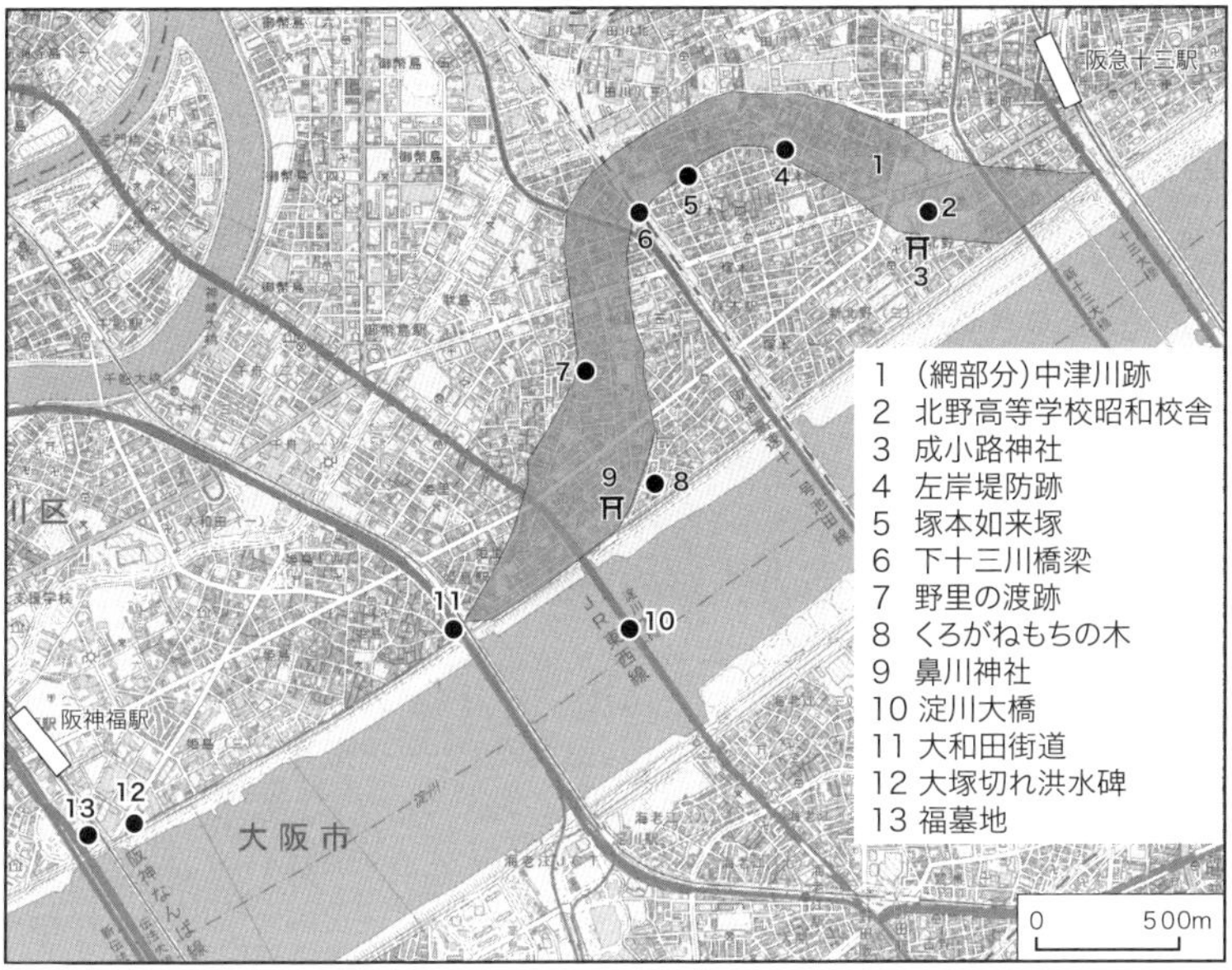

九三二）竣工の十三大橋北詰へと移動し、**大阪府立北野高等学校**（２）へ向かおう。西端に建つ通称昭和校舎の壁面には第二次世界大戦で機銃掃射を受けた生々しい痕跡が見られるが、ポイントはこの校舎の方位である。この校舎は昭和六年、同校の現在地移転当時の建物で、東西方向に長い。この方位は高校の西方、十三元《もと》今里《いまざと》一丁目および田川一丁目・塚本三丁目に広がる整然とした街区の方位と一致しているが、この街区自体が実は中津川の旧流路なのであり、この街区の東方に位置する北野高校も東西に長い旧流路の埋め立て地を敷地としたものだったのである。つまりその形状に沿って昭和校舎も東西方向を長手とする建物に

機銃痕を遺す北野高校昭和校舎

なったというわけである。

成小路神社から塚本如来塚へ

北野高校のすぐ西に**成《なる》小路《しょうじ》神社**（3）が鎮座している。当社はかつて鷺嶋《さぎしま》神社と称した成小路村の産土神だったが、氏子の大半が新淀川開削により土地を失ったため中津村の富島《とみしま》神社へ合祀された。しかし再興を願う住民たちの努力で昭和五二年、旧地に近い現在地に成小路神社として再建された歴史をもつ。

成小路神社

淀川通へ出て「新北野中前」交差点を渡り、旧流路の**左岸堤防跡**（4）をたどってみる。塚本三丁目二番地・三番地のあいだの道がそれに当たる。最初は直線だが、塚本三丁目十三番地で斜め右に進路をとると緩やかに左へカーブしていく。蛇行していた旧流路が体感できる。

本三丁目の中津川左岸堤防跡

そのまま道なりに塚本六丁目四番地まで進むと、四つ辻の角に建つ家の横に**塚本如来塚**（5）がある。隣は塚本共同墓地である。由来書によれば如来塚には三梵字を刻んだ碑が安置されていたが、旧地が新淀川に含まれたため中津川の南岸堤防敷（現在地）に移転したとある。祠内に明治三八年頃の塚本村図（コピー）が掲げられており、往時の村の様子が偲ばれる。

柏里商店街から鼻川神社へ

如来塚からしばらくは旧流路左岸の痕跡をたどるのが難しくなる。ただしＪＲ線の**下十三川橋梁**（６）をくぐる道、さらにその先にある地割や市営柏里《かしわざと》住宅・同第二住宅のあいだを通る道は堤防道を前提にしたものとみられる。

　再び明確な痕跡がたどれるようになるのは、サンリバー柏里（商店街）付近からである。なお余裕があれば、東側に商店街アーケードを見る四つ辻を反対の西側に行くと、中津川の**野里の渡し（槲《かしわ》の橋）跡**（７）があるので立ち寄ってみたい。

JR東海道線下十三川橋梁

　さて、サンリバーから南へ向かうと右手に花川《はなかわ》墓地があらわれ、さらに姫島通を越えると道は大きく右へとカーブしていく。途中、西側を見ると、この道が一段高いところを通っていることがわかる。堤防道の痕跡であることが実感できるが、さらにそれを明快に示してくれるのが東側に見えてくる、**くろがねもちの木**（８）である。現在は石垣のうえの住宅の庭内にあるが、もともとは堤防上に自生していたという。

　ここまで来ると正面に高い堤防が見えてくる。新淀川の右岸堤防である。そのすぐ際には**鼻川《はなかわ》神社**（９）が建つ。同社は旧地が新流路に取り込まれたため、代替地を得て現在地

槲の橋跡碑

花川のくろがねもちの木

へ移転した歴史をもつ。現在、神社の前にはその一件を記した石碑が建ち、当時の経過を知ることができる。そして当社の拝殿前には明治四一年、新淀川開削にともない両岸を結ぶために新たに架橋された西成《にしなり》大橋《おおはし》の親柱がひっそりと立っている。

新淀川に沿って「大塚切れ洪水碑」へ

ここからしばらくは新淀川の右岸堤防沿いに歩くことにする。鼻川神社から堤防に上がってみよう。目の前には悠々たる新淀川の流れが広がる。この付近では両岸の堤防間が七五〇mほどある。対岸には梅田の高層ビル群を望むことができ、都心近くにこのような大河が流れていることに驚かされる。

歩き出すとすぐに**淀川大橋**（10）のたもとに着く。淀川大橋は交通量の激増に対応するため、西成大橋を大正一五年（一九二六）に架け替えて誕生した。現在路面は改造されているが、かつては中央部分に阪神国道線の複線軌道が設置されていた。

心地よい風を受けながらさらに歩みを進めると、阪神電車本線・阪神高速三号神戸線の高架と交差する。ここでいったん堤防下に降りると、ちょうどここが中津川の右岸堤防の故地にあたる。そして高架下には「**大和田**《おおわだ》**街道**」（11）の碑が建っている。中津川が存在したときには、街道と交わるこの場所に渡し場があっ

大塚切れ洪水碑

淀川大橋

た。

　再び新淀川堤防上にあがり、稗島《ひえじま》墓地の前を過ぎると右手に「**大塚切《おおつかぎ》れ洪水碑**」（12）があらわれる。大塚とはここからはるか上流の高槻市にある地名である。その名の碑がなぜここにあるのだろうか。実は大正六年（一九一七）、台風豪雨により大塚付近で淀川右岸が決壊した。これが大塚切れである。ところが溢れ出た濁流はそこにとどまらず、広域を侵しながらこの新淀川右岸へと達した。当地は低地であったため排水ができず、水が滞る事態となった。そのため新淀川の頑強な堤防を人為的に切断し、湛水を新淀川から排出する「わざと切れ」が当地でおこなわれた。その記憶をとどめるのがこの碑なのである。なお、新淀川の堤防は明治四二年の竣工以来、洪水で決壊したことはない。

　いよいよ探訪が終わりに近づいてきた。堤防を下りると新淀川の流路に重なったため移転してきた**福《ふく》墓地**（13）がある。先祖伝来の地を離れざるをえなかった人々の労苦がここでも偲ばれる。洪水から流域を守るために開削された新淀川だったが、当時の地域社会に与えた影響はけっして小さくなかったことを振り返りつつ阪神電車福駅へ向かうことにする。

福墓地

参考文献
大阪歴史博物館編『水都大阪と淀川』（二〇一〇年）

9 平野郷と正覚寺

小谷利明
Toshiaki Kotani

平野郷と正覚寺《しょうがくじ》

江戸時代に付け替える前の大和川は、柏原市築留から北に流れていた。その支流である平野川も一部流路の変更があるが、柏原市から八尾市を通り、大阪市平野付近を東南から北西に流れている。この平野川を隔てて南に摂津国住吉郡平野郷があり、北に河内国渋川郡正覚寺があった。これらは、河内と大坂を結ぶ重要な都市であった。

平野環濠

ＪＲ大和路線平野駅南口から東に向かうと**平野環濠**（**1**）の一部を見ることができる。ここは、平野郷の北東に当たり、唯一環濠が現存する場所である。平野郷の都市としての範囲を示すとともに戦国期の都市の相貌を窺える場所といえる。平野は、杭全神社をはじめ、さまざまな地方宗教権力が集まった場所であり、宗教都市的相貌を持ちながら、

杭全神社

やがて近世の末吉家のような有力商人を生むことになる。

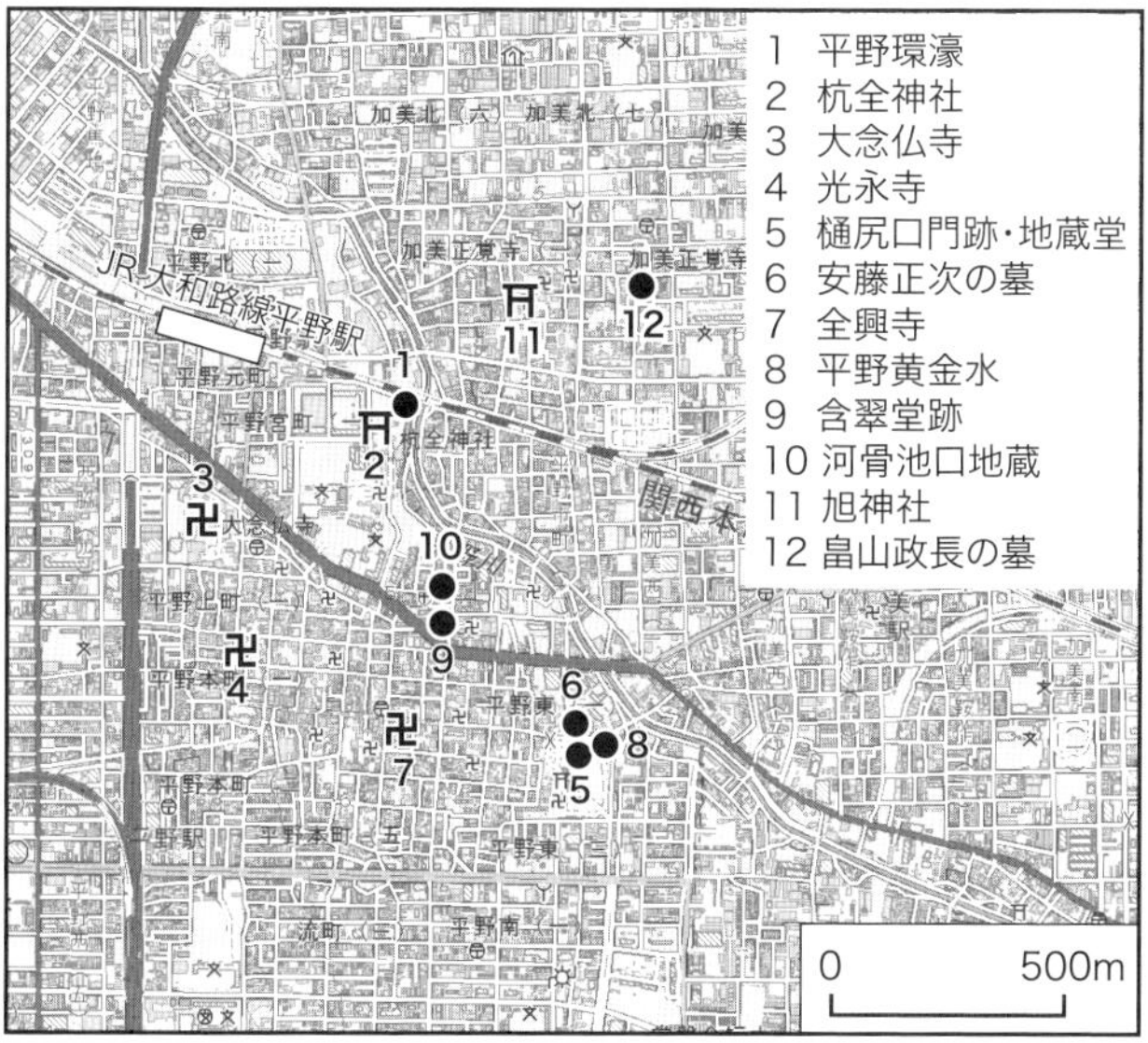

平野郷と杭全《くまた》神社

平野郷は、中世では杭全庄と呼ばれ、後に平野庄とも呼ばれた。一二世紀中頃には摂関家領荘園であることが確認できる。**杭全神社**（2）は杭全庄の鎮守社と考えられ、現存する杭全神社本殿の第二殿・第三殿は永正一〇年（一五一三）に改修され、それを伝える棟札が残されている。棟札には、杭全神社のことを「摂州住吉郡杭全庄惣社熊野三所権現」と書かれ、当時は熊野三所権現と呼ばれていたことがわかる。また、惣庄の構成員として長衆三四人、烏帽子着衆《えぼしぎしゅう》三九人とあり、七三名の村の指導者層がいたことがわかる。長衆とは「おとな衆」の意で、烏帽子着衆とは若衆入りした青年を指す。こうしたことから年齢階梯による自治組織があったことがわかる。

大念仏寺

杭全神社から南に向かい国道二五号線を西に行くと平野元町の交差点があり、そこを南に入ると、馬場口地蔵があり、さらに南に行くと**大念仏寺**（3）がある。南門は、下総国古河《こが》藩士井氏の陣屋（平野小学校付近）の門を移築したと言われる。

大念仏寺は、融通念仏宗の総本山であり、本堂は府下最大の規模を持つ。融通念仏宗は平安時代に比叡山で声明念仏を広めた良忍《りょうにん》を祖とする教団で、鎌倉時代後期に法明《ほうみょう》が融通念仏を勧め、南北朝期に摂津・河内に六つの念仏講集団が成立し、六別《ろくべつ》時《じ》と呼ばれた。融通念仏宗の本山は、六別時から各一人が選出され、その内、クジ引きで選ばれた人物の屋敷が本山となった。本山は一定の場所にとどまらなかったことになる。本山が平野に定着したのは、一七世紀はじめと考えられる。

大念仏寺

光永寺《こうえいじ》

大念仏寺から二筋南に降りてから東に向かうと**浄土真宗本願寺派光永寺**（4）がある。明応年間（一四九二～一五〇一）に創建されたと言われ、平野の都市化がはじまるなかで創建された寺院と言えそうである。天文元年（一五三二）に山科本願寺が焼討に遭い、大坂に本願寺が移転すると、光永寺門徒二〇〇人が本願寺普請に参加しており、多くの門徒を組織する寺院となっていったことがわかる。

大坂夏の陣と平野

光永寺から東に向かうと平野公園に至る。公園の北西には樋尻口門（跡）と**地蔵堂**（5）があり、その真向かいに大坂夏の陣で戦死した**安藤正次の墓**（6）がある。正次は徳川秀忠の旗本で、慶長二〇年六月七日の決戦で使者として前田利常・本多康紀隊に赴いたとき、豊臣方の攻撃を受け、敵兵の首級を得る活躍をするが自身も深手を負い、数日後に没したという。また、この樋尻口には、豊臣方の真田信繁（幸村）が地

安藤正次墓

雷火を仕掛け、家康が到着したときに爆発させようとしたという伝承がある。このとき、地蔵堂が被災し、**地蔵尊**の首が**全興寺**《せんこうじ》（7）まで飛んだとされ、現在も身代わり地蔵として大切に祀られている。公園内には、**平野黄金水**（8）と呼ばれた井戸もある。平野に限らず、この周辺は井戸水の水質が悪く、飲み水に適していないが、ここだけは水質のよい水が汲めた。近世には、平野酒など酒造業もあった。

発掘調査から見た平野

平野郷の発掘で注目されるのが、一六世紀中頃まで条里地割に乗った町場であったが、天文～永禄年間（一五三二～一五七〇）頃に、現行の地割に転換した地域と以前の地割が残った地域があることが明らかになった。都市的発展がこの時期に行われたと考えられる。

旭神社

樋尻口から二五号線に出て西に向かい、宮前東の交差点を北に向かうと江戸時代の私塾である**含翠堂**《がんすいどう》**跡の碑**（9）を越え、**河骨池口地蔵**《こおのいけぐち》（10）に出る。ここから北は平野郷の外になる。さらに平野川を越えると、河内国に入る。関西本線を越え、北東に暫く行くと**旭神社**（11）がある。同地にあった若宮八幡宮と、少し東方にあった牛頭天王宮が遷されて現在の旭神社になった。当社には享保一五年（一七三〇）に作成された橘嶋両社縁起が残され、橘嶋の地名や両社の由来、正覚寺合戦に関する伝承が記されている。

臨済宗寺院正覚寺

旭神社を含む地域周辺は、臨済宗寺院正覚寺の一部である。もともと正覚寺は南北朝内乱期に創建された寺院で、開山は実田元穎《じつでんげんえい》であり、開基は畠山国清《はたけやまくにきよ》と考えてよいだろう。

また、正覚寺は、安国寺とも呼ば

れている。足利尊氏・直義兄弟が夢《む》窓疎石《そうそせき》の勧めによって後醍醐天皇をはじめ元弘以来の戦没者の慰霊を弔い、天下泰平を祈願するために全国六六カ国に安国寺と利生塔を造った。安国寺には各国の守護の菩提寺や五山系の有力寺院が指定された。

文明一六年（一四八四）畠山義就《よしひろ》は正覚寺に滞在している。また、ここには義就の重臣神保氏が館を構えており、義就のいる誉田屋形（羽曳野市）と住吉・堺の中継点として重要な機能を果たした。義就没後、従弟の畠山政長は、明応二年（一四九三）に将軍足利義材ほか幕府軍を催して正覚寺城に入った。誉田屋形の畠山基家と対峙するためであった。正覚寺には百カ所の矢倉が建ったと言われ、正覚寺自体が城塞化したものと見られる。しかし、このとき、細川政元がクーデターを起こし、畠山政長は戦死し、将軍足利義材は捕らわれの身となる。正覚寺の歴史はこのときに終わる。河内・摂津の境界で、政治的文化的な機能は平野に移ることとなる。

畠山政長墓

なお、**畠山政長の墓**（12）は旭神社から東に行き、日蓮宗正覚寺から北東に行ったところにある。

正覚寺研究の今後

正覚寺の実像は、現時点では全くわかっていない。いまだに近世や近代の絵図からの復元作業も行われず、また、埋蔵文化財包蔵地にもほとんど指定されず、発掘調査成果もない状態である。正覚寺研究の重要性を訴えていく段階と言えよう。

参考文献

『平野区誌』（創元社、二〇〇五年）
小谷利明「河内国守護畠山氏の領国支配と都市」（『畿内戦国期守護と地域社会』二〇〇三年）
大澤研一「摂津国平野の成立と変容」（『戦国・織豊期大坂の都市史的研究』思文閣出版、二〇一九年）

摂津

10 池田　戦国の城と町

中西裕樹
Yuuki Nakanishi

町を見下ろす城

池田城は、戦国時代の摂津で最大の勢力を誇った国人池田氏が構えた。その大きさは、東西約三〇〇m、南北約五〇〇mと巨大であった。

文明元年（一四六九）には応仁の乱における西軍主力の大内氏、永禄一一年（一五六八）には上洛を目指す織田信長の攻撃を受けるなど、城はたびたびの合戦に見舞われる。天正二年（一五七四）に池田氏の家臣から台頭した荒木村重が有岡城《ありおか》（兵庫県伊丹市）へ居城を移して「古城」となるが、同六年からの有岡城攻めでは信長の陣所となった。

この城は、標高三一五mの五月山から南に伸び、池田の町を見下ろす台地上で発達した。城と町との比高差は、約二〇mである。

池田は、北の能勢方面の山間部から流れ出る猪名川の渓口にあたり、能勢と大坂方面を南北に結ぶ能勢街道、京都と有馬方面を東西に結ぶ有

伊居太神社の境内

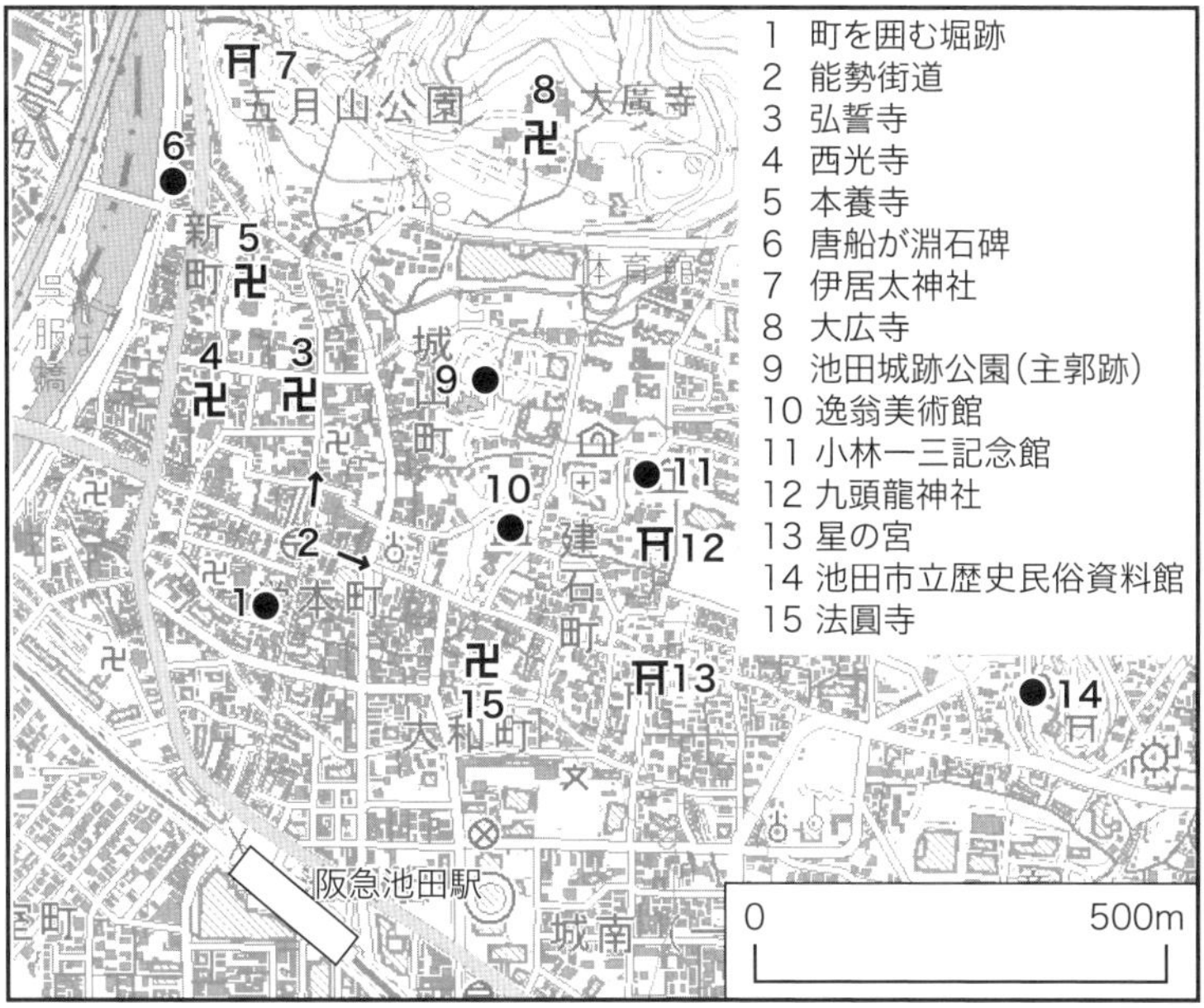

馬道との結節点に近い。古くからの川港や伊居太神社の門前などが存在し、城の廃絶後も池田は近世在郷町として発展し続けた。それでは、大阪を代表する戦国時代の城郭と町をご案内しよう。

町を歩く

阪急宝塚線池田駅北側から国道一七六号の「池田駅前」交差点を渡ると、「サカエマチ1番街」に入る。そして、「2番街」に差し掛かると、一見普通の緩やかに曲がる東西道が横断している。これはかつて池田の町を囲んだ**堀（溝）の跡（1）**である。寛

2番街から西に入った町の堀跡

政一〇年（一七九八）刊の『摂津名所図会』には、町外周の堀とその内側に簡単な塀を描く挿絵がみえる。これが池田城の構造に合致する堀ならば、戦国の池田は、城と町が一体化した惣（総）構の城下町であったことになる。惣構とは、江戸時代初期に全国の城下町で採用された都市プランのことである。その前史を考える上で、池田の城と町は非常に興味深い。

　さて2番街を抜けると、東西の道と交差する。付近は「本町」であり、池田在郷町の中心に入る。ここから北が大阪から能勢へと向う**能勢《のせ》街道**（2）の一部となり、銘酒「呉春」の酒蔵の横を通る。江戸時代の前期、池田は江戸でもてはやされた有名な酒どころであった。この北西に**弘誓寺**（3）と**西光寺**（4）、その北側に**本養寺**（5）が所在する。

弘誓寺

　弘誓寺は山号を「大西山」といい、付近には池田一族の大西氏をはじめとする池田氏家臣の屋敷跡が伝承される。また、本養寺の裏から西光寺にかけては土手と堀があったと伝えられている（『穴織宮拾要記末』）。なお、本養寺は、後述の大広寺とともに荒木村重が有岡に移したものの、天正一〇年（一五八二）に現在地に戻ったという。

　再び国道を西に渡ると、猪名川の流れがあり、川沿いに「**唐船が淵」の碑**（6）が立つ。付近は古代の応神天皇の時代、阿知使主らが中国から機織りの技術者を連れて上陸したとの伝承地である。この東の五月山の据に**伊居太《いけだ》神社**（穴織神社）（7）が鎮座している。

　伊居太神社は、機織りを伝えた穴織媛らを祀り、式内社にあたるとの説もある。池田の中心的神社で、慶長九年（一六〇四）に豊臣秀頼が片桐且元を奉行として再建した社殿が残る。

東へと山腹を進むと、**大広寺**（曹洞宗）（8）が所在する。国人池田氏の菩提寺であり、ゆかりの墓石や肖像、永正五年（一五〇八）に切腹した池田貞正の「血天井」を伝えている。戦国時代には連歌師肖柏《しょうはく》が一時、泉福院に居住した。ここから見下ろす南の谷の向こうに**池田城跡公園**（9）がある。この公園が池田城の主郭（後の本丸）にあたる。

唐船が淵と猪名川の流れ

城と町との関係

奈良興福寺の大乗院門跡政覚は文明一九年（一四八七）、有馬温泉からの帰路に池田を通り「池田庭倉以下拝見之、驚目者也」（『政覚大僧正記』）と池田氏の富貴な様に驚いている。この頃から池田城は本格的に整備されはじめたようだ。主郭は基本的に方形（四角形）で周囲に土塁や堀を構え、東側の台地続きに複数の曲輪が設けられていく。これまでの発掘調査で、城が拡大する様子が検証されており、建物の跡や豊富な出土遺物が、この周辺に池田一族の日常生活の場があったことを証明している。公園内では検出された庭園などを見ることができる。

池田氏と城の歴史を紹介すると、永正五年（一五〇八）に池田貞正が摂津守護の細川京兆家内部の争いに際して一族の数十人と猛勢を率いて籠城し、一族若党三〇〇人が討死・自害を遂げた（『不問物語』）。この後は、生き延びた一族が命脈を保ち、肖柏らと連歌会などを催したことが知られる。

やがて貞正の子の池田信正が復権し、細川晴元配下の有力者三好政長の娘を娶るが、晴元から一時離反したことで天文一七年（一五四八）に自害へと追いやられた。しかし、その子長正が一族の池田四人衆の下で当主に擁立され、永禄一一年（一五六八）には池田勝正が織田信長を迎え撃った。

池田の町から見上げた池田城跡(主郭)

池田城の主郭周辺は、まさにこの池田氏盛衰の舞台であった。公園には現在、櫓風の展望台が建ち、ここからは足元に池田の町が見下せる一方で、山腹に大広寺を抱く五月山が背後に迫る。城攻めの際、信長は「北の山」（『信長公記』）、つまり五月山からその様子を眺めたという。池田城は、外部から見下ろされる防御上、不利な立地をとった。池田氏ほどの勢力があれば、五月山に城を構えることも可能である。その理由は、町に接した立地にこだわったためだろう。

池田城跡公園の展望台からみた五月山

池田の町は、城攻めとともに攻撃を受けてきた。天文一五年（一五四六）の合戦では「西の口より一番に三好加助入らる、、（略）則市庭を放火する也。合戦有。池田衆十余人討死也。寄手も七人討死」（『細川両家記』）という。「西の口」が突破された町の市場は焼かれ、戦場と化した。また、信長の城攻めでは「外構乗込み、爰にて押しつおされつ」「終に火をかけ町を放火候なり」（『信長公記』）と信長軍は外構を突破し、やはり町を焼いた。

町の住民は池田氏と運命をともにし、町には「口」と呼ぶ出入り口と外構があった。これらが先述の町の堀や土塁などにあたるのだろう。池田の町は、池田城の城下のような存在だった。

しかし注意が必要なのは、町の堀は城の堀や土塁にはつながらず、約二〇mもの高低差がある。江戸時代の初めに刊行された『日葡辞書』によれば、惣構とは「市街地や村落などの周囲をすっかり取り囲んでいる柵、または、防壁」を意味した。池田でも町の堀は町を囲む形になっている。池田城は、江戸時代の城下町のような惣構ではなく、その実現に向かう戦国の城と町の関係を示すと考えるべきだろう。

巨大な城の外郭

池田城跡公園を東に出ると、谷に橋が架かっている。この谷は自然のものではなく、主郭の守りを固める堀の跡である。堀は南北方向に一五〇m以上の長さが残り、堀底を歩くと屈曲や幅を狭めるなどの工夫を感じることができる。都会の中で、これだけの堀が残る戦国時代の城郭は非常に貴重で珍しい。

橋を渡ると閑静な住宅地に入る。この周辺も主郭に準じる城の中心部であった。そして一六世紀半ば以降、さらに城は東側のこの台地続きの方向へと拡大し、最終的には三重もの堀が開削された。阪急文化財団の**逸翁《いつおう》美術館**（10）の前から東に進む道は、北から東へと折れ曲がりを重ねる。おそらく、この道も堀跡で

池田城主郭東側の堀跡

池田城外郭の堀跡と九頭龍神社

あり、「折れ」は防御のための工夫だと考えられる。そして、二〇〇mほど進んだ場所に阪急電鉄の創始者である小林一三《こばやしいちぞう》の住居を公開する**小林一三記念館**（11）がある。

記念館と裏手の市立池田中学校との間を南に下る道がある。ここが城の東端の堀跡にあたり、現状でも堀底のようである。道を下ると**九龍頭神社**（12）が土手状の高まりの上に祀られている。これは城の土塁跡なのかもしれない。少し離れて南を東西に横切る道が能勢街道で、**星の宮（明星太神宮）**（13）付近から東側が城外となる。少し離れた**池田市立歴史民俗資料館**（14）では、池田城や町の歴史を学ぶことができるので、ぜひ立ち寄りたい。

台地上の住宅地では発掘調査も実施されているが遺物の出土数は少なく、空地も多かったと思われる。池田城では、東に台地が続く防御上の弱点を克服するため、町の反対側へと巨大な城の外郭を発達させていた。先の能勢街道を西に歩くと、**法園寺**（15）がある。境内に立つと、南に外郭と城外との高低差を目にすることができる。池田は、近世以降の文化も華やかな町であるが、ぜひその前身となる戦国の城と町の姿も探してほしい。

参考文献

田上雅則「畿内惣構えに関する素描―池田城跡を中心として―」（『関西大学考古学研究室開設五拾周年記念考古学論叢』下、二〇〇三年）
仁木宏「寺内町と城下町 戦国時代の都市の発展」（有光友學編『戦国の地域国家』日本の時代史12、吉川弘文館、二〇〇三年）
中西裕樹「池田城」（同『大阪府中世城館事典』戎光祥出版、二〇一五年）

11 日本万国博覧会

藤井裕之
Hiroyuki Fujii

一九七〇年、大阪府吹田市の千里丘陵を会場にアジアで最初の万国博覧会（以下万博）が開催された。七七カ国、一四の国際機関、政庁、州市が参加し、国内からも企業グループなど多数が参加した。当時日本は高度経済成長のピークの時代であり、その成果と戦後経済復興を確認する東京オリンピックに次ぐ国家的プロジェクトであった。その一方で体制側の国民懐柔政策であるとして反対運動（反博）も起こった。

テーマは「人類の進歩と調和」を掲げ、科学技術の進歩を称賛するだけでなく、その進歩がもたらした困難や矛盾、紛争といった不調和にも目を向け、人類の知恵により乗り越えていくことがコンセプトとなった。

しかし、実際の会場やモニュメント・パビリオンはテーマを具現化したものにはならず、最新のテクノロジーが可能にする未来都市の姿が強調され、進歩面だけが目立つことになった。会場づくりには若手メタボリズムグループの建築家、前衛芸術家が起用され、実験的な工法で建てられたパビリオン、スケールの大きい野外彫刻、動力や前衛的な映像を駆使したメディアアートなど、会場そのものが作品となった。マスコミもその奇抜さとおもしろさを未来都市と形容した結果、日本中が熱狂・魅了され当時の日本の人口のおよそ六割を超える約六四〇〇万人が来場する日本史上最大のイベントとなった。また、多くの日本人にとって初めての外国体験でもあった。関西、特に大阪の経済と文化に与えた影響は大きく、千里地域の発展にも大きく寄与した。

丘陵の開発と交通網の整備

万博の開催が決定すると、それまで田畑と竹林、雑木林であった会場予定地の開発と未整備であった交通網の整備が求められた。

大阪モノレールの万博記念公園駅から自然文化園へ向かうと途中大きな橋を渡る。眼下を走るのが、万博により整備された中国自動車道、大阪中央環状線である。ほかにも新御堂筋や近畿自動車道が開通し、名神高速道路にも吹田インターチェンジが設置された。新たな交通機関としては北大阪急行電鉄が開通。橋の西側下あたりの中国自動車道上に万国博中央口駅があった。北大阪急行電鉄は大阪市営地下鉄御堂筋線が延伸し千里中央を経由して会場の中央ゲートまで会期中のみ乗り入れられ、閉幕の翌日撤去された。現在は桃山台駅と千里中央間の車内から軌道の痕跡であるトンネルをわずかに

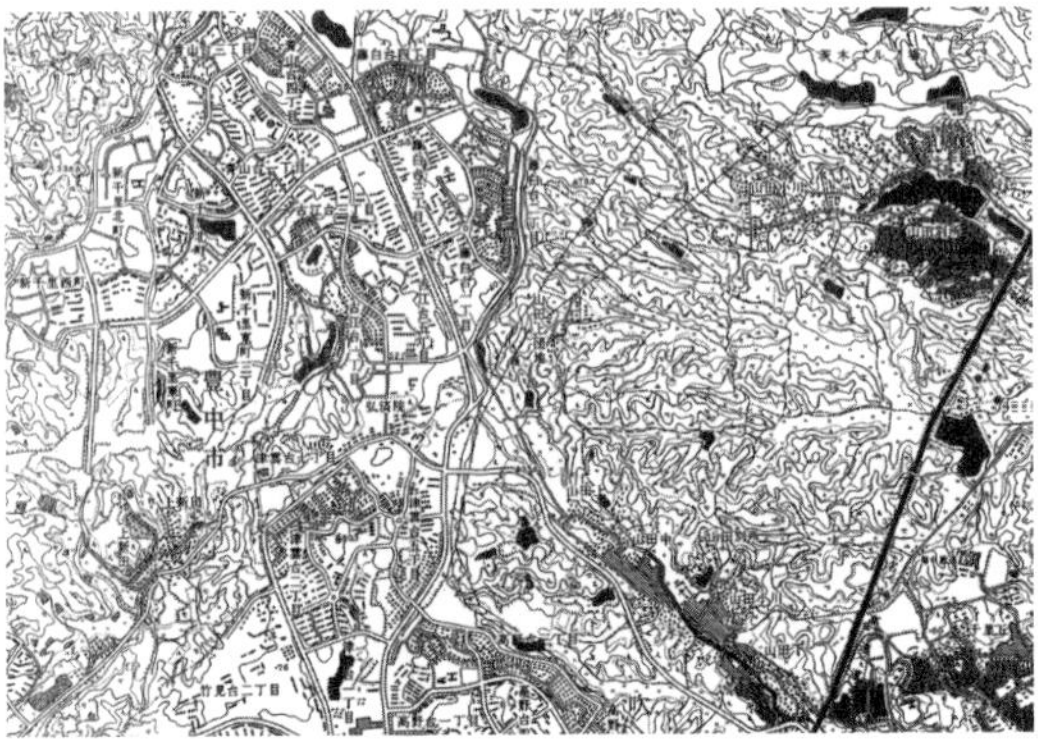

開発前の会場予定地と未整備の交通網
（国土地理院発行2万5000分の1地形図　昭和42年測量）

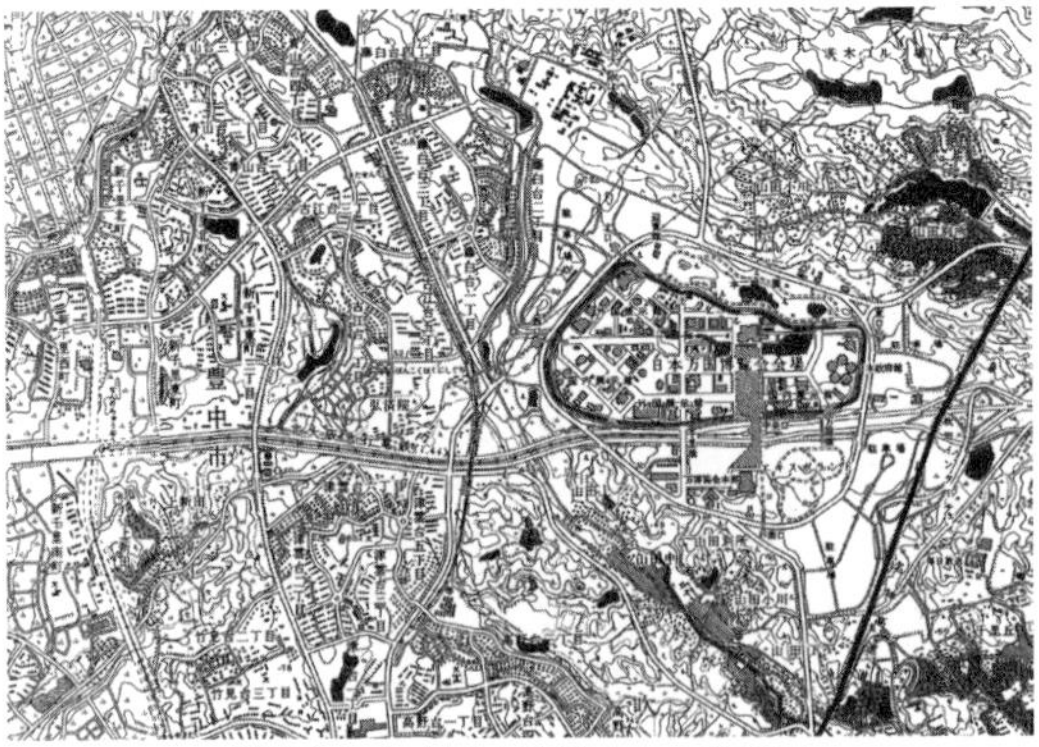

建設された会場と整備された交通網
（国土地理院発行2万5000分の1地形図　昭和44年測量）

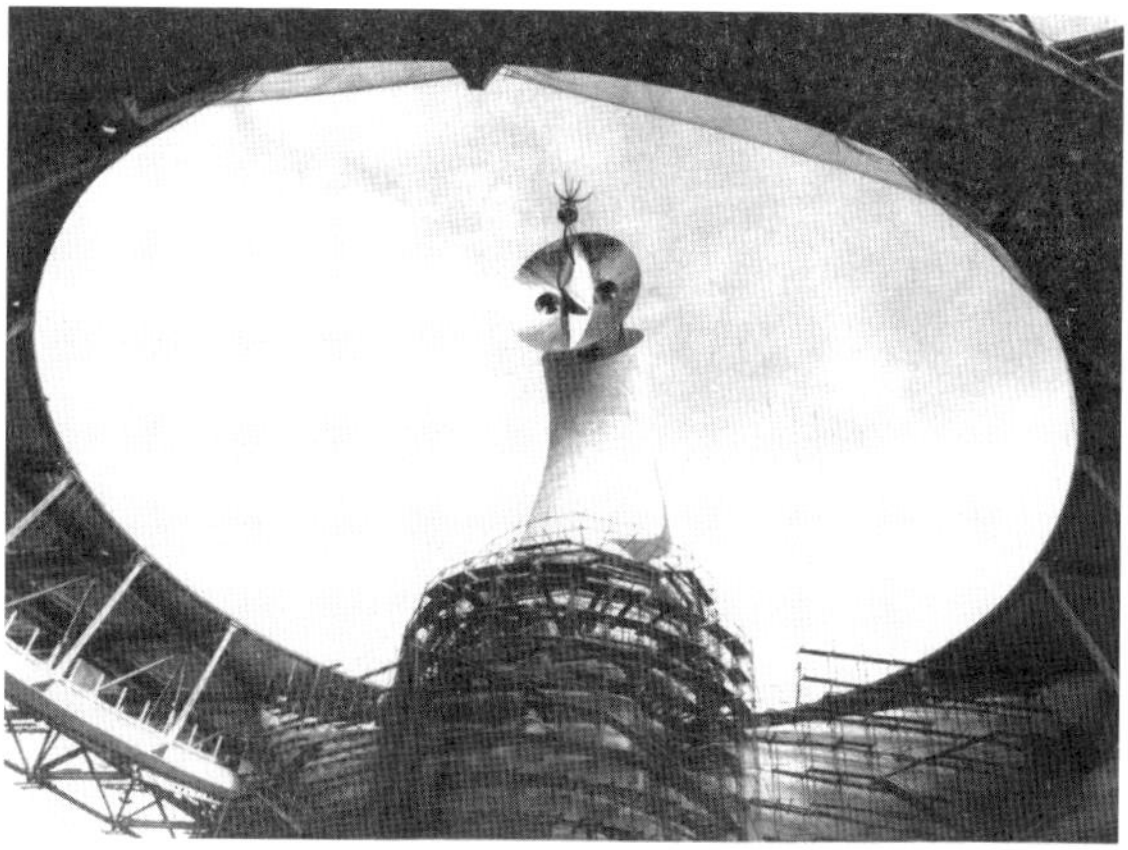
建設中の太陽の塔（野口昭雄氏撮影）

みることができる。こうした整備は千里ニュータウンの住民の足となった。また、阪急電鉄も千里線に現在の山田駅付近に臨時に万博西口駅を設置した。

太陽の塔・お祭り広場

　自然文化園のゲートを入ると正面に太陽の塔がそびえたち、その背後にお祭り広場がある。開閉会式をはじめ世界の人々がふれあい、新しい市民交流をはかる各国のナショナルデーなど国際性豊かな催し物が連日繰り広げられた場所である。基本設計は西山夘三で、調和を実感する世界の人々が集う未来都市の中心に広場を置くこととし、上田篤が小豆島の亀山八幡宮にある石の桟敷をモデルに村の鎮守の広場のように祭りに集まってくる広場とするべく考案し、お祭り広場と命名した。入口からお祭り広場にかけて総合プロデューサーの丹下健三は最先端技術の大屋根を設計した。一〇八×二九〇m、高さ三〇mの巨大なスペースフレームの屋根で、ジャッキアップという独特の工法が用いられた。現在は高さを低くして一部が保存されている。

　太陽の塔はテーマ館プロデューサーであった岡本太郎が製作したテーマ館の一部である。万博当時は大屋根を突き破っていた。博覧会終了後には解体予定であったが、その存在感から保存の声が高まり、現在は内部公開もされている。

　太陽の塔は全部で四つの顔をもつ。第一は頭頂部の黄金の顔で未来を表す。第二は胴体部の顔で現在を表す。第三は背部にある黒い顔で過去を象徴している。第四の顔は人間の根源を示す「過去—根源の世界」

賑わうお祭り広場（野口昭雄氏撮影）

を表現する展示であったテーマ館の地下展示室にあり、そのメインコーナー中央に配置され、地底の太陽といわれた。その周囲には岡本太郎の指示で若手人類学者が世界各地から収集してきた仮面・神像が展示されていた。現在、第四の太陽は行方不明で、復元したレプリカが展示してある。

地下展示を抜けると塔の胎内となり四一mの生命の樹がのびる。単細胞生物から人類まで進化の過程をたどる二九二体の生き物が樹にはりつく。生物の根源を示し、すべてが等価値であることが表現されている。現在公開中のものは本体は当時のまま、傷んだものは新しくレプリカで、ゴリラは壊れたままで展示している。

南口から万博会場へ向かう行列（野口昭雄氏撮影）

太陽の塔の造形と地下展示は岡本がパリでの画家修業時代に民族学に出会い、民族資料に人間の根源的な生命力を見出し、日本の縄文美術を発見していくことと深く関係している。岡本は祭りである万博には神像が必要であり、太陽の塔は原始と現代をつなげた神像であるとしている。そして、その対極主義で人類の進歩、楽観的な未来志向とは一線を画し、万博のもつ進歩主義へ異議を唱え、未来都市の象徴として計画された大屋根から縄文的な造形の太陽の塔を突き出し対峙させ、緊張感のある調和を実現させた。また、パビリオンで人気を二分したアメリカ館とソ連館は東西冷戦を背景に宇宙開発で競い合い、会場西側の南北に配置され、日本館は東端に位置した。

国立民族学博物館

博覧会事業は会場の跡地利用までが一体となって一つの事業である。跡地利用は当初国の行政機関や研究学園都市等都市センターとして利用する案が有力であったが、最終的には会場建設で失われた緑の復活をめざすように、緑に包まれた文化公園として整備が進められた。国立民族学博物館は文化公園にふさわしい文化施設の中心として一九七七年に開館した。

世界の民族学博物館の誕生は万博と関係が深く、コレクションは博覧会の展示品が核となることが多い。国立民族学博物館も例外ではなく、前述したテーマ館に展示された民族資料はその後国立民族学博物館に収蔵された。収集を担ったのは東京大学の泉靖一と京都大学の梅棹忠夫に率いられた三〇歳あまりの若き人類学者で日本万国博覧会世界民族資料調査集団である。一九六八年九月から約一年、世界四七の国や地域を訪れ、二五〇〇点あまりの民族資料を持ち帰った。調査を指示した岡本はパリで民族学博物館に魅せられ、日本でも民族学博物館をつくるべきと考え、将来の博物館の収蔵品、展示品となることを想定した収集活動でもあった。

EXPO'70パビリオン

パビリオンは鉄鋼館を除き、取り

壊すことが予定されていた。現在その跡地にはプレートが設置されている。鉄鋼館は万博四〇周年を記念して日本万国博覧会の遺産を継承することを目的にＥＸＰＯ'70パビリオンになり、万博関連資料を保存公開している。

万博記念公園駅から自然文化園へ向かう途中の橋からの眺め

自然の森再生計画

現在の万博記念公園はたいへん緑豊かな公園となっている。自然の森を再生させるため閉幕後解体されたパビリオンの瓦礫に盛土をし、多様な樹木が植栽された。この計画は都市に生物多様性に富む自立した森をつくる実験であった。人工の森は生物多様性の象徴であるタカが確認できる森へと成長し、現在も取り組みが進められている。

参考文献

吉見俊哉『万博幻想　戦後政治の呪縛』（ちくま新書、二〇〇五年）
大阪大学二一世紀懐徳堂編集『なつかしき未来「大阪万博」人類は進歩したのか調和したのか』（創元社、二〇一二年）
暮沢剛巳・江藤光紀『大阪万博が演出した未来　前衛芸術の想像力とその時代』（青弓社、二〇一四年）
平野暁臣『万博の歴史』（小学館、二〇一六年）
野林厚「日本万国博覧会世界民族資料調査収集団」国立民族学博物館開館四〇周年記念特別展『太陽の塔からみんぱくへ　七〇年万博収集資料』（国立民族学博物館、二〇一八年）
吉村元男『大阪万博が日本の都市を変えた』（ミネルヴァ書房、二〇一八年）

12 嶋上郡衙跡と今城塚古墳

宮崎康雄
Yasuo Miyazaki

三島古墳群と富田台地の遺跡

大阪平野北東部の一画を占める淀川北岸は、丘陵や北摂の山々が平野を取り囲むように連なる。一帯は古来より「三島」と呼ばれ、旧石器時代から各時代の遺跡が連綿と続く。その中央部、芥川と安威川に挟まれた富田台地周辺は、東西交通の要である古代山陽道や近世西国街道が横切り、山麓から平野部にかけては文化財の密集地帯となっている。とくに古墳時代は前期から後・終末期に至る五〇〇基以上の古墳が展開することから、三島古墳群と総称される。

古代山陽道から嶋上郡衙跡へ

駅のスタンプに今城塚古墳と日本最大の家形埴輪がデザインされているJR摂津富田駅の北口広場案内板で**今城塚《いましろづか》古墳**（1）へ向かう徒歩ルートを確認、途中の案内板を頼りに国道一七一号を渡りさらに進むと、並行する女瀬川が分かれて西に屈曲する。この川沿いの道は**西国街道**（2）で、南西から北東方向にむけて南北に振れながらも直線的に伸びているのは、古代山陽道の名残だ。この官道は古墳を削平してまでも直線道を志向し、幅員は八世紀に一一m前後であった。しかし九世紀以降は約五mに縮小され、その後は維持管理も疎かになり、やがては側

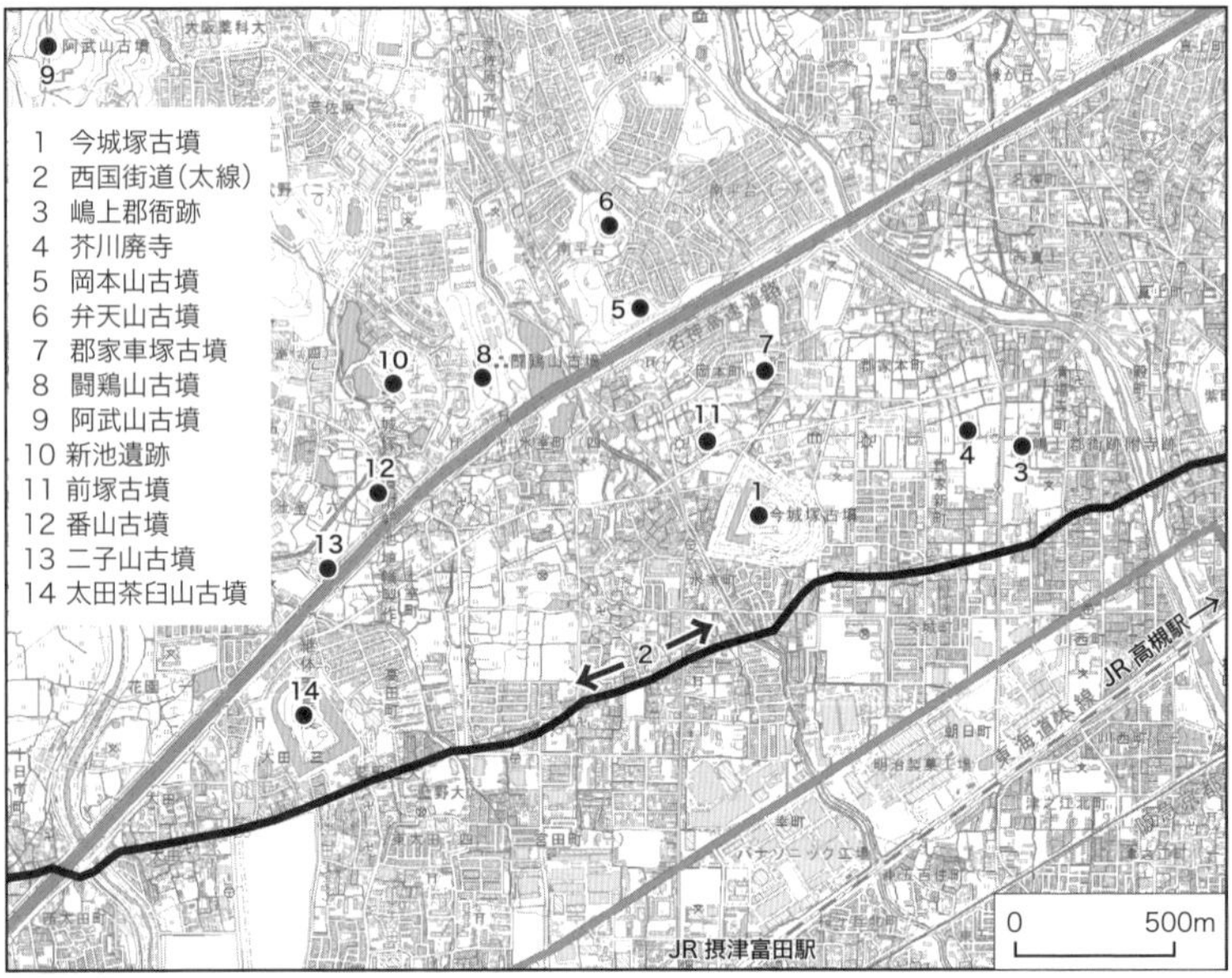

嶋上郡衙跡

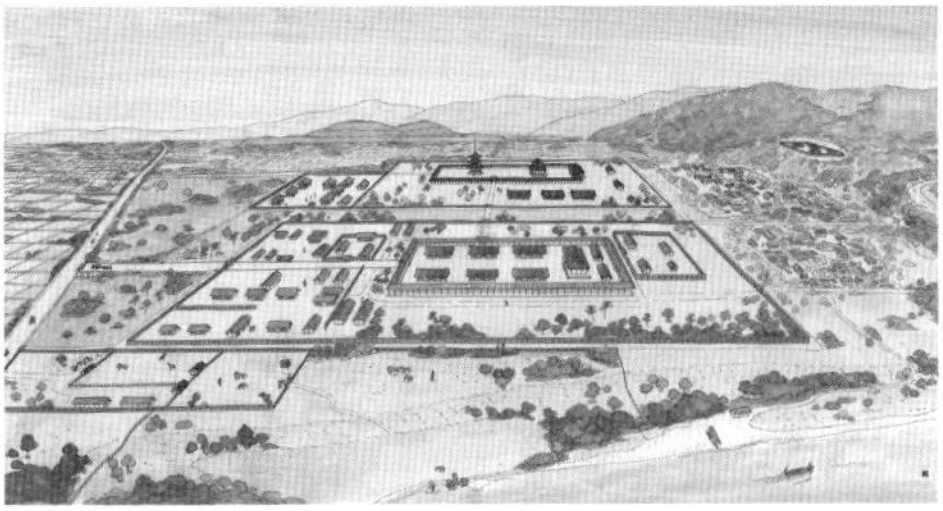
嶋上郡衙の復元想像図

溝も埋没してしまう。西国街道が古代山陽道とほぼ同じ道幅なのは、時代を問わず合理的なサイズ感だからだろう。

回り道をして西国街道を東へ向かい、**嶋上郡衙跡**《しまがみぐんがあと》（3）を目指そう。旧家が並ぶ街道を進み、府道に出て北に進み、交番と広場が両側に見えると辺り一帯が嶋上郡衙跡である。

三島郡は八世紀に嶋上郡（高槻市・島本町）と嶋下郡（茨木市・摂津市・吹田市の一部）に分かれる。嶋上郡衙は、郡家《ぐんげ》、高津《こおづ》などの地名を頼りに位置を推定していたが、昭和四六年に石組井戸から「上郡」（かみごおり＝嶋上郡衙）と記した甕の出土で確定した。近隣広場では嶋上郡衙の想定配置を三分の一スケールで表示しているので参考になる。郡衙中心部から山陽道へは石敷道が一直線に伸び、両側には官舎群が連なる。西方では並倉などの倉庫群と南限を画す溝が見つかり、税を納める正倉の位置が判明した。

「上郡」墨書土器

芥川廃寺の塔心礎

西方に見える木立は素戔嗚尊神社である。鳥居の額には「神郡社」とあり、「かみごおり（上郡）」が転じたと解される。周辺からは古代瓦や塼仏、塔の相輪片などが出土したほか、境内の手水鉢は近くで掘り出された塔心礎の転用である。寺の名称や伽藍配置は不明ながらも、神社南側では回廊を確認しているので、郡寺である**芥川廃寺**《あくたがわはいじ》（４）はこの素戔嗚尊神社を中心に広がっているようだ。先ほどの府道を含めて周辺は東西南北の正方位の地割だが、この寺の北側は傾いた方位の地割りになっている。創建時の地割とも考えられるので周囲にも目を転じていただきたい。また、平安後期の瓦を焼成した芥川廃寺瓦窯が北方の台地に築かれていた。

今城塚古墳空撮

いましろ　大王の杜（今城塚古墳）

芥川廃寺をさらに西へ進み「いましろ　大王の杜」と記した看板が見えたら、そこが今城塚古代歴史館である。今城塚古墳で取り組んだ一〇年間の調査成果を凝縮した常設展示では、大王墓の築造技術に触れ、本物の精巧な形象埴輪を間近で観察できる。

今城塚古墳へは古代歴史館から専用通路を進む。ここは発掘調査が行われ、さらに足を踏み入れることができる唯一の大王墓だけに見どころも多い。一気に眺望が開ける展望スペース・はにわバルコニーからは古墳全体を見渡せ、背後の丘陵には三島最古の前方後円墳・**岡本山《おかもとやま》古墳**（5）と**弁天山《べんてんやま》古墳**（6）、手前裾の**郡家車塚《ぐんげくるまづか》古墳**（7）など、こんもりと木々が茂る三島の王墓が連なる。未盗掘の竪穴式石槨が残る**闘鶏《つげ》山《やま》古墳**（8）のさらに向こうには京都大学地震観測所の白い塔がそびえ、脇には**阿武山《あぶやま》古墳**（9）が望める最高のロケーションだ。

今城塚古墳は六世紀前半に築かれた二重の濠と両側のくびれ部に造出をもつ全長一八一mの前方後円墳で、標高一〇～三〇mの富田台地上に位置する。「今城」の名は、戦国時代の城砦という伝承に由来し、江戸時代には古城と認識されていた。

外濠の調査では火縄銃の玉が出土しているので、単なる伝承ではなさそうだ。古墳の形状は城で大きく改変したとされてきたが、文禄五（一五九六）年に起きた直下型の伏見地震により墳丘が崩壊し、大きく変形したことが調査によって判明した。

ふたつの大王墓

ところで、今城塚古墳は真の継体陵とされる。『古事記』『日本書紀』は、西暦五三〇年前後に崩御した継体が三嶋の「藍野陵」に葬られたとし、『延喜諸陵寮式』には摂津嶋上郡（現高槻市）に陵の存在が記されていたが、やがて荒陵となり、徐々に忘れ去られてしまう。ただ、一八世紀初頭の『摂陽軍談』には今城塚に「御車崎（＝ミササギ）」の小字があると記され、地名には面影をとどめていたようだ。江戸後期には幕府の天皇陵探索、本居宣長の『古事記伝』、蒲生君平の『山陵志』による探求により、継体天皇の「藍野陵」は嶋下郡の太田茶臼山古墳とされる。本来、三島郡の中央部に広がる富田台地を指す「藍野」の範囲が、八世紀の三嶋郡分割を機に嶋下郡側に限定され、さらに「藍野」が継体陵探索のキーワードとされたことで嶋下郡の太田茶臼山古墳が継体陵に治定されたのである。戦後の歴史地理学的研究においては、太田茶臼山古墳の所在する太田が島下郡に属し、郡界の移動もないことが考証され、島上郡の今城塚古墳こそが真の継体陵であると結論づけられた。新池遺跡の調査成果からみても、今城塚古墳を継体陵とすることは定説化しつつある。

埴輪祭祀場と墳丘の構造物

空濠の外濠から内堤へ上がると、水を湛えた内堀が見え、水際に芥川の川原石を並べた護岸列石が波による墳丘劣化を防いでいる。内堤完成後に外堀側へ長さ六五ｍにわたって設けた張出の埴輪祭祀場の調査では、表土直下に足の踏み場もないほど埴輪片が折り重なっていた。日本最大の埴輪祭祀場では三〇〇点以上の形象埴輪が出土し、位置と形状の判明した一八九点を現地に復原配置している。これらは塀と門の埴輪で

太田茶臼山古墳

限った四つの区画内にあり、配置する埴輪の種類や数が異なっている。形象埴輪群は何を表現しているのか未解明だが、古墳時代の人々の区画分けや配置は、その意味を探る大きなヒントであることは間違いない。祭祀場では埴輪に親しんでもらいたいとの強い思いから、大切に扱う限りは立入りだけでなく、馬や水鳥にまたがることも妨げない。こんな状態の公開は全国でも例がない。

内濠から墳丘に足を踏み入れると、思いのほか起伏が著しい。これは文禄五年（一五九六）に発生した直下型の伏見地震が原因で、内濠の半分以上は墳丘滑落土で埋没した。後円部中央を東西に延びる落差約四mの崩落崖は地滑りの痕跡で、当時のすさまじさを物語っている。

盛土で築かれた墳丘は、前方部二段・後円部三段と想定するが、後円部最上段は削平を受けて遺存しない。調査では墳丘内で排水施設、崩落崖下では滑落した石室の基礎石組を発見した。これは重量物の荷重を拡散させて墳丘の崩落を防ぐ工法で、鉄道線路の砕石にもみられる技術である。ところで、石組周辺で見つかる石棺やガラス玉・鉄鏃・小札・馬具・金銅製品など細片となった副葬品類からは徹底的な盗掘がうかがえる。一三世紀後半の左大臣西園寺公衡の日記『公衡公記《きんひらこうき》』に「摂津嶋上陵の盗掘犯が捕まり、鏡などが押収された」と記され、盗掘記録を裏付けるものであろう。見つかった石棺材には阿蘇溶結凝灰岩（馬門石：ピンク石）、二上山産の白色凝灰岩（二上山白石）、播磨産の流紋岩質凝灰岩（竜山石）の三種類あり、ピンク石には水銀朱の塗布や加工痕をとどめる石材もある。いずれも家形石棺の蓋とみられ、横穴式石室におさめられていたことが想定される。

今城塚古墳の特徴は、伝統的な要素と革新的な要素が融合していることである。具体的には、二重濠や墳丘両側の造出など、古墳時代中期の大王墓にみられる伝統的なスタイルを志向しつつ、本来水濠である外濠を空濠とした形式的模倣と横穴式石室の新規採用である。石室の位置は伝統的な埋葬の場となる後円部墳丘最上段に求めたことから、石棺・石室の加重による墳丘崩壊リスクを回避するために石室基盤工を採用し、雨水による墳丘崩落防止のため墳丘内石積や暗渠排水溝を設けるなど、新たな試みがなされている。これは伝統を保持しつつ革新的なものを採用する継体大王の姿勢のあらわれと考えられ、この伝統的形態へのこだわりこそが、継体の出自をめぐる謎を解く鍵ともいえよう。

埴輪づくりのムラ

今城塚古墳に「大王の埴輪」を供給したのが**新池《しんいけ》遺跡**（10）で、古代歴史館前から**前塚《まえづか》古墳**（11）を過ぎ、「ハニワ街道」の看板を目印に二〇分ほどでたどり着く。『日本書紀』欽明天皇二十三年条に「摂津国三島郡埴廬」と記されるこの遺跡は、五世紀中頃の太田茶臼山古墳築造を機に埴輪生産を開始、六世紀に

ハニワ工場公園（新池遺跡）

は一〇基の窯で今城塚古墳の埴輪を焼成した。埴輪窯一八基と工房三棟は「ハニワ工場公園」として復原整備し、埴輪づくりをマンガでわかりやすく解説している。ハニワ工場館で発掘当時の姿で露出展示する十八号窯は、修復しながら何度も焼成した埴輪職人の苦労が感じられる。

土室古墳群から継体陵へ

新池遺跡から田園を水路沿いに歩くと**番山《ばんやま》古墳**（12）、その先には五世紀の土室《はむろ》古墳群唯一の前方後円墳で陵墓参考地の**二子山《ふたごやま》古墳**（13）に至る。名神高速道路の下をくぐると、道沿いに五社水路と呼ぶ小さな水路がある。ここは高槻市と茨木市の市境で、古代の嶋上・嶋下郡境を現代でも反映しているとされる。さらに南へ進むとほどなく**太田茶臼山《おおだちゃうすやま》古墳（継体陵）**（14）にたどりつく。中期の前方後円墳らしい雄大な墳丘で、古市《ふるいち》古墳群の市野山《いちのやま》古墳（允恭陵）と墓山《はかやま》古墳とは相似形であることが知られている。

安威川《あいがわ》を越えてさらに先の三島古墳群西半部にも耳原《みのはら》古墳、鼻摺《はなずり》古墳、紫金山《しきんざん》古墳、海北塚《かいぼうづか》古墳など見ごたえある古墳が多い。三島はさまざまな時代の豊富な文化財に恵まれた歴史の箱庭であり、より多くの方々に巡り親しんでいただきたい。

【追記】

二〇二一年三月、安満《あま》遺跡公園が開園した。公園へはJR高槻・阪急高槻市両駅から、歩道の足跡を目印に徒歩一五分で、敷地は甲子園球場五個分と広い。市民とともに育て続ける公園として、施設を作りこまず、弥生前期の環濠と周辺に水田と墓地のみ表現したことで、遺跡の広がりが体感できる。昭和初期の旧京都大学高槻農場学舎を活用した建物では、歴史体験ができる。園内にはカフェやレストランがあり、様々なイベントも人気の史跡公園である。

参考文献

今城塚古代歴史館編『高槻の発掘史をたどる』（二〇一五年）
宮崎康雄「今城塚古墳は継体天皇陵か」『天皇陵』（洋泉社、二〇一六年）

13 高槻城下町

中西裕樹
Yuuki Nakanishi

戦国以来の歴史

　高槻城は、江戸時代の摂津国に所在した三つの城郭の一つであり、元和三年（一六一七）の徳川幕府による公儀普請で大半が完成した。慶安二年（一六四九）に譜代大名の永井直清が入城して以降、高槻は三万六千石の城下町として明治に至った。

　高槻城下町の歴史は、戦国時代にはじまる。文献上で確認できる高槻城の初見は、大永七年（一五二七）の「高槻入江城」であり（『細川両家記』）、城主を入江氏という。

　永禄一二年（一五六九）に同氏は没落し、足利義昭の武将和田惟政が芥川城（芥川山城跡、高槻市）から移った。元亀四年（天正元年・一五七三）に和田家中は分裂し、武力衝突の末、有力家臣の高山飛騨守と高山右近の親子が城主に就く。この際に高槻城の「天主」が記録に見え（『兼見卿記』）、現時点で文献上、三番目に古い天主となる。この頃から城下の整備も進んでいった。

　明治の廃城後、城の石垣は現JR京都線建設の石材用に転用され、今では地表面に城の遺構は残らない。しかし、現地をたどると戦国以来の歴史や広がりを感じることができる。最寄り駅ではないが、ここではJR高槻駅から出発したい。

芥川宿から城下町への道

　JR高槻駅中央口から北側に出ると、上宮天満宮の社叢が目に入り、

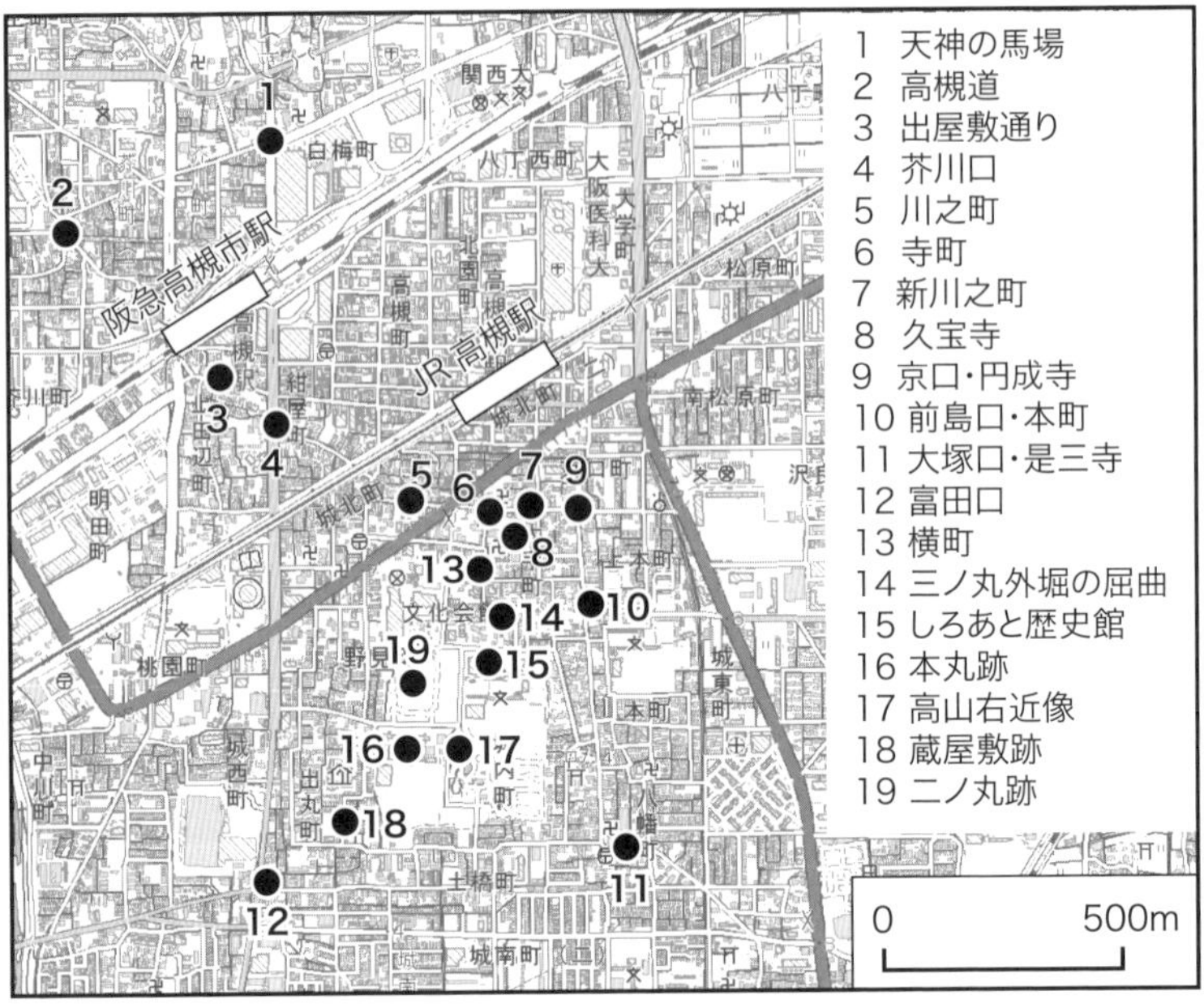

1	天神の馬場
2	高槻道
3	出屋敷通り
4	芥川口
5	川之町
6	寺町
7	新川之町
8	久宝寺
9	京口・円成寺
10	前島口・本町
11	大塚口・是三寺
12	富田口
13	横町
14	三ノ丸外堀の屈曲
15	しろあと歴史館
16	本丸跡
17	高山右近像
18	蔵屋敷跡
19	二ノ丸跡

右手（東側）の阪急百貨店北側を京都から西に向かう西国街道が横切る。付近は「**天神の馬場**」（1）と呼ばれ、織田信長が鷹狩りをし、高山飛騨守が宣教師ルイス・フロイスを待ち受け、天正一〇年（一五八二）の山崎合戦では羽柴秀吉が陣を置いた。ここから西に進むと、江戸時代の宿駅芥川宿に至る。

上宮天満宮の社叢と天神の馬場付近をのぞむ

　宿の歴史は、鎌倉時代に遡る。西国街道は一里塚が残る北側で屈曲し、ここから高槻城下町に続く「**高槻道**」（2）が東南に分岐する。享保一九年（一七三四）の芥川宿絵図

（個人蔵）をみると、水路（小河川）に沿う曲がった道の一部が描かれ、現状でも道は蛇行する（水路は暗渠）。城下町に伴う計画的な直線道路ではなく、以前から自然発生的に存在した道なのだろう。

芥川宿で分岐する高槻道

高槻道はＪＲの線路を潜り、方向を東に変えて**「出屋敷通り」**（３）となる。付近はかつての上田部村にあたり、南側では奈良時代から続いた中世の村（上田部遺跡）が発掘で確認されている。さらに進むと「けやき大通り」を挟んで道はアーケード商店街となるが、古くは一本南の道に続いていた。この場所に六つあった城下町の出入口（門）の一つ**「芥川口」**（４）があった。

付近は「紺屋町」といい、道は湾曲して水路の暗渠も続く。一七世紀後半の高槻城絵図では家屋を描かないものがあるため、周辺は以降の開発地なのだろう。現状の家並みの一部は「のこぎり状」の敷地となり、町並み成立の古さや城下の防御を示す特徴とされることもあるが、高槻の場合は不詳である。

道は阪急京都線の高架下を過ぎて東に曲がり、道幅を広げた界隈が**「川之町」**（５）である。町名に相応しく、先の水路がかつては道の真ん

西からみた川之町

中を流れた。付近の道は直線で高槻城三ノ丸北の外堀に並行しているため、城と一体的に整備されたのだろう。

寺町と戦国の村

川之町の道は、国道一七一号の「北大手」交差点で北からの「城北通り」と交わる。江戸時代の絵図に城北通りは「追手筋」とあり、南で三ノ丸北大手門に接続した。通りの周辺を「田町」という。交差点を渡ると川之町からの道は幅を狭め、再び広がる。界隈は「**寺町**」(6)の一画で、以東を「**新川之町**」(7)という。

寺町では、三つの寺院が南北方向に並ぶ。北から理安寺(浄土宗)は永井氏以前の城主松平氏による再興だが、戦国時代は入江氏が檀家で、足利将軍家が全国に設けた安国寺との伝承を持つ。光松寺(西山浄土宗)は公儀修築時の城主土岐氏、もしくは高山氏が城内から移転させたという。本行寺(日蓮宗)は慶長元年(一五九六)の創建で、後に永井直清が

三ノ丸外堀跡からみた寺町

整備したとも伝える。これらの所伝が正しければ、寺町は戦国時代の終わりから江戸時代の初めに成立したことになる。

一七世紀後半の高槻城絵図では、新川之町周辺に空き地があり、南に慶長五年(一六〇〇)開創の本照寺(掛所。浄土真宗)が存在した。浄土真宗は戦国時代に民衆の帰依を受け、村々には寺院が営まれた。この近くには同宗の延徳元年(一四八九)開創の**久宝寺**(8)、「高槻」を山号とする文明一四年(一四八二)開創の**円成寺**(9)がある。これらの寺院は、付近が戦国の村であったことを示す。また、一般的に寺町は、城下の周縁に位置することが多い。高槻城下町では江戸時代の初めにかけ

て城下と村との間に寺町が成立したとみることができるだろう。

京口と富田からの道

円成寺がある「**京口**」(**9**)は、文字通り京都への口であり、界隈を

「馬町」という。少し北からは「八丁松原」という直線道路が北に伸び、約一㎞離れた西国街道に続いた。京口で新川之町の道は南に曲がり、「**前島口**」がある「**本町**」(**10**)に入る。前島(高槻市)とは舟運が発達した淀川の川港であり、この口と前島との間は直線道路で結ばれた。

本町の南は「新本町」「八幡町」が続き、「**大塚口**」付近に文明五年(一四七三)開創の**是三寺**《ぜさんじ》(浄土真宗)(**11**)が所在する。文禄三年(一五九四)の高槻村文禄検地帳によると、この辺りにも戦国の村があった。先の新川之町周辺とは別の村であり、氏神も異なっている。

戦国時代、この村に西の「**富田口**」(**12**)から到達する道があった。

円成寺前からみた京口

この道は江戸時代に「高槻道」と呼ばれ(芥川宿からの道とは別)、城があった茨木(茨木市)と寺内町であった富田(高槻市)という摂津東部を代表する町場をつないでいた。

戦国の高槻には、芥川宿からの道に沿う村(新川之町付近)と、富田からの道に沿う村(新本町・八幡町付近)が所在した。そして「本町」あたりで二つの道は一つとなって淀川の川港へと続いた。「本町」の地名は、ここが城下のはじまりとなった場であり、「馬町」は交通関係者の姿を彷彿とさせる。今に残る道筋や地名をたどると、高槻城下町が交通の結節点に成立していた戦国の村をベースとしていたことがわかるだろう。

高槻城の痕跡

さて、寺町まで引き返し、あらためて道を南に進むと東西道の屈曲部に出る。ここは三ノ丸の外堀跡で、かつては歩道に「思案石」という石垣の残石があった（しろあと歴史館前に移設）。まもなく東の本町へと向かう道が分岐する付近は「**横町**」（13）といい、南の「魚屋町」とともに高槻城下町では珍しい長方形の街区がみられる。

やがて堀跡の道は、東から南に屈曲を重ねる（14）。これは城を守る工夫の「折れ」であり、間もなく道は**高槻市立しろあと歴史館**（15）に出る。城下町の模型や絵図を展示する博物館なので必ず見学したい。歴史館前の道を東に進み南へ曲がった先に東大手門の跡がある。ここが参勤交代の行列などが出発した城の正門であった。

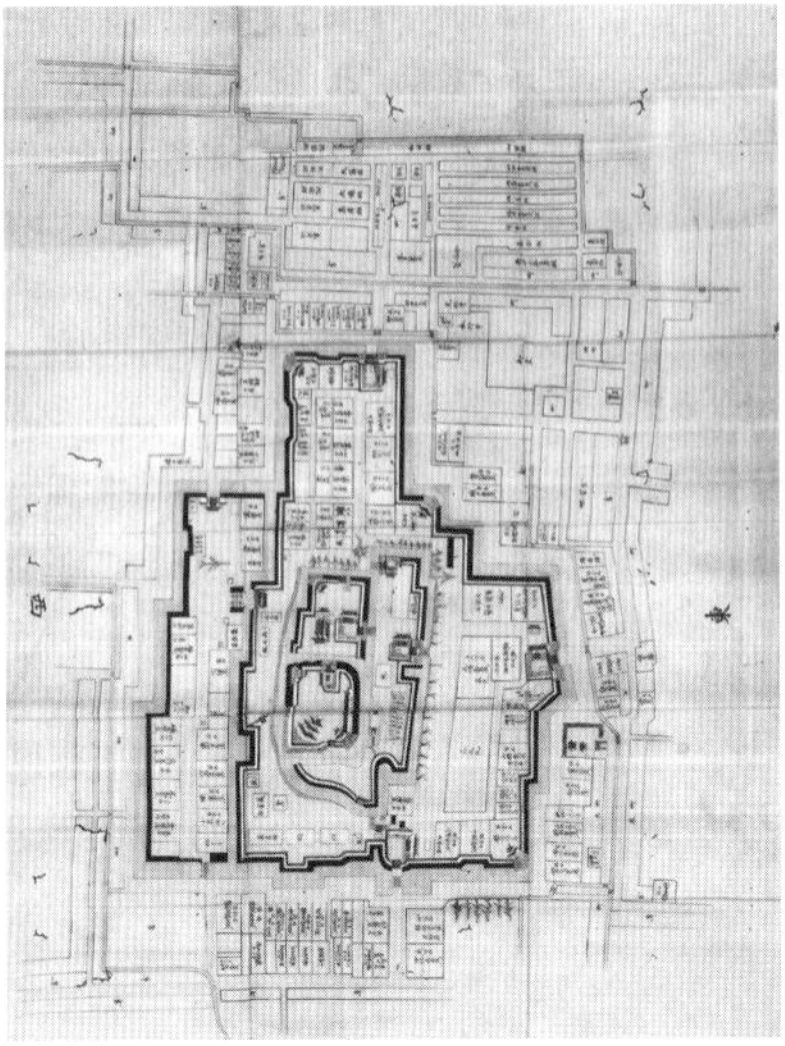

17世紀後半の高槻城絵図
（高槻市立しろあと歴史館蔵）

東から南に屈曲を重ねる三ノ丸外堀跡

本丸跡（16）は、府立槻の木高校の敷地となり、昭和五〇年（一五七五）に実施された発掘調査は近世城郭の石垣・瓦の研究の嚆矢《こうし》となった。出土した石垣石の一部が高校北東の道路沿いに設置されている。また、体育館が三層の天守の所在地とほぼ重なる。付近を歩くとき、天守との距離感の目安にすると楽しい。

高校の東側に高槻城公園（三ノ丸跡）があり、公園の東・南の輪郭（段差）は、ほぼかつての三ノ丸に合致する。**高山右近像**（17）が立つ池に囲まれた石垣（遺構ではない）は、かつて堀中にあった弁財天を祀った小島の付近にあたる。

高槻城公園を南に出て、西へと曲がる道は三ノ丸の外堀跡である。東にしばらく進むと北側の住宅街との高低差に気づく。これは高槻城南端の段差を示し、幕府領の年貢を納める蔵が並んだ「**蔵屋敷**」（18）の一画にあたる。その西側の低いエリアが「出丸」で、寛永一三年（一六三六）に城主となった岡部宣勝が増築した部分である。

本丸の北側に城主御殿が存在した**二ノ丸**（19）があり、現在建設が進む芸術文化劇場の完成に合わせ、水堀など城郭らしい景観が整備されるので楽しみにしてほしい。その北の野見神社周辺は、高山右近がキリスト教関連施設を整備したエリアだが、紹介は次章「14戦国のキリシタンの信仰をたどる」に譲る。

高槻城公園内の石垣と池

地上には遺構が残らない高槻城だが、注意すると、堀跡の段差などが見えてくる。「高槻まちかど遺産」という小さな解説板があるところも多い。街区や段差、町名や寺院などに注目しながら、戦国以来の城下町を探訪してほしい。

参考文献

森田克行『摂津高槻城　本丸跡発掘調査報告書』（高槻市教育委員会、一九八四年）
中西裕樹「高槻城」（同『大阪府中世城館事典』戎光祥出版、二〇一五年）

14 戦国のキリシタンの信仰をたどる

中西裕樹
Yuuki Nakanishi

キリシタン墓地と墓碑

　二〇一八年、長崎・天草地方の潜伏キリシタン関連遺産が世界遺産に登録された。「潜伏キリシタン」とは、キリスト教への迫害が厳しくなった江戸時代のはじめに、自らの信仰を隠した人々を指す。しかし研究が進むにつれ、その信仰には先祖の教えを守るという性格が強いことがわかってきた。そこで現在では江戸時代の信徒を「潜伏キリシタン」、キリスト教が認められた明治時代以降もその信仰の形を守った人々を「カクレ（かくれ）キリシタン」と区別する考え方が示されている。

　キリシタンの信仰を示す文化財には、ロザリオなどの祭具や十字架をモチーフとした伝来品があるが、明治時代以降の「南蛮ブーム」の中で創作されたものも多い。一方では大正の時代、大阪の千提寺《せんだいじ》・下音羽《しもおとわ》（茨木市）でキリシタン墓碑が発見され、「かくれキリシタン」の家が聖フランシスコ・ザビエル像をはじめキリシタン遺物の優品の数々を伝えたことが明らかとなった。日本国内でキリシタン墓碑と良質なキリシタン遺物が確認できる地域は限定され

田原レイマン墓碑

るが、平成一〇年（一九九八）にはキリシタンの高山右近が城主であった摂津の高槻城下町（高槻市）でキリシタン墓地、同一四年には河内の田原（四條畷市）で天正九年（一五八一）の年号を持つ「田原レイマン」墓碑が発掘された。大阪には、戦国以来のキリシタンを語る稀有な遺跡がある。それでは、これらの事例を訪ねていこう。

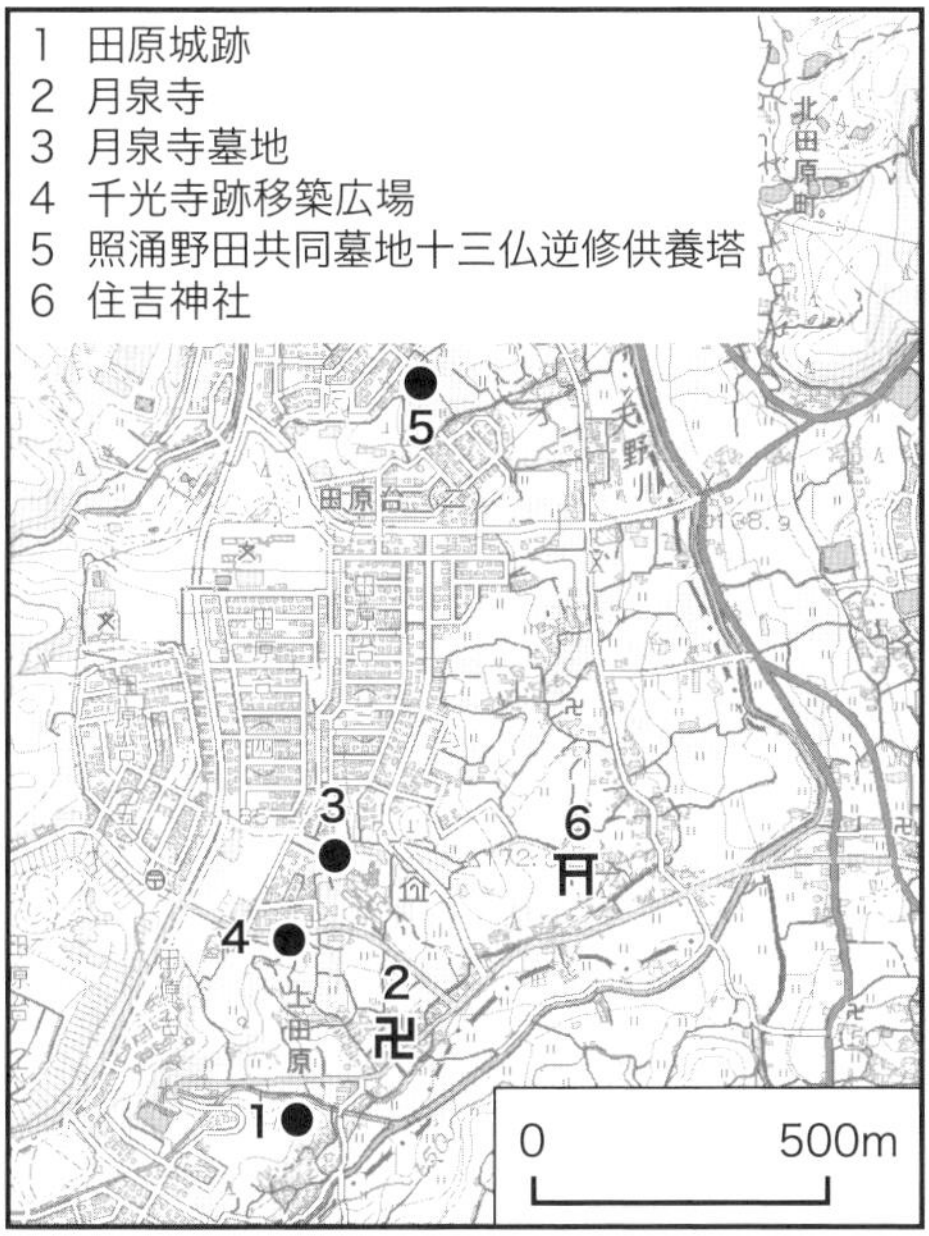

田原レイマンと田原

生駒山地の東側は、ほぼ奈良県（大和国）である。しかし田《た》原《わら》地域は例外で、山間の小盆地内に河内と大和の国境がある。河内と大和をつなぐ清滝街道や古堤街道、そして磐船街道が交わる交通の要衝で、今ではＪＲ学研都市線の四条畷駅や近鉄奈良線の生駒駅からバスが通じる。

天野川と北谷川に挟まれた上田原の丘の上に**田原城跡**（１）がある。城主を田原氏と伝え、近くの**月泉寺**（２）は田原対馬守らが信仰した千光寺の後継寺院である。北西に約二五〇ｍ離れた**墓地**（３）の五輪塔などは、田原一族ゆかりの物という。

墓地付近の千光寺谷（寺口遺跡）の発掘調査では、土塀の内側に埋められた墓碑が出土した。墓碑には「天正九年」「礼幡」との文字、そして十字やHの文字が刻まれていた。宣教師ルイス・フロイスは、天正三年（一五七五）に織田信長と対面したキリシタンの三箇《さんが》マンショ、結城ジョアン、そして田原レイマンの名を記す。墓碑の年紀と「礼幡」は、その主がこの田原レイマンであることを語っており、現在遺構は**千光寺跡移築広場**（４）で見学できる。墓碑は四條畷市立歴史民俗資料館で展示しているので、機会をとらえて足をのばしたい。

千光寺跡の遺構（移築）

　永禄七年（一五六四）、飯盛城（四條畷市・大東市）の城主三好長慶の家臣がキリスト教の集団洗礼を受けた（「河内キリシタン」）。このうち、三箇サンチョは、城の西麓の深野池（大東市）に浮かぶ三箇という島の領主、結城一族（アンリケやジョルジら）は城の北麓で清滝街道と京都から紀伊へ向かう東高野街道が交わる岡山・砂（四條畷市）の領主であった。三箇氏は、国際交易で栄えた堺から飯盛城に向かう宣教師を船で送り届け、三箇や岡山に建った教会には大勢の人々が集った。飯盛城から見ると、田原も同様のロケーションにある。彼らは三好長慶配下の新興武士層であり、その拠点を多くの人や文物が行き交った。伝来間もないキリスト教を受け入れる柔軟さを、彼らは持っていたのだろう。

照涌野田共同墓地の十三仏逆修供養碑

　しかし、周辺地域がキリスト教一色に染まった訳ではない。上田原の北に位置する下田原の照涌野田《てるわきのだ》共同墓地には、生前に自身の供養を集団で行う仏教の「逆修供養」の**十三仏逆修供養碑**（5）が残り、田原レイマンが生きた時代の永禄二年の年紀を刻む。四條畷市内には他にも戦国の十三仏逆修供養碑が残されており、上田原の**住吉神社**（6）には元和八年（一六二二）のものがある。他信徒と共存したキリシタンの姿を、田原で感じていただければと思う。

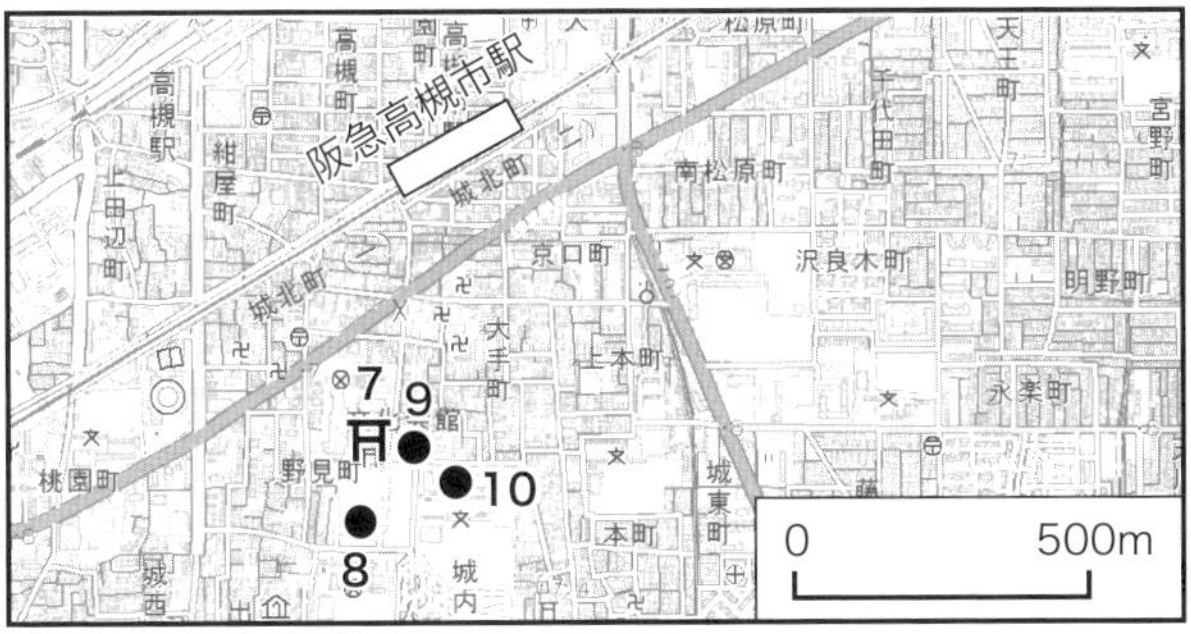

7 野見神社　8 近世高槻城二ノ丸跡　9 高槻城キリシタン墓地
10 しろあと歴史館

高山右近と高槻城下町

元亀四年（天正元・一五七三）に起きた権力闘争の末、高山右近が高槻城主となった（高槻城下町は前章「13 高槻城下町」を参照）。高山氏は、摂津山間部の高山（豊能町）という村の土豪出身。右近の父飛騨守は、三好長慶の被官で「河内キリシタン」の一人であった。この父の影響を受

出土した木製のロザリオ

高槻城キリシタン墓地（南群）

け、右近はキリシタン大名へと成長していく。

高槻城三ノ丸跡に建つ**野見神社**（7）は、高山氏以前の城主入江氏が祭礼日を定め、「入江大神」とも呼ばれたという氏神である。高山氏の**高槻城**（近世二ノ丸跡）（8）に接し、この場所付近に高山氏は教会を建設した。教会には飛騨守を含む四人の組頭が置かれ、信者救済や獲得を進める互助組織「コンフラリア」が成立、活動していた。

高山親子は賤視された葬儀での棺の担ぎ役もつとめた。おそらく舞台となったのが、野見神社東側で発掘された**高槻城キリシタン墓地**（9）であり、ここには高山右近天主教会堂趾の碑が立つ。仏教徒とは異なり、キリシタンは仰向けで体を伸ばした姿勢で土葬された（伸展葬）。発掘では、この埋葬を示す長方形の墓穴が検出され、二支十字を墨書した木棺の蓋や祭具のロザリオが出土している。墓は通路を挟んで横並びに整然と配置されており、身分や性別の差が認められない博愛思想を反映するキリスト教らしい墓地であった。**高槻市立しろあと歴史館**（10）には、右近や墓地に関する展示があるので、ぜひ立ち寄りたい。

高槻城公園の高山右近像

また、宣教師によれば「城の中には大きな集落があって、（略）貴人と兵士、およびその付近に肥沃な田畑を有する農夫と職工」が住み、高山親子がキリストの教えを聴くよう勧めていた（一五七六（七七）年八月二十日付フロイス書簡）。また、別の記述では城は広大な水堀に囲まれていたとあり、右近の城下町には江戸時代初期の城下町のように堀の内側に町がある惣（総）構構造が想定できる。しかし、この惣構の堀跡や伝

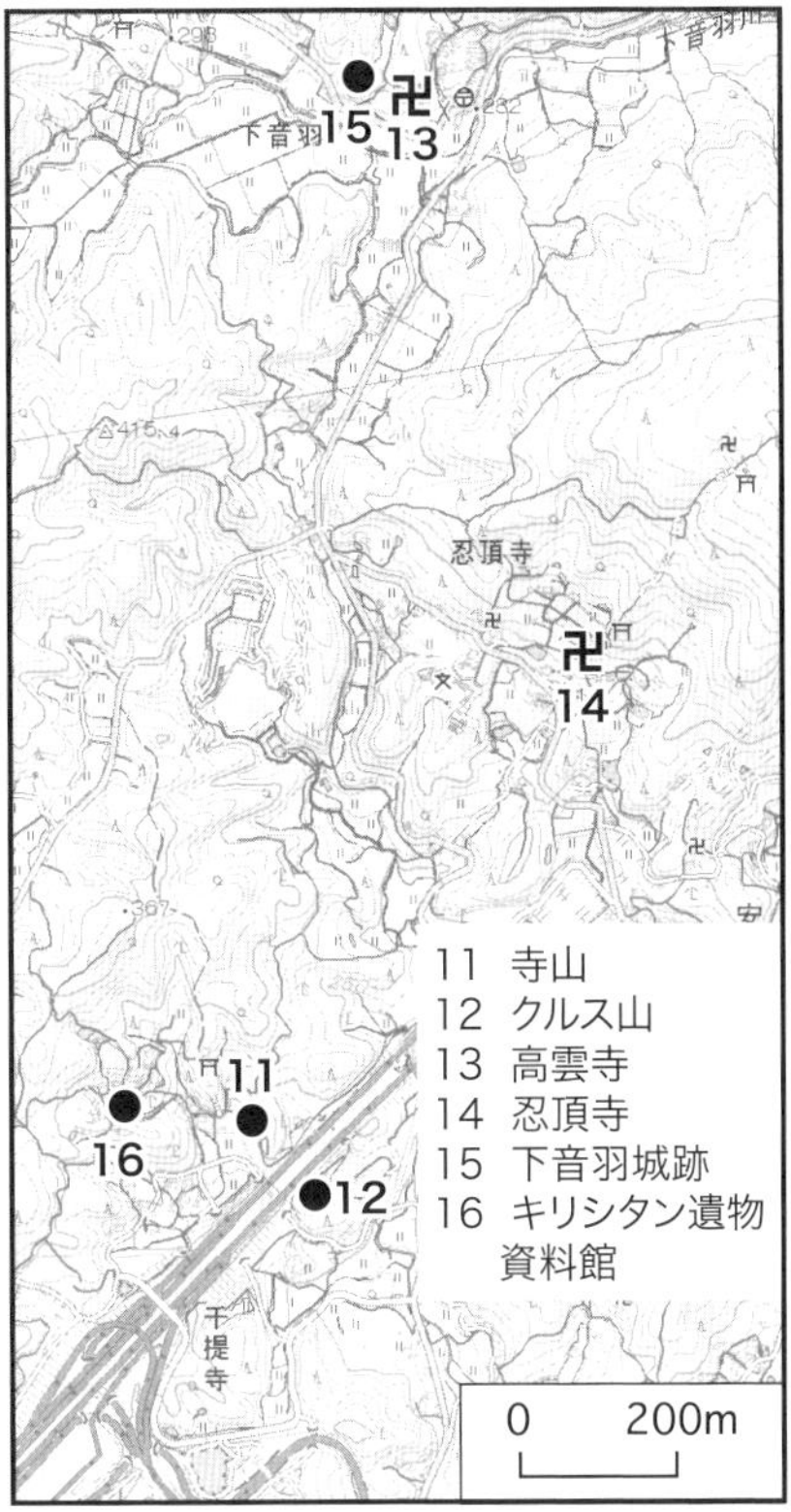

承が残らないため、その規模は江戸時代の高槻城三ノ丸内に収まる程度だったのかもしれない。

キリシタンである右近は、領内の寺社仏閣を焼き討ちしたという。しかし、高槻城下町には、戦国時代に民衆の信仰を集めた浄土真宗の寺院が複数成立する一方、野見神社以外に焼き討ちの伝承は確認できていない。天正九年（一五八一）、右近の高槻城下町ではイエズス会の日本巡察師ヴァリニャーノを迎えた盛大な復活祭が行われ、パイプオルガンが鳴り響いた。田原と同様、高槻でも異なる宗教が共存する風景があったに違いない。

かくれキリシタン
千提寺・下音羽

新名神高速道路の茨木千提寺インターを下りると、そこが「かくれキリシタン」の村であり、ＪＲ茨木

寺山の上野マリア墓碑（レプリカ）

駅・阪急茨木市駅方面との間をバスが走る。大正九年（一九二〇）二月、この地の**「寺山」**（11）で、藤波大超氏が十字と「上野マリア」の名、慶長八年（一六〇三）の年紀が刻むキリシタン墓碑を発見した（前年との説もあり）。そして千提寺の旧家において、屋根裏の梁に括りつけられた「あけずの櫃」から、ザビエル像やマリア十五玄義図などのキリシタン遺物が発見されていく。寺山に続く**「クルス山」**（12）では、慶長六年の年紀の「佐保カララ」墓碑が確認された。

マリア十五玄義図
（個人蔵。茨木市立文化財資料館寄託）

千提寺の景観は、高速道路建設で大きく変貌したが、それに先立つ千提寺西遺跡の発掘調査では、江戸時代の墓地から長方形の墓穴が複数検出された。石組みを伴うものもあり、伸展葬されたキリシタンが眠る墓だと考えられる。

千提寺の北に位置する下音羽村では、**高雲寺**（13）に十字文と「せにはらまるた」、慶長十五年の年紀を刻むカマボコ型の墓碑と別の墓碑がある。この地でもキリシタン磔刑像などの遺物が確認されている。

高雲寺のキリシタン墓碑

「佐保」や「せにはら（銭原）」とは、近隣の村々の名で、周辺は高槻城主高山右近の領地であった。天正九年（一五八一）、ヴァリニャーノは高槻教会を宣教師が常住するレジデンシアに昇格させた。やがて高山飛騨守がヴィセンテ洞院《とういん》らと山間部での布教をはじめ、翌々年になると宣教師ジョゼフ・フォルナレッティが千提寺と下音羽を含む周辺山間部に一カ月余り滞在して村々で伝道した。かくれキリシタン誕生の背景である。

忍頂寺（14）は、古代以来の山の寺で、右近は寺領を保護する文書を出しているものの、宣教師は右近による焼き討ちを記して、寺は教会になったという。この忍頂寺は周囲の村々に強い影響力を持つ領主でもあり、右近と対立する茨木城（茨木市）の中川清秀に与することがあった。

「焼き討ち」とは、領主や城主の対立を原因とする一種の合戦であったのかもしれない。下音羽の高雲寺の横には、戦国時代の**山城跡**（**下音羽城**）（15）がある。様々な支配者たちの思惑や戦乱が身近に迫る中、この地のキリシタンは誕生した。

奥野慶治氏は、キリシタン遺物を確認した際の様子やかくれキリシタンへの取材、その聞き取りを記録に残した（『綜合清渓村史』）。それによれば、かくれキリシタンの家では当主のみが密かにオラショ（祈祷文）を唱え、教会の暦に基づく儀礼を守っていたという。

現在、寺山には墓碑のレプリカが置かれている。千提寺の**茨木市立キリシタン遺物資料館**（16）では、必見である墓碑の現物やキリシタン遺物が展示され、館の前に「遺物発見最初の家」の石碑が立つ。千提寺・下音羽の田園風景を前に、戦国時代の信仰と村々の歴史に思いを馳せてみたい。

参考文献

中西裕樹編『高山右近　キリシタン大名への新視点』（宮帯出版社、二〇一四年）

神田宏大・大石一久・小林義孝・摂河泉地域文化研究所編『戦国河内キリシタンの世界』（批評社、二〇一六年）

桑野梓『茨木のキリシタン遺物―信仰を捧げた人びと―』（茨木市教育委員会、二〇一八年）

15 水無瀬

福島克彦
Katsuhiko Fukushima

水無瀬《みなせ》とは、摂津国と山城国の境界に近い水無瀬川流域の地域を指す。この水無瀬川は、島本町域北端の釈迦岳（六三一・四m）から南東へ流れ出し淀川と合流している。この川は風光明媚な景観とともに『万葉集』などに歌枕として取り上げられた。また河川周辺は水無瀬野（「水生野」など）と呼ばれ、古代から狩猟の場として知られていた。九世紀前半の嵯峨天皇は、河陽《かや》離宮（大山崎町　現在の離宮八幡宮周辺）を拠点に、水無瀬野へと狩猟に出かけている。なお周辺の広瀬、東大寺、桜井などは、大宝元年（七〇一）に勧請されたと伝わる若山神社（広瀬）の氏子圏である。水無瀬川上流の大沢、尺代、下流の大字山崎、淀川沿岸の高浜を含めて、七つの大字で現在の島本町を形成している。

島本町と史跡桜井駅跡

島本町は、大阪府高槻市と京都府大山崎町に隣接する自治体で、前近代の交通の要衝を受け継ぎ、現代もJR新幹線、JR東海道本線、阪急京都線、名神高速道路、国道一七一号線が並走している。菊水をアレンジした町章が示すように、楠木正成《くすのきまさしげ》、正行《まさつら》父子が別れた**史跡桜井駅跡**（1）があった町として知られている。桜井駅は、延元元年（一三三六）、後醍醐天皇の命で湊川合戦へ向かう武将楠木正成が嫡男正行と別れた場所として、『太平記』巻一六に叙述されている。

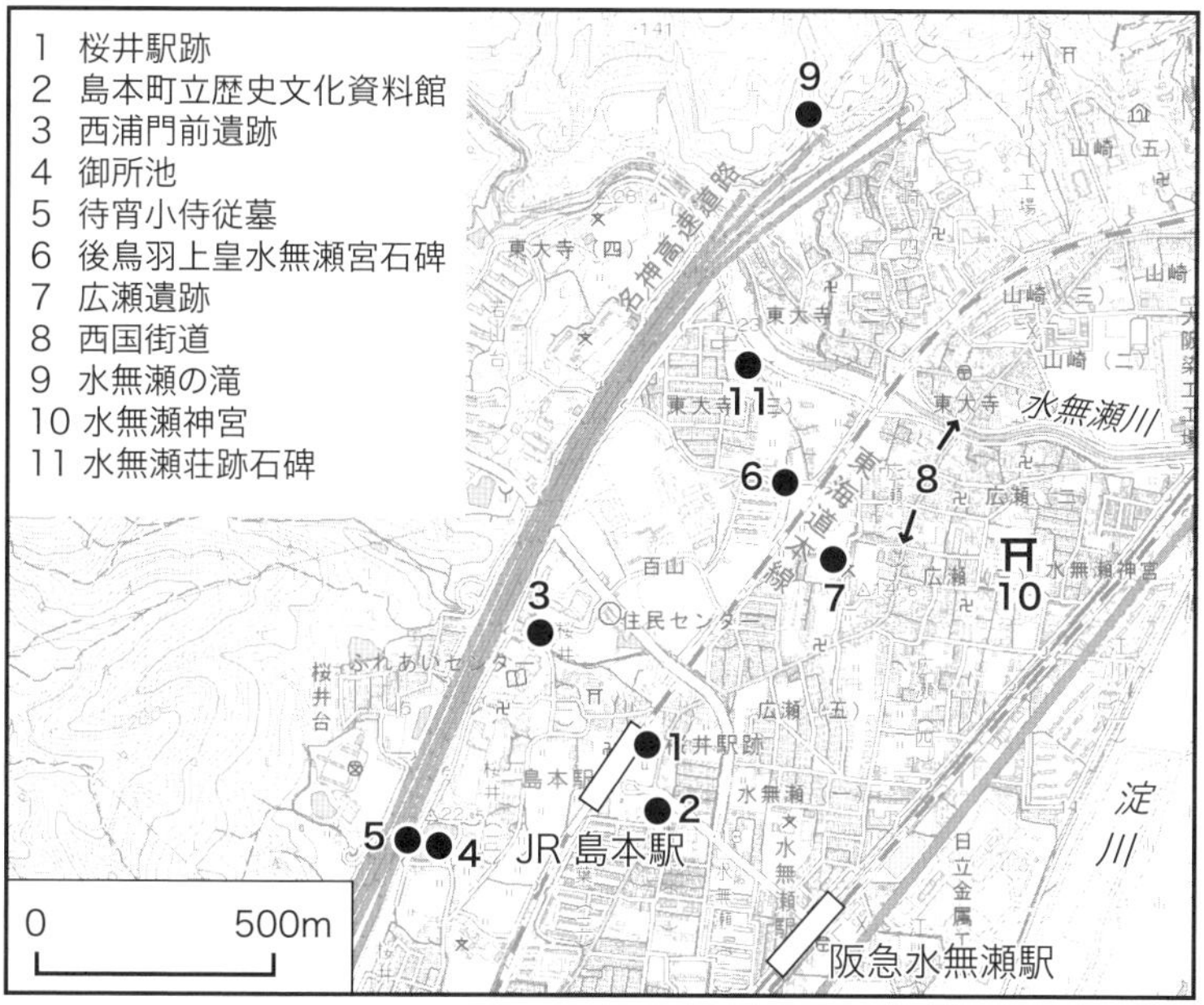

島本町域には阪急水無瀬駅と平成二〇年（二〇〇八）三月に完成したJR島本駅という二つの駅がある。この二つの駅を結ぶ真っ直ぐな道路は、現在島本町のメインストリートになっている。阪急水無瀬駅の前身は、昭和一五年（一九四〇）五月に開業した京阪新京阪線「桜井之駅」駅（現在の阪急京都線水無瀬駅）であるが、駅は当初、名前のとおり史跡桜井駅跡を見学するため、新規で造られた。前述した真っ直ぐの道路は昭和二〇年頃に敷設された見学ルートで、戦前は「楠公道路」と呼ばれた。

ところで、桜井の別れは有名な逸話であるが、近年の研究では、実際には虚構であると言われている。しかし地元では、近代の勤皇思想の深化とともに、この伝承地が史実として誇張、喧伝され、多くの石碑が建てられた。島本駅前の公園内には明治九年（一八七六）にイギリス公使ハリー・S・パークスが英文で刻印した顕彰碑、陸軍大将乃木希典《まれすけ》の書となる大正二年（一九一三）の「楠公父子訣別之所」碑、さらに元帥海軍大将東郷平八郎が明治天皇の和歌を揮毫した昭和六年（一九三一）の明治天皇御製碑が残されている。陸海軍が建てた双方の石碑は高さを競うようにして公園中央に並立している。ちなみに傍らの楠公親子像の台座には、公爵近衛文麿（昭和前期に三期にわたって総理大臣を務めた）の書がある。このように石碑だけ見ても、近代史を彩る政治家、軍人による楠木正成関係の遺跡への関わり方が理解できる。

戦場へ赴く父親とその別れを惜しむ子どもの姿は、アジア・太平洋戦争期の国威発揚に利用された。特に国民学校時代の大阪府児童は、見学すべき史跡と謳われ、公園の南に隣接した講堂の麗天館では、桜井駅跡や楠木正成にまつわる講話を受講した。講堂の建造物は、戦後大阪府立青年の家を経て、現在は**島本町立歴史文化資料館**（2）として生まれ変わり、島本町の文化財を紹介する展示施設となっている。中世の史実として描かれた虚構の逸話が、近代に特定の目的をもって歪曲、賛美され、道路、講堂、公園が国民教化の場として利用されてきた事実を私たちは記憶しておきたい（「19楠公父子顕彰史跡を巡る」参照）。

後鳥羽上皇と水無瀬離宮

この島本町歴史文化資料館には、町内の考古遺物や民俗資料などが展示されている。島本駅前という至便な立地であり、最初に見学したいところである。展示品のなかで目を引くのは、八～九世紀の須恵器大甕（町指定）である。現在の淀川で採集されたものである。器高一〇五cm、最大胴部径一〇七cmを測る。

ほかに近年町内で検出された一三世紀頃の瓦類が展示されている。特に剣頭文軒平瓦や宝相華文軒丸瓦は、町内で確認された後鳥羽上皇の施設に関するものと推定されている。一二世紀末から一三世紀前半に権勢を振るった後鳥羽上皇は、京域、京外に数多くの御所を設営した。そのうち、彼がもっとも気に入っていた離宮が水無瀬殿（離宮）である。正治二年（一二〇〇）正月に水無瀬「御所」に行幸して以降、たびたびこの地へ赴き、歌合、囲碁、酒宴、郢曲《えいきょく》、競馬、流鏑馬《やぶさめ》などを楽しんだ。当時の離宮は淀川と水路でつながっており、乗船したまま釣殿へ達することができた。ただ、一方で淀川や水無瀬川の洪水に弱く浸水を繰り返した。そこで上皇は建保五年（一二一七）正月、山の手に「上御所」「新御所」を築いた。したがって、建保五年までを下御所、それ以降を上御所として区別されている。ちなみに下御所は現在の**水無瀬神宮**（9）周辺といわれている。

待宵小侍従の墓

　近年、山手の発掘調査が進展し、上御所の一部と推定される**西浦門前遺跡**（3）が確認された。JR島本駅の北に、図書館等も併設した島本町ふれあいセンターがあるが、その東に隣接する敷地が当遺跡である。一三世紀前半の遺物と、庭園遺跡が検出されたが、現在は企業ビルが建ち、まったく往時の面影がない。ただ、この庭園の一部は、前述の歴史文化資料館の敷地内に復元されている。

　ふれあいセンターから、南西へ歩くと、**御所池**（4）があり、周辺には「御所之内」「六条殿」という地名が残っている。この地は桓武天皇の皇子である円満院法親王の御所として伝えられていた。ただ、この伝承は史実を正確に伝えたものではなく、最近は後鳥羽院の皇子で六条殿宮と呼ばれた雅成親王の御所ではないかと言われている。この池の背後、すなわち名神高速道路の横に、**待宵小侍従《まつよいのこじじゅう》の墓**（5）と、その顕彰碑が残っている。待宵小侍従とは、石清水八幡宮護国寺別当光清の娘で、平安末期から鎌倉初期の女流歌人であった。治承三、四年（一一七九、八〇）の頃に尼となり、桜井の真如院で余生を送ったという。後の高槻城主永井直清は、各地に歌人の顕彰碑を建てていたが、慶安三年（一六五〇）には、この小侍従の顕彰碑をつくらせている。

後鳥羽上皇水無瀬離宮址石碑

再びふれあいセンターに戻り、ここから島本町役場の横を通って山手を北上すると、大正八年（一九一九）に立てられた**後鳥羽上皇水無瀬宮の石碑（6）**がある。前出の西浦門前遺跡から、この石碑あたりまでが、後期の水無瀬離宮（上御所）と推定されている。

さらにJR東海道線を越えて東へ進むと、現在の第一小学校の西側周辺が**広瀬遺跡（7）**である。この地からも一二世紀末から一三世紀初頭の石列、礎石建物跡、瓦、白磁椀などが出土しており、水無瀬離宮の関連遺跡と考えられる（ただし石碑等はない）。この広瀬周辺を南北に進む道路が、**西国街道（8）**である。後鳥羽上皇が活躍していた頃は「播磨大路」と呼ばれていた。この道の東側に広がる緑地が水無瀬神宮であ

西国街道広瀬周辺　背後は天王山

る。前述したように、淀川に近いこの場所は、最初に築かれた水無瀬離宮の下御所の故地と言われている。一方、北上して水無瀬川を越えた山の手には、建仁二年（一二〇二）に上皇も訪れた**水無瀬の滝**（9）がある。名神高速道路の高架下を潜った西の山手中腹にあり、和歌にも詠われた。

水無瀬の滝

離宮の周辺

さて、後に後鳥羽上皇は、鎌倉幕府と戦った承久の乱で敗れ、隠岐へ流された。彼は崩御直前の延応元年（一二三九）二月に、近臣で水無瀬を守っていた藤原信成、親成父子へ置文を残した。父子は後鳥羽院の遺命を守って、水無瀬荘を守ったが、その子孫は水無瀬氏を名乗り、御影堂を建設して、代々院の菩提を弔った。以後、水無瀬氏は朝廷に出仕しつつ、室町、江戸期にわたって水無瀬周辺を支配した。この御影堂は、明治元年（一八六八）には神仏分離の観点から「水無瀬宮」となり、後鳥羽院らを祭る官幣中社となった。昭和一四年（一九三九）の後鳥羽天皇七百年式典を契機

水無瀬神宮客殿

に官幣大社に昇格し「**水無瀬神宮**」（**9**）となった。

江戸時代前期の神門・築地塀の傍には、境内を四周する土塁と堀が残っている。境内には、江戸時代前期の入母屋造桧皮葺の本殿、水無瀬氏が法会、聴聞所として使用した桃山期の建造物である客殿がある。さらに奥には一七世紀に後水尾天皇が下賜した茶室灯心亭が残っている。ほかに昭和四年（一九二九）の拝殿・幣殿、大正期の土蔵造の神庫、手水舎がある。

東大寺領水無瀬荘跡

ちなみに、大字東大寺の名が残るように、元来水無瀬荘は天平勝宝八年（七五六）に奈良東大寺が立荘したものである。当時描かれた「水無瀬荘図」（『東南院文書』正倉院所蔵）はもっとも古い荘園絵図の一つとして知られている。これによれば、水無瀬川右岸の耕地と屋敷四軒、倉一軒が描かれている。この荘園は左岸にも広がっていたが、現在**水無瀬荘跡の石碑**（**11**）は右岸堤上に建てられている。

参考文献

豊田裕章「水無瀬殿の総合的研究」『鎌倉時代の庭園』（奈良文化財研究所、二〇一二年）
島本町教育委員会『島本町文化財調査報告書』一九・二三（二〇一二年、二〇一三年）
島本町教育委員会『史跡をたずねて（改訂版）』（二〇〇六年）
島本町史編さん委員会『島本町史』本文編（一九七五年）

河内

16 百済寺《くだらでら》跡とその周辺

—百済王《くだらのこにきし》氏の氏寺と本貫—

西田敏秀
Toshihide Nishida

百済国王の末裔百済王氏

京阪電車交野線「宮之阪」駅で下車して「特別史跡百済寺跡（史跡公園）」に向かおう。駅前の南北道を北進し「宮之阪北」の交差点を渡り右折すると、蛇行しながらの登り道（府道枚方茨木線）となる。道なりに進み、「宮之阪3」の交差点を過ぎると、北側に百済寺跡の一角に鎮座する**百済王神社**（1）の参道の石段が見えてくる。石段を登れば境内

百済王神社

で、拝殿に掲げられた扁《へん》額には「百済国王」の文字が躍る。目指す百済寺跡は東隣にひろがり、長らく神社の鎮守の森として、ほぼその全域が良好な状態で保存されてきた。

百済寺跡（2）は、奈良時代後半に創建された百済王氏の氏寺の跡で、眼下に天野川の流れを望む標高約三五ｍ（付近との比高差約二五ｍ）の交野台地西端に立地する。この地は北には北摂の山々、南には生駒山から派生する交野山を望むことがで

きる景勝の地だ。百済王氏は百済最後の王である義慈《ぎじ》王（第三一代）の王子で、皇極天皇二年（六四三）に兄豊璋《ほうしょう》とともにわが国に遣わされた禅広《ぜんこう》（〜六九三?、善光）をその祖とする、渡来系氏族随一の名門と言える氏族である。百済は唐・新羅連合軍によって斉明天皇六年（六六〇）に滅亡し、後、豊璋は復興戦争のために帰国したが、天智天皇二年（六六三）、倭の救援軍とともに白村江で大敗を喫し高句麗に逃れた。一方、わが国に留まった禅広は亡命王族的な存在として、翌年には難波に居住地を賜るなどの厚遇を受けたが、持統朝には百済王号を賜与されるなど廷臣化したことがうかがえる。百済寺跡とその本貫たる禁野本町遺跡を訪ねることによって、古代寺院の実像とその造営氏族の本貫の有様を体感してほしい。それはダイナミックに展開した、古代日朝関係や古代王権にまつわる興味深い歴史の一コマでもある。

百済王氏と交野・百済寺

百済王氏とこの地との関わりは、禅広の曾孫である敬福《きょうふく》（六九八〜七六六）以後のことと考えられる。敬福は陸奥守であった天平二一年（七四九）に東大寺（奈良県奈良市）の大仏（盧舎那仏《るしゃなぶつ》）建立にあたり陸奥国小田郡（宮城県遠田郡《とおだぐん》涌谷《わくや》町）から産出した黄金九〇〇両（砂金、約一三kg）を献上した功により、従五位上から特進し従三位に叙せられ宮内卿に任じられた。『続日本紀』の薨《こう》伝（人物伝）によると、そのとき、河内守も兼任しており、この折に百済王氏が本貫を難波から交野郡に移し、百済寺も創建されたとする説がある。ただし、薨伝には百済寺などは一切記されておらず、創建者が敬福かは謎だ。なお、大仏荘厳《しょうごん》用の黄金に窮していた聖武天皇（七〇一～七五六）は、わが国初となったこの産金を大いに喜び、年号を天平感宝と改元した。

百済寺の初見は、『続日本紀』延暦二年（七八三）のことで、桓武天皇（七三七～八〇六）の交野郡行幸に際し、百済寺に近江と播磨国の正税各五千束が施入《せにゅう》された。この後も、延暦一二年（七九三）に銭三〇万と長門・阿波国稲各一千束が、弘仁八年（八一七）に綿一〇〇斤が施入されるなど、計五回の施入があり、百済王氏の氏寺でありながら官寺的な扱いを受けたことが判る。

特別史跡百済寺跡

百済寺跡に対しては、昭和七年（一九三二）と昭和四〇年（一九六五）に、当時としては大がかりで緻密な調査が実施され、前者では双塔《そうとう》式伽藍配置の概略が明らかにされ、後者では各堂塔規模の詳細や新たに北方建物などの存在が確認された。前者の調査成果を受けて、昭和一六年（一九四一）に史蹟（旧法）、昭和二七年（一九五二）には特別史跡に指定され、恒久的な保存が図られてきた。加えて、後者の調査は史跡公園整備に伴うもので、翌々年には整備が完成し、それは国庫補助事業による史跡整備の初例のひとつとなった。

しかしながら近年になると経年劣化が著しくなり、全面的な再整備が多方面から望まれた。再整備に伴い、平成一七年（二〇〇五）から平成二五年（二〇一三）にかけて断続的な調査が実施され、その成果をもとに平成二七年（二〇一五）からは、再整備工事がなされた（令和五年度完成予定）。昭和九年（一九三四）に

図1　特別史跡百済寺跡再整備計画イメージ（鳥瞰図）
（『特別史跡百済寺跡再整備基本計画』所収図に加筆）

は、当時としては珍しい中心伽藍の見学路整備も行われており、百済寺跡に対する調査と整備の歴史は、わが国における埋蔵文化財保護と整備・活用の歴史でもある。因みに令和二年現在、特別史跡は全国で六三件を数えるにすぎず、府下では大坂城跡（大阪市東区）と百済寺跡だけで、指定のない県も多く、いわば有形文化財における国宝に匹敵する。

　これまでの調査成果を総合すると、寺院地は一辺長約一四〇m四方の外郭築地に囲まれ、伽藍中軸線上に南門・中門・金堂・講堂・北方建物（食堂？）・北門を配し、金堂前面の東西両塔を中門と金堂を結ぶ回廊で囲む双塔式伽藍で、伽藍地の東西には内部築地などで区画された付属院地が展開していたことが明らかとなった（図1）。

再整備事業が進む百済寺跡

　再整備では、東塔・回廊東半・中門の礎石と基壇外装を創建当初に復元し、西塔・回廊西半・金堂については現存する礎石をできるだけ露出展示することで、回廊内の東半は創建当初、西半は遺跡として残された状態を、それぞれ体験できる工夫が行われる予定だ。また、南門から東

百済寺跡東塔（壇上積基壇）と東回廊

門にかけての外郭築地を現代工法で復元するほか、東門から北方への外郭築地の一部を古代工法で復元する計画もある。そのほか、掘立柱建物の柱の半立体表示や内部築地の平面表示など、古代寺院の全体像をイメージしやすい再整備が目指されている。

整備が完了したものについて紹介しよう。東塔の基壇外装は、最も格式の高いという壇上積《だんじょうづみ》で、上面にはすべての礎石が復元配置された。イメージ豊かに建屋を想像すれば、三重塔の威容が実感できよう。一方、西塔の多数残る礎石は実物なので、枘《ほぞ》や柱座《はしらざ》を刻み出した精巧な礎石を観察し、石工技術の高さを実感してほしい。

付属院地という言葉はあまり聞きなれないが、堂塔以外の寺院経営に必要な施設を築地などの区画で区切ったもので、例えば東大寺の正倉院など、平城京の大寺院などでは機能ごとに分化していた。百済寺跡では東北院・東南院・西北院の存在が知られ、うち西北院では東西棟の南北二面廂をもつ大型掘立柱建物が検出され、政所《まんどころ》院であった可能性が高い。近くの九頭神廃寺（枚方市牧野本町）でもこのような付属院地が判

百済寺跡西北院　大型掘立柱建物

明しており、氏寺クラスの寺院でも今後、こうした検討が必要となろう。なお、百済王神社は、西南院と西北院の一部を占地しているが、当初からの鎮座とする見解はあるものの定かではない。

古代寺院の外郭築地などにはさまざまな門があった。百済寺跡では南門と中門は、礎石建ちの三間一戸形式の立派な八脚門、基本的には仏の門だ。東門も規模はやや小さいものの同様の八脚門とみられ、南門などに準じる格式の高い門、おそらく賓客のための正式な門だろう。一方、北門は掘立柱形式の四脚門で僧が伽藍地に出入りするための門、西門はやや格式の低い掘立柱形式の棟門《むなもん》で、西北院（政所院）に出入りする俗人のための門といえる。このように寺院地外郭がほぼ残されていることから、各所に設けられた門の格式（構造）とその機能などの情報が得られた。

多彩な出土遺物

出土遺物の大半は、奈良時代後期から平安時代前期にかけての瓦類で、軒丸瓦は一四形式、軒平瓦は九形式あることが明らかとなっている。その多くは百済寺独自の文様のものだが、平城京・難波京・平安京といった都城の瓦と同笵のものも少量あり、官の関与がうかがえる。なお、飛鳥時代後期に属すると考えら

上：百済寺の創建瓦
下：大型多尊塼仏（『特別史跡百済寺跡』より）

れる軒丸瓦などがあり、先行寺院の存在を示すものと考えられている。その他の出土遺物の中で注目されるのが、大型多尊塼仏《せんぶつ》・火頭形《かとうけい》三尊塼仏・方形三尊塼仏・小型塼仏などのバラエティに富む塼仏群だ。とりわけ大型多尊塼仏は、夏見《なつみ》廃寺（三重県名張市）・二光寺《にこうじ》廃寺（奈良県御所市）など少数の例が知られているだけである。塼仏は飛鳥時代後期を中心とした時期に盛行したもので、百済寺跡からなぜこれほどの塼仏が出土するのか検討する必要があろう。

　以上のように、百済寺跡はコンパクトながら、ほぼ寺院地の全域が保存され、礎石の残存率も群を抜いて高く、古代寺院の学習には絶好である。また、造営氏族が判明していることや、その氏族にかかわる文献も多く、今後も多方面からの検討が有効だ。

　百済寺跡を後にして**禁野本町遺跡**《きんやほんまち》（3）を訪ねよう。西北院の北西角から北側道路を左に進むと信号がある。そこを右折し、次の信号のある交差点まで北進すれば、交差点の北西に市立ひらかた病院（以下、病院）、北東にはURの団地（アミティ中宮北町）の高層建築群が見える。途中、振り返れば、百済寺跡が付近でも最高所に立地していることが判る。交差点を渡って右折し、「中宮住宅前」バス停を過ぎると、団地の南東角がみえ

禁野本町遺跡（十字街）

禁野本町遺跡上空から百済寺を望む
（大木が十字街検出地点）
（『禁野本町遺跡Ⅲ』の掲載写真を改変）

てくるので、そこを左折して遊歩道を北進しよう。大木の下に禁野本町遺跡の説明板が設置されている（バス停の北側の公園にも説明板がある）。

禁野本町遺跡と史跡公園

禁野本町遺跡では、これまでに弥生時代から中世にかけてのさまざまな遺構が検出されている。特に奈良時代後期から平安時代前期にかけての遺構群は広範囲で検出され、掘立柱建物・井戸・掘立柱塀・区画溝・道路などで構成される。二彩《にさい》土器・緑釉《りょくゆう》土器・墨書土器のほか、木簡や平城京式軒丸瓦などの出土遺物があり、一般集落遺跡とは隔絶した内容を誇る。百済寺跡との位置関係からして、百済王氏の本貫と目され、彼らの居館群が展開していたとみられる。

　百済寺跡北門から北五四五m（五町）の地点にあたる第六九・一〇三次調査地では、百済寺跡伽藍中軸線上の南北道路と、それに鋭角約八六度で交わる東西道路の十字街（十字路）が検出され、十字街の東北・東

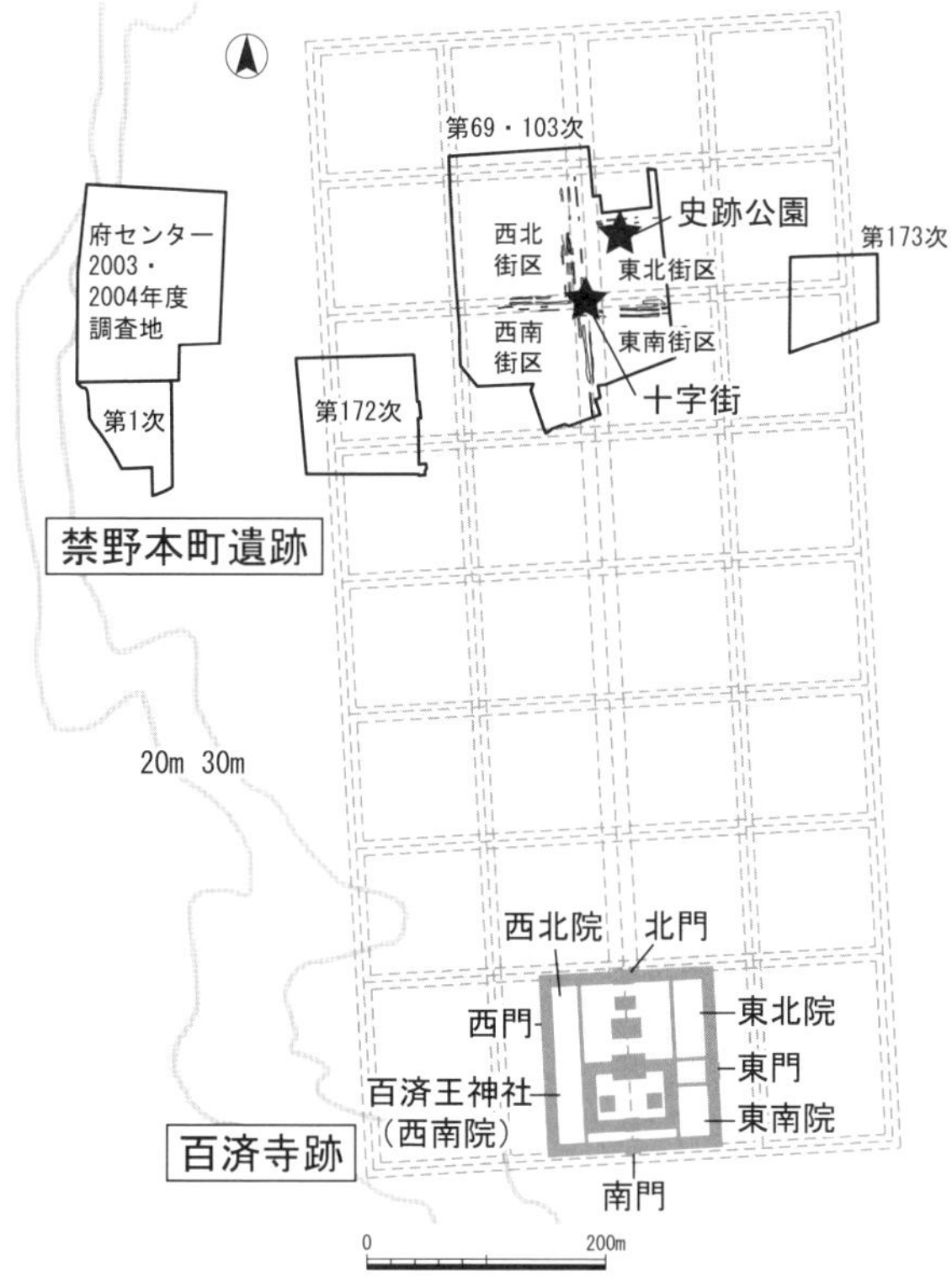

図2　方形街区モデルプラン
（一方格109m、『特別史跡　百済寺跡』所収図をもとに作成）

南・西北・西南（街区）それぞれに、掘立柱建物などが営まれている状況が明らかとなった（**図2**）。東北街区の一部が史跡公園（市指定史跡）として整備されているので、そちらに向かおう。東側のやや登りの小道を行くと、住宅街の南北道路が見え、北に進めば東側が**史跡公園**（4）で、説明板も設置されている。

禁野本町遺跡史跡公園（大型掘立柱建物と井戸）

東北街区では、時期的な検討が必要だが、廂付大型掘立柱建物を含む掘立柱建物群や井戸・道路などの遺構が検出された。注目すべきは、「大領《たいりょう》」・「米一石」などと記された木簡や多量の削屑、「少家」・「小家」と記した墨書土器が二基の井戸から出土したことだ。木簡削屑は、この地での木簡作成の確かな証で、これらの文字資料は断片的ながら郡衙関連施設、ないしは郡司級氏族の居館などが存在していたことを示す。

百済王氏の都市計画

史跡公園の北側には十字街の東西道路よりも幅員が狭い東西道路の表示もなされている。禁野本町遺跡の他所（第一七三次調査地など）でも、東西道路などが検出されており、発掘調査による検証はまだまだ必要だが、図2のような都城に似た街割が施工された可能性が指摘される。都城以外でこのような街区が形成された例は、大宰府跡（福岡県太宰府市）・斎《さい》王宮《おうきゅう》跡（三重県明和町）・多賀《たが》城跡（宮城県多賀城市）など、いわば律令国家の根幹にかかわる施設周辺部で、その施工時期は奈良時代中頃以降とみられる。ここで問題となるのは、一氏族の本貫で、このようないわば都市計画を想定してもよいのかという点である。結論的に言えば、「百済王氏なら」と考えたい。

延暦九年（七九〇）の「百済王等者朕之外戚也」という桓武天皇の詔や、延暦一六年（七九七）に賜った皇親以外では初となる租税負担免除の特権などから、この時期、百済王氏は超一流氏族といっても過言ではなく、事実、桓武天皇などの交野行幸の地は、まさしくこの街であり、百済王氏が本貫の移動にあたり、氏寺と都ぶりな街区を新天地「交野」に創出したとしてもなんら不思議ではないのだ。

　最後に、このような禁野本町遺跡に対する調査の端緒となった**第一次調査地**（5）に向かうことにしよう。来た道を病院のある交差点まで戻ると、病院のすぐ南側を通る小道（6）があるのに気づく。この道は先の十字街の東西道路と平行関係にあり、街区にかかわる可能性がある。西側は病院敷地で途切れるが、東側は先の交差点と交わり、東方に続く。

　ところで、百済寺伽藍中軸線は真北ではなく、北で約四度ほど西に振っている。病院建設に伴う調査では、最盛期にあたる奈良時代末から平安時代初頭の掘建柱建物などの主軸が、ほぼ同様な方位をとることも確認されており、百済寺・街区・建物（宅地）など、同一の設計に基づいて施工されたとみられる。そのまま病院敷地を西に抜ければ、目指す第一次調査地（枚方市立保健センター）が見えてくる。

禁野本町遺跡第一次調査地

　第一次調査と北側の大阪府文化財センター二〇〇三・二〇〇四年度調査では、相当量の屋瓦類（百済寺同笵瓦、平城宮・京同笵瓦など）が出土し、遺構としては未検出ながら瓦葺建物の存在が指摘された。その性格としては寺院のほか、官衙遺跡や有力豪族の邸宅の可能性が示されたが、寺院や官衙遺跡とするよりは、この付近の交野台地西端部は付近よりも標高が高く、その見晴らしは絶好であることなどを考慮すれば、『凌雲集《りょううんしゅう》』に載る桓武天皇の交野離宮も充分にその候補であり、より魅力的だ。また、桓武天皇の行幸の折に行宮となったという藤原継縄《つぐただ》（七二七〜七九六、桓武天皇の寵臣、敬福の孫明信《みょうしん》の夫）の別業《べつぎょう》であった可能性も挙げるべきかも知れない。ともかく、百済王氏の本貫の地には、都ぶりな都市計画が施工され、氏寺・宅地・道路のほか、そこには離宮などの重要施設も展開していた。それは百済国王の末裔たる百済王氏にふさわしい威容に満ちた都市景観であったことだろう。さらなる調査成果の蓄積に期待したい。

禁野本町遺跡　転車台など（近代）

禁野火薬庫

禁野本町遺跡にはもう一つの顔がある。それは近代のいわゆる戦争遺跡としての顔だ。明治三〇年（一八九七）、遺跡地の北半部に日本陸軍の禁野火薬庫が開設された。さらに昭和一三年（一九三八）には隣接して各種砲弾や爆弾などを製造する枚方製造所が設置され、一帯はわが国でも屈指の軍需施設となった。

不幸なことに禁野火薬庫はたびたび爆発事故を起こした。とりわけ昭和一四年（一九三九）三月一日の大爆発は、爆風や弾薬などの飛散が半径約二㎞にも及び、各軍需施設のほか、周辺集落の民家の多くが焼失した。陸軍の報告書によれば人的被害も甚大で、死者九四名、負傷者六〇二名を数えた。また、淀川対岸の京都大学地震観測所では計二七回の揺れを観測したという。

禁野本町遺跡とその周辺部には、禁野火薬庫・枚方製造所及び大爆発に関連する、**枚方製造所土塁跡**（中宮第三団地（7）・高陵小学校横（8））・**軍用鉄道敷跡**（中宮平和ロード（9））・大爆発の起点に立つ「**殉職義烈碑**」

禁野本町遺跡　枚方製造所の土塁（近代）

（10）・消防団の殉職者の「**殉職記念碑**」（11）などが点在しているので、古代と併せ、是非見学していただきたい。

近年、禁野本町遺跡では近代遺構も発掘調査の対象と位置づけられ、**近畿財務局枚方合同宿舎内の公園**（12）には、大阪文化財センター二〇〇三・二〇〇四年度調査で出土した禁野火薬庫の土塁の石組などが再利用されている。また、病院の南西角には第一七二次調査で検出された、倉庫間を縦横に結んだ手押しトロッコ軌道の、コンクリート製転車台と枕木が**モニュメント**（13）として展示されている。現代に生きる私たちは、こうした禁野本町遺跡の顔を平和の礎として後世に積極的に伝え、顕彰していく必要があろう。

参考文献

『禁野本町遺跡Ⅲ』（財団法人枚方市文化財研究調査会、二〇〇六年）
『特別史跡百済寺跡―平成二三年度発掘調査概要―』（枚方市教育委員会、二〇一二年）
『禁野本町遺跡Ⅳ』（公益財団法人枚方市文化財研究調査会、二〇一三年）
『特別史跡百済寺跡再整備基本計画』（枚方市、二〇一四年）
『特別史跡　百済寺跡』（枚方市教育委員会、二〇一五年）
西田敏秀「百済王氏の交野転拠と禁野本町遺跡」（『古代日本と渡来系移民』高志書院、二〇二一年）
『枚方市平和（戦争遺跡）ガイド』（枚方市人権政策室、二〇〇九年）

17 二〇〇万年前からの森林変遷の視点で私市の植物園を散策する

三田村宗樹
Muneki Mitamura

大学の植物園

大阪市立大学付属植物園は、大学の研究・教育の場として活用されるだけでなく、絶滅危惧種の保護育成や市民の自然学習・生涯学習の拠点としても利用されている。この植物園の特徴として、典型的な樹林を自然に近い形で管理していることから、園内を散策する中で各種の樹林を比較してみることができる。

ここでは、人類（ホモ属）が出現して以降の地質年代である第四紀の森林変遷といった自然史の視点から、この植物園のいくつかの樹林について園内散策を通じて見ることにする。

京阪電鉄交野線**私市駅**《きさいち》（１）を降りて駅前通りを進み、三差路を西向きに折れ、国道一六八号と天野川をわたると大阪市立大学付属**植物園の入口**（２）が見えてくる。この植物園は、昭和一六年（一九四一）「満蒙《まんもう》開拓団」の訓練施設として開設され、「大阪市立農事練習所」を経て、大阪市立大学に移管され大学の附属植物園として現在に至っている。

二〇〇万年前の森

園入口から向かって斜め左手（南側）の池のある谷あい（二の谷）に進むと**外国産針葉樹林区**（3）となる。この樹林区にはメタセコイア・セコイア・スイショウ・コウヨウザンなど現在の北アメリカや中国・東南アジアの山地などに生育する樹種がある。これらの樹種は、大阪周辺の丘陵地に露出する大阪層群（約三〇〇万年前から約三〇万年前の地層）の下半部から植物化石として見いだされる植物群でもある。特にメタセコイアは、第二次世界大戦前までは、化石でしか認められない絶滅種とされていたが、戦後直後に中国四川盆地で現存する株が発見され、「生きている化石」として知られる。この化石を研究されていた大阪市立大学の三木茂博士の研究功績を称え日本に初めて持ち込まれた株が現在でも、この樹林区に生育している。メタセコイア・スイショウなどは、水辺近くに生育する樹種であり、この谷間は、二〇〇万年前頃の大阪周辺低地における樹林の景観としてみることができる。現在、これらの樹種は、日本で原生種として認められず、第四紀の中で繰り返された、氷期・間氷期の気候変動の繰り返しの中で、約九〇万年前頃には日本からは姿を消してしまった。

メタセコイアの林
（写真右手から奥、地点3）

照葉樹林と落葉樹林

次に園内南東部の**一の谷**（4）を奥に進むと、道の両側に対照的な樹林を見ることができる。谷の奥に向かって右側（西側）は照葉樹林区（常緑広葉樹林区）、左側（東側）は落葉樹林区となっている。

照葉樹林を構成する樹種は、カ

シ・シイ・タブノキ・クスノキなどを主とし、いずれも肉厚の葉を持つため、林床は薄暗い。この樹林は、東アジアの暖温帯の樹林の代表的なものであり、現在の大阪周辺の自然植生を代表する林である。約一万年前からの顕著な温暖化の中で近畿周辺の低地や山地に六千年前頃から広がった樹林である。

照葉樹林（右側）と落葉広葉樹林（左側）（地点４）

一方、道の東側にある暖温帯型落葉樹林区は、クヌギ・コナラ・アベマキなどから構成される。肉薄の葉を持つため、林床まで太陽光が届き、明るい林をつくっている。縄文時代以降の近畿周辺の安定した温暖環境の中では、自然植生として照葉樹林となるべきであるが、人の介入によって照葉樹林が伐採され、遷移的な植生として暖温帯型落葉樹林が成立した。特に中世以降の荘園形成とともに、照葉樹林は衰退し、それに代わってこの型の樹林が現れた。いわゆる里山林である。人は里山に薪を求めて、林床に生育してくる幼木を伐採してきたことから、里山林が維持されてきた。エネルギー革命にあわせて薪炭の需要減少から里山林への人の介入がなくなり、現在では、本来の自然植生である照葉樹林へと戻りつつあり、暖温帯型落葉広葉樹と照葉樹が混交した二次林となっている場合が多い。

花粉化石からみる森林変遷

大阪周辺の丘陵・台地・平野を形成する堆積層の中には、その地層が形成された時代の森林から飛散した花粉化石が含まれている。花粉は高分子の被膜を持ち、地層中で安定的に保存される。地層中に残される花粉化石を化学処理して集め、顕微鏡を用いて観察することで、その組成

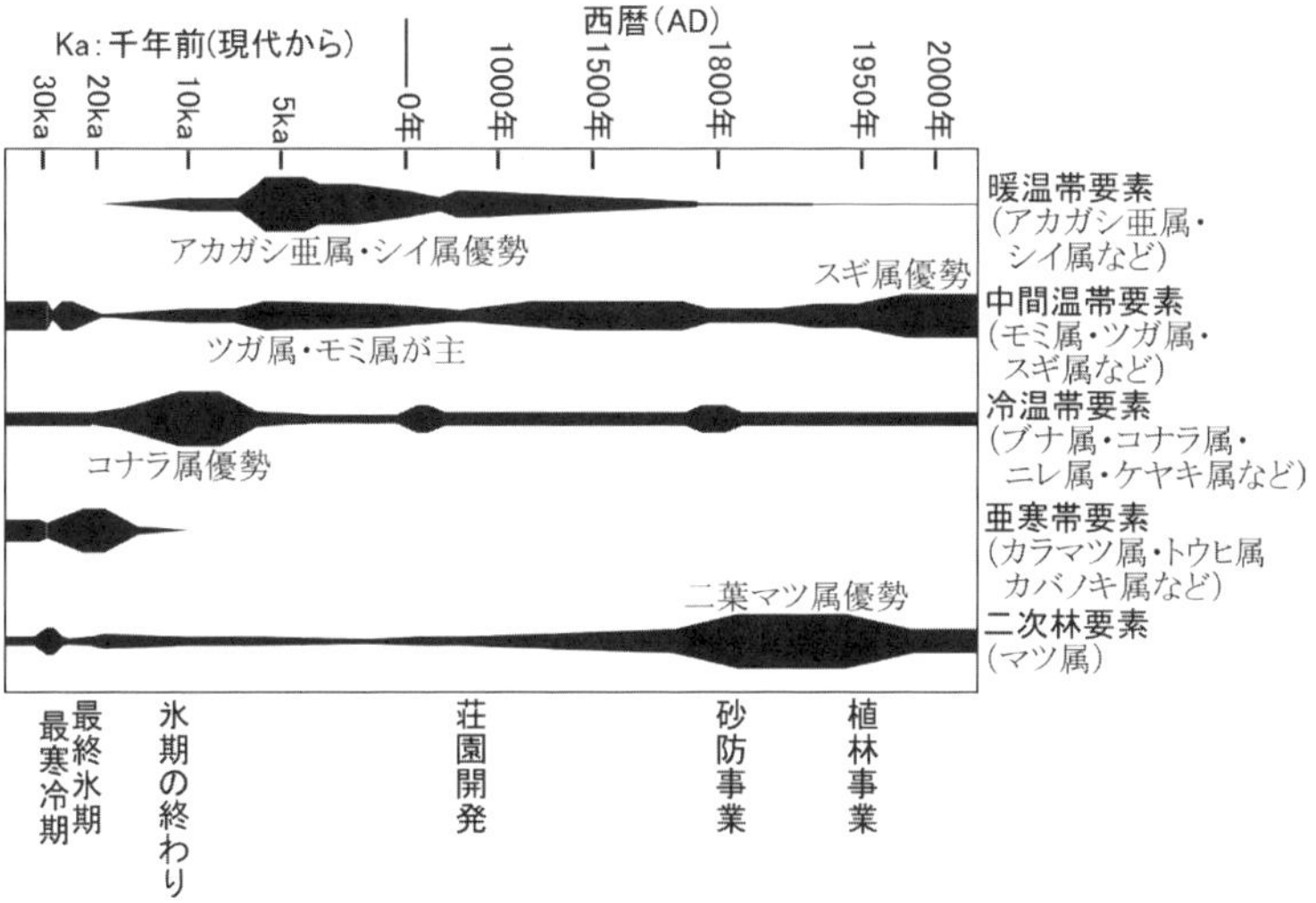

図１　大阪周辺の地層中にみられる花粉化石推移の概要

がわかり、地層形成当時の森林の様子や気候環境・人為影響などが評価できる。図1に、大阪周辺の地層に残される花粉組成の過去数万年間の推移の概要を示した。

最終氷期は、約七万年前から約一万年前までの最も新しい氷期である。その最寒冷期は、約二万三千年前で、年平均気温は現在よりも七度前後低かったとされている。この頃はカラマツ属やカバノキ属の花粉化石が顕著で、現在の近畿地方の大峰・大台ヶ原に生育する亜寒帯針葉樹や落葉広葉樹が広く分布していたとみられる。

約一万年前から顕著な温暖化が始まり最終氷期が終わると、亜寒帯要素の花粉に代わって、冷温帯要素のコナラ属・ブナ属などの落葉広葉樹やツガ属・モミ属の中間温帯要素へと遷移し、縄文前期の五〜六千年前には、アカガシ亜属やシイ属などの照葉樹林が顕著になる様子がとらえられる。このように、最終氷期から縄文時代前期に至る間は、顕著な気候変動が森林の変遷に大きな影響を与えていることが読み取れる。

一方、安定的な温暖環境になった後の森林の推移は、人為的負荷が大

アカマツの林（地点５）

きくかかわっているとされる。温暖化後の自然植生である照葉樹林が衰退を始める時期としては、中世の荘園開発が発端となっており、近畿周辺の山地は荒廃が進み、二次林要素としてのマツ属がそれに代わって増加してゆく。江戸期の山林制度によって、伐採の制限がかけられていたが、明治初期に制度の無力化によって、急速に森林荒廃が進み、禿山や荒地が顕著となった。明治政府は明治三〇年に砂防法・森林法などの治山事業と山地利用の制限を行い、これによって人為付加が軽減されると、荒廃した山地に遷移初期段階でアカマツが拡大し、その花粉の増加が認められる。その後の第二次世界大戦後の植林事業によって、スギ花粉が増加し、現在に至る状況となっている。このように、地層中に残される花粉化石の推移は、自然環境や人為による森林変遷を如実に示す指標である。

　一の谷から尾根をこえて西側の二の谷へと抜けると、**アカマツ型針葉樹林区**（５）へと出る。ここでは、森林荒廃した状態の典型例の林の様子が見られる。**二の谷の奥**（６）から南西の尾根をこえるあたりには、鬱蒼としたカシ型照葉樹林が広が

カシ型照葉樹林（地点６）

り、アカマツ林との違いが明確にわかる。

三の谷の奥まで行くと、道沿いの斜面にやや丸みを帯びた小石を含む**砂礫層の露出**（7）がある。大阪層群下部の砂礫層である。このような砂礫層の間に挟まれる粘土層には、植物化石が含まれることがあり、メタセコイアの球果化石などを発見できることもある。この地層は花こう岩からなる交野山の隆起の影響を受けて一〇度前後で北に緩やかに傾いており、谷の奥に行くと風化した花こう岩を覆う様子が確認できる。

日本産樹木の並木

三の谷を北に下ると**日本産樹木見本園の並木道**（8〜10）にでる。南から北に向かって、針葉樹、落葉広葉樹、照葉樹の順に樹木が並んで植えられている。並木道南の**針葉樹区間**（8）では約二万年前の氷期の頃の大阪周辺に生育していたトウヒ・ハリモミ・コメツガなどの樹種を見ることができる。氷期の終わりとともに、これらの亜寒帯の樹種から冷温帯・中間温帯の樹種へと移り変わり、常緑針葉樹としてはツガ・モミなど、落葉広葉樹としてコナラ・ニレなどが特徴的となる。並木道を常緑針葉樹区間から**落葉広葉樹区間**（9）に進んだ所が、時代として縄文草創期〜早期にあたる。もう少し道を進むとエノキ・ムクノキがみられる。これらの樹種は沖積低地などの河畔林を構成する要素で、縄文前期以降に大阪平野の広がりとともに分布を拡大させた樹種である。研究棟のある北側にまで進むと**照葉樹の並木**（10）となる。シイ・カシ・クスノキなどがある。縄文前期以降の安定的な温暖環境の中で、近畿周辺に広

日本産樹木の並木道

がった樹種で、現代の自然植生を構成する代表的な種類が並んでいる。

珍しい植物や美しい花を観察したり、それらの生態や人とのかかわりを理解したりする植物園の見方は、多くの方が経験されてきたであろう。今回は少し視点を変えて、この植物園の特徴の一つである森林を単位とした見方やその変遷を時間軸とともに眺めることを紹介した。このような視点で植物園を訪れ、自然史や人の森林への関与について理解を深めていただければと考える。

参考文献

北川陽一郎ほか「大阪城内堀堆積物の花粉分析から見た江戸時代末期以降における植生変遷と花粉飛散状態」(『日本花粉学会誌』第五五巻、二〇〇九年)
古谷正和「大阪周辺におけるウルム氷期以降の森林植生変遷」(『第四紀研究』第一八巻、一九七九年)
市原実編著『大阪層群』(創元社、一九九三年)

18 野崎城と飯盛城

村上　始
Hajime murakami

野崎まいり

ＪＲ学研都市線京橋駅から四条畷《しじょうなわて》駅方面へ電車で東へ進むと住道《すみのどう》駅を過ぎたところで、電車が大きく左へカーブし、右手に今回訪れる飯盛山が見えてくる。次の**野崎駅**（１）で降車し、改札口を出て川を渡ると東へ真直ぐに続く野崎参道商店街に出る。この参道を東へ約一〇分歩くと国道一七〇号との交差点にあたる。この道路は、現在の国道一七〇号（外環状線）が完成するまで、河内東部を南北につなぐ幹線道路であった。ここを南に少し行くと「来《らい》ぶらり四条」があり、その中に**大東市立歴史民俗資料館**（２）がある。

国道一七〇号の交差点を少し東へ向かうと、また小さな交差点にあたる。ここを南北に延びる道が平安時代に高野山へ参詣するために前身の南海道を整備した**東高野街道**（３）である。ここを過ぎると左に「野崎観音慈眼禅寺《じげんぜんじ》」、「観世音菩薩」の石碑があり、その先に寺へ向かう急な長い石段が見える。一四六段の階段を上りきると、山門に到着する。ここをさらに進んで二二段の石段を上ると「十一面観世音菩薩」を本尊とする本堂に到着する。駅から約二〇分である。

野崎観音（４）は福聚山《ふくじゅさん》慈眼寺という禅宗の寺院で、奈良時代に行基が観音像を刻んでこの地に安置したのが始まりとされ、永禄一二年（一五六九）に戦火により焼失したが、

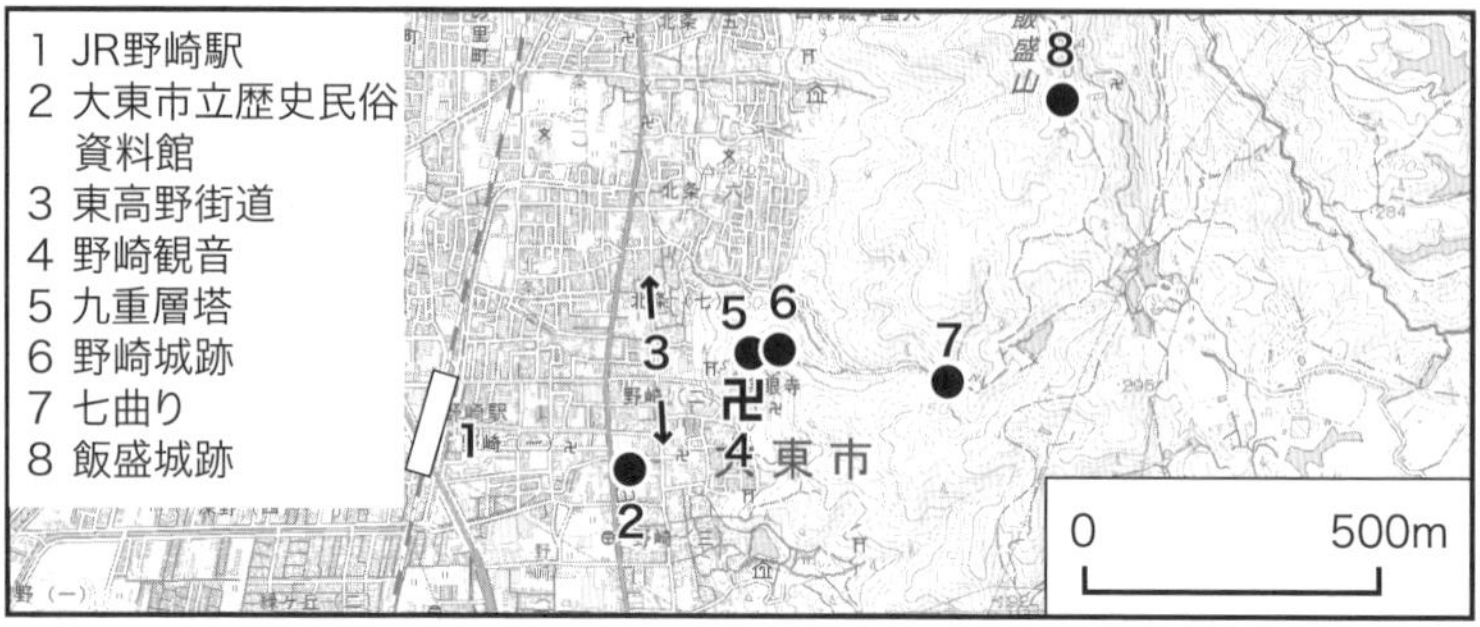

野崎観音本堂

元和二年（一六一六）に復興された。

江戸時代の新田開発により水路や船着場が整備され、水上交通が発達すると大坂の八軒家浜《はちけんやはま》から住道浜や野崎駅の南側にあった観音浜まで舟運を利用できるようになり、庶民の娯楽として「野崎まいり」が盛んとなった。また、「お染久松」を題材にした芝居や浄瑠璃をはじめ落語の「のざき詣り」や「野崎小唄」でも広く知られるようになった。

戦国の山城へ

さてここから、戦国時代末期に三好長慶《みよしながよし》が居城とした飯盛城跡に向かうこととする。現在、飯盛山へのハイキング道は数カ所あるが、この道のりは昭和四一年に整備されたものである。

本堂の左手を回って鐘楼を過ぎて少し登ると右手に高さ三m三〇cmの「**石造九重層塔**《せきぞうくじゅうそうとう》」（**5**）がある。これは永仁二年（一二九四）に造立された北河内最古の層塔で、沙弥入蓮《しゃみにゅうれん》と

野崎城跡

秦《はた》氏が主君と両親の追善供養のために造立した旨が刻まれている。

ここで道は二手に分かれているが、今回は左の道で**野崎城跡**（6）へ向かう。本堂から約一〇分登ったところで、やや広い平坦地が出現する。ここが、野崎城跡の主郭《しゅかく》で、その西側に下る尾根上には曲輪群《くるわぐん》があり、南東側には堀切《ほりきり》が形成されている。飯盛山からの尾根が最も西へ突き出しているこの場所は、眼下を通る東高野街道を守備するための要衝であった。そのことから野崎城は、これから向かう飯盛城の南西側を守備するための出城として機能していたと考えられている。

野崎城跡から東へ道を下り、長い下り坂をたどると谷筋に流れる小川にあたる。橋を渡り東へ長い急な坂道を約一〇分登るとまた道が二手に分かれているが、右手にとって通称**七曲《ななまが》り**（7）と呼ばれているコースを登る。この道は最短で急斜面を登るために幾度も曲がっていることからこのように呼ばれている。「辻の新池」を右手に見ながら登り続けること約一〇分、道は二手に分かれており、右は「大東市立野外活動センターキャンピィだいとう」に向かう。右に桜池を見ながら左手をとり、山の稜線上のなだらかな道をたどると約二〇分で目的の飯盛城の出入口である「虎口《こぐち》」に到着する。

飯盛城内へ

飯盛城（8）は南北約七〇〇m、東西約四〇〇mで、大小一一四の曲輪が南北の稜線上と東西の尾根上に築かれている大阪府下で最大級の中世山城である。また安土城に先立って石垣を多用した城でもある。

虎口に向かって右側には大きな自然石を取込んだ石垣と左側にも石垣が残っている。また、左の斜面上には、「南丸《みなみまる》」と呼ばれる南北に細長い曲輪があり、その東側縁辺部には土塁《どるい》が築かれている。この土塁に登ると眼下に虎口が見え、戦闘に備えたものであることが分かる。

　虎口を過ぎると、飯盛城内で最大規模の「千畳敷郭《せんじょうじきぐるわ》」が広がっている。三好長慶は、永禄三年（一五六〇）

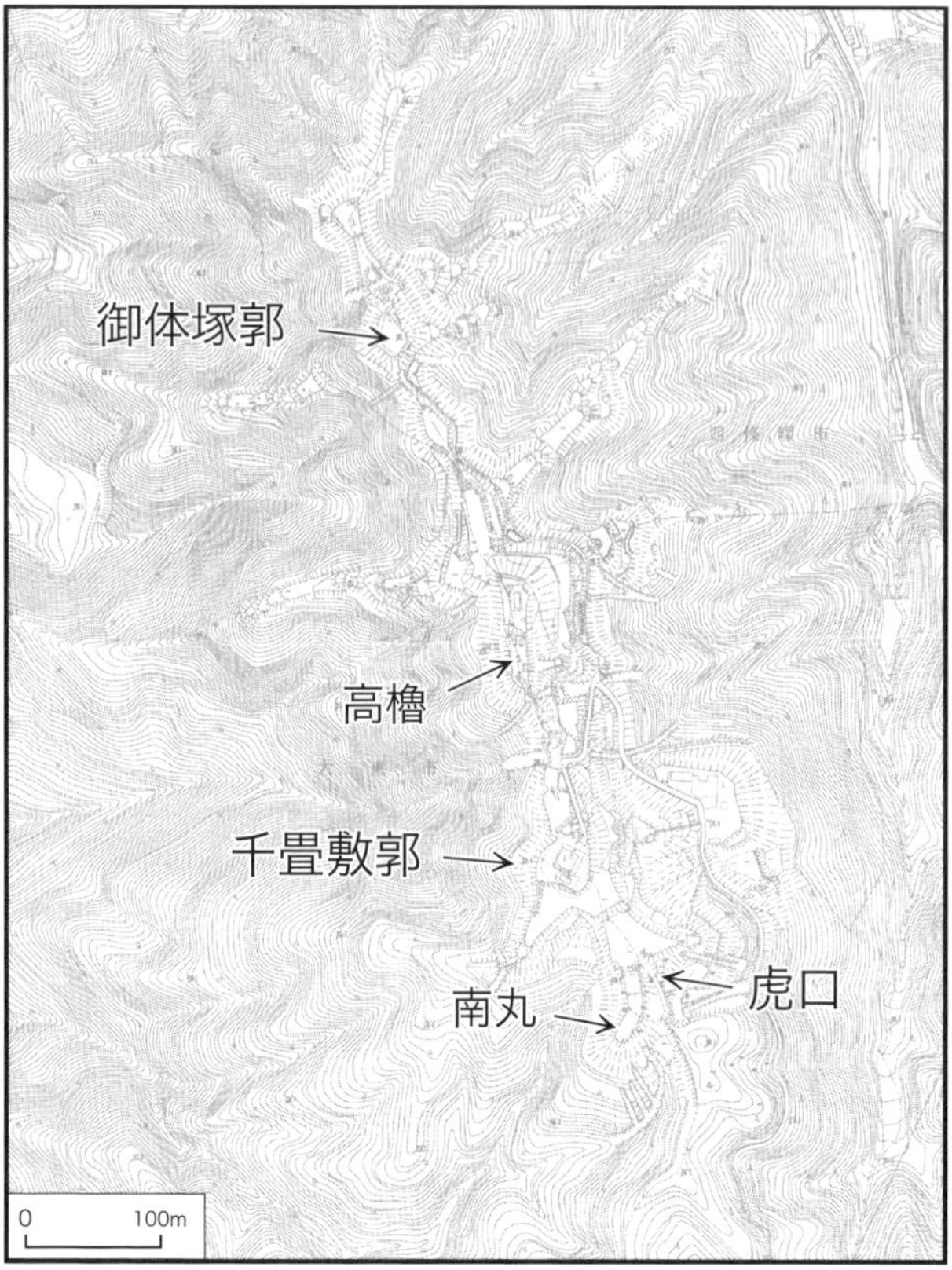

飯盛城縄張図

虎口

に芥川山城（高槻市）から飯盛城に拠点を移し、畿内一円と四国を支配する城主となる。永禄六年（一五六三）、彼は宣教師に城下でのキリスト教の布教を許可したことにより、翌七年には家臣七三名が二度にわたり城内で洗礼を受けたことを伝える文献が残っている。また永禄四年（一五六一）「飯盛千句」という連歌の会が催された。

このように、政治や文化の事業を執り行うとともに長慶らが居住していた城内の場所は、この千畳敷郭に建てられた居館であった。過去には建物の礎石が残っていたとの記録がある。

千畳敷郭から北へ数段の曲輪を下りていくと東西方向の大きな堀切がある。そこを超えて道を登ると標高三一四mの山頂に到達する。

石垣

ここは「高櫓《たかやぐら》」と呼ばれている曲輪である。そこには、南北朝時代に飯盛山麓一帯で繰り広げられた「四條畷の合戦」で敗れた楠正行の銅像が建てられている。また、その横には第二次世界大戦中に設けられた防空監視所の一部が残っている。そこから北へ少し下りると展望台がある

堀切

曲輪に至る。ここからは長慶が支配した大阪平野や六甲山まで一望でき、明石海峡大橋や淡路島の島影が見えることもある。そこからさらに北へ向かうと東西の尾根筋に大小の曲輪群が現れる。また、特に東側の曲輪には石垣が多用されている。

　さらに北へ進むと長慶を仮埋葬したと伝わる「御体塚郭《ごたいづかくるわ》」に至る。ここからは発掘調査で塼列建物《せんれつたてもの》の跡が発見され、瓦や灯明皿《とうみょうざら》などが出土している。そこから大きく下ると城内最大級の堀切があり、最北端の曲輪へ至る。ここからは、摂津をはじめとし京都方面や比叡山まで一望できる。

　ここから北へ四條畷神社へ下っていくハイキング道があるが、これは新しい道なので使わない。来た道を戻り、馬場跡と伝わる楠公寺から東へ緩やかな坂道を下りる。約一〇分で飯盛山の東側山裾を北へ流れる権現川に至る。この川にある権現の滝では権現信仰が伝わる。川沿いでは昭和二八年頃まで水車を利用した製

弥勒寺　十三仏

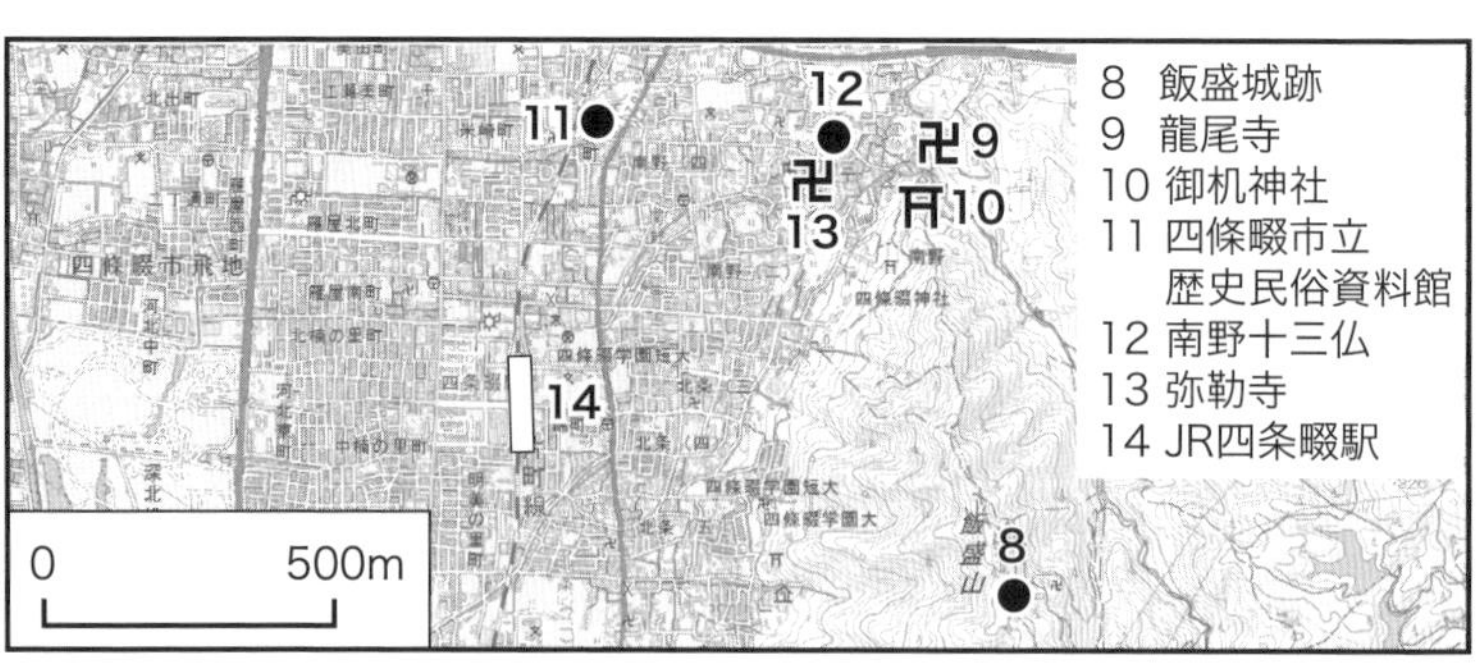

粉業が盛んに行われており、その痕跡が見られる。

川沿いをさらに約二〇分下ると、北側の山上に**龍尾寺**《りゅうびじ》（9）がある。この寺は行基の開山と伝わり、権現信仰にまつわる「龍の尾」を寺宝として祀る。また南側には市内に三社ある式内社のひとつである**御机神社**《みつくえじんじゃ》（10）が鎮座している。

この権現川沿いの道は、飯盛城へ登るには緩やかな道筋である。宣教師は六人で担ぐ駕籠に乗って登城したという記録があり、ここを通ったのではないだろうか。また、この道から城を見上げると、城の東側に集中して築かれた石垣が見えて圧巻であったと思われる。龍尾寺がある場所は、茶臼山砦と伝わる場所で、登城道を警護するには最適な場所である。

ここを過ぎて西へ少し下ると道は真直ぐになって、約一〇分で**四條畷市立歴史民俗資料館**（11）に至るが、この道は地元で「新道《しんみち》」と呼ばれる新しい道であるから、今回は左へ道をとり、古くからの集落である木間《こま》・滝《たき》・畑《はた》村の中を抜けて行くことにする。

その途中には、市内に六体ある「**十三仏**」（12）のうち二体を見ることができる。一体は南野（滝）のお堂に祀られており、「天正廿年（一五九二）」の年号が刻まれている。もう一体は「舎利吹観音《しゃりぶきかんのん》」の民話が伝わる**浄土宗紫雲山弥勒寺**《しうんざんみろくじ》（13）の境内に祀られており、「永禄二年（一五五九）」の年号が刻まれている。これらから、長慶の保護が契機となって市内で河内キリシタンが繁栄した時期にも、多くの仏教徒が存在していたことが分かる。

そこから約二〇分で**ＪＲ学研都市線四条畷駅**（14）に到着する。山頂から約一時間三〇分である。

参考文献

仁木宏・中井均・中西裕樹ほか『飯盛山城と三好長慶』（戎光祥出版、二〇一五年）
今谷明・天野忠幸『三好長慶』（風媒社、二〇一六年）

19　楠公父子顕彰史跡を巡る

尾谷雅比古
Masahiko Otani

大阪で「太閤さん」とともに親しまれている歴史上の人物が「楠公さん」こと楠木正成とその子正行である。

千早城での戦い、「桜井駅」での子正行との別れ、兵庫湊川での劇的な戦死、正行が父の遺訓を守り四條畷で戦死という『太平記』の物語は、江戸時代から、講釈師や読み本によって庶民に親しまれた。一方、幕末、討幕派の志士たちは『建武中興』を理想とし、南朝を守るべく身命をささげた楠木正成や正行を自分たちと重ね合わせた。

明治新政府が成立すると、政府の指導者となった志士たちは、楠木父子を「忠君愛国」「忠孝両全」の理想的国民像として喧伝し、太平洋戦争終戦まで彼らは国民の手本であった。

関係する地の多くは大阪府内にあり、国家の指導の下に神社創建や建碑などによってビジュアル化された。そして、天皇に忠誠を示す国民の聖地として顕彰され、多くの人たちが訪れた。

戦後、彼らに対する認識は変化し、忘れ去られた顕彰地も多い。この顕彰地を、大阪に特有の近代の史跡として巡ってみよう。

南河内

現在の南河内郡千早赤阪村には、楠木正成やその一族に関係すると伝えられる史跡が多い。村立郷土資料館の前に「**楠木正成誕生地**」（1）

と伝えられる場所がある。ここに明治一一年（一八七八）に堺県令であった薩摩出身の税所篤《さいしょあつし》によって建てられた「楠公誕生地」碑がある。明治八年（一八七五）二月に大阪会議で来阪中の大久保利通は、税所の案内でこの地をはじめとして楠公史跡を訪れた。税所は、大久保にこの碑の揮毫を依頼したが西南戦争の勃発などでかなわなかった。碑文は、最後の文人画家と言われた富岡鉄斎が揮毫したものである。また、この誕生地からは南西約二kmにある正成が幕府の大軍を翻弄したとされる**赤阪城跡**（2）が望まれるし、また南約三

富岡鉄斎揮毫「楠公誕生地碑」

千早城跡銅標

kmにある**上赤阪城跡**（3）も望むことができる。さらに、南に約九km向かえば金剛山中の**千早城跡**（4）にいたる。千早城跡には明治三六年（一九〇三）に大阪砲兵工廠で製作された高さ五m、重さ四トンの「千早城舊阯」の銅標が建っていた。しかし、現在は台座の飾の一部が残されているのみである。また、昭和一一年（一九三六）に楠公精神を学ぶ修養道場として東京帝国大学教授・平泉澄が命名した「存道館」が城域内に建設された。

この千早城跡から西側の谷を下れば河内長野市である。ここには楠木一族の菩提寺とされた**観心寺**（5）があり、境内には税所篤が整備した正成の首塚や後村上天皇の行宮跡、陵墓がある。また、昭和天皇即位礼で使用された饗宴場が修養道場として昭和四年（一九二九）下賜され、重要文化財の恩賜講堂として残されている。さらに西に約八km向かえば**天野山金剛寺**（6）にいたる。この寺院は、南朝の重要な拠点となり「天野行宮」とよばれ、後村上天皇、長慶天皇が行宮とし、正平九年（一三五四）から三年間、北朝三上皇が幽閉されていたところである。境内には昭和一〇年（一九三五）の楠公六〇〇年祭に建立された陸軍大将荒木貞夫揮毫、安岡正篤撰文の「勤王護国之寺」の石碑がある。また、ここにも修養道場として大講堂が昭和一七年（一九四二）に建てられている。観心寺の北側、富田林市には正成の妻が子正行の没後、庵をむすんだとされる**楠妣庵**《なんぴあん》（**7**）がある。ここは大正六年（一九一七）に復興され、境内の建物は平安神宮も手がけた近代日本を代表する建築家、伊東忠太の作品である。

楠妣庵

　前述の三カ所の城跡と楠妣庵を除く二ヶ寺は、昭和九年（一九三四）三月一三日に建武中興六〇〇年を記念して、史蹟名勝天然紀念物保存法により関係史蹟として指定されている。

桜井駅

　JR東海道線の島本駅南側駅前が国史跡「**桜井駅跡**」（**8**）である。史蹟名勝天然紀念物保存法が制定されて最初の史蹟指定地の一つで大正一〇年（一九二一）に「重要ナル伝説地」として指定されている。

　『太平記』には延元元年（一三三六）、楠木正成が湊川に出陣する前、「桜井駅」で子の正行に対し遺訓と形見の刀を授けて最後の別れを行った話が取り上げられている。俗に「桜井の別れ」ともいわれる逸話は、江戸時代から民衆に知られてきた。そして早くも明治六年（一八七三）の教科書『小学読本』に「忠孝両全」の話として掲載され、この後も天皇への忠誠の手本として教材化された。

　この「桜井駅跡」で明治九年（一八七六）一二月に「楠公訣児之處」

と題した最初の顕彰碑が西国街道に面して建てられた。これを揮毫したのが当時、剣豪として名をはせた元大村藩勤皇派の大阪府権知事渡邉昇である。また、この碑の裏面には、正成を讃えた英国公使ハリー・スミ

ハリー・S・パークス英文碑文

渡邊昇揮毫「楠公訣児之処」

東郷平八郎揮毫「明治天皇歌碑」

乃木希典揮毫「楠公父子訣別所碑』

ス・パークスの英文碑文が刻まれているのが特筆される。

その後、史跡地の修理・拡張が進められ、大正二年（一九一三）に高さ一丈五尺（約四・五m）の大きな「楠公父子訣別之所」の碑が建立された。この碑文は日露戦争の旅順攻囲戦で有名な乃木希典の揮毫であり、乃木が明治天皇大葬の日に殉死する三カ月前、明治四五年（一九一二）六月に書き上げたものであった。さらには、昭和六年（一九三一）には明治天皇の歌を日露戦争の日本海海戦で名を馳せた東郷平八郎が揮毫した碑も建てられている。

四條畷

JR学研都市線四條畷駅の北西側約五〇〇mのところに四條畷の戦いで戦死した**楠木正行墓**（9）がある。また、東側には正行とともに戦死した**和田源秀**（賢秀）**墓**（10）もあり、昭和一三年（一九三八）に大阪府の文化財に指定されている。

楠木正行墓

堺県令税所篤が、この二カ所の墓地を顕彰する必要から免税地とするため明治七年（一八七四）に内務省へ申請し許可された。そして、墓碑の建設を進め、「楠公誕生地」と同様に大阪会議に来阪中の大久保利通に正行墓の揮毫を依頼し「正四位下左衛門尉楠朝臣正行墓」の碑文を得ている。しかし明治九年（一八七六）に贈位されたため墓碑には「従三位楠正行朝臣之墓」と刻まれている。明治一一年（一八七八）に台を含めて高さ七・五m、厚さ一・五mの巨大な碑が完成し、正行戦死の日とした一月五日から三日間盛大な祭典がおこなわれた。

明治一八年（一八八五）、この墓碑の北側に高さ二ｍの『四條畷表忠碑』が、元老院議員となった税所の発起によって建碑された。税所はこの碑を「殉死ノ英雄合祭碑」として、四條畷の戦いで正行とともに戦死したものを修史館に調査させ、楠木正時含め二四名をあげて撰文している。この石碑の碑文は太政大臣三条実美、大阪府知事建野郷三はじめとして税所と同じ薩摩出身の黒田清隆・吉井友美・松方正義の三人が揮毫している。

四條畷神社

この楠木正行墓から東の飯盛山に向かって一直線に約一㎞の道が延びる。行きつく先が**四條畷神社**（11）である。もちろん祭神は楠木正行である。

当初、政府は神社の創建について、湊川神社に正行の御霊は合祀されているので新たな神社造営は必要なしとの見解であった。しかし、地元有志の運動と大阪府知事西村捨三の尽力により、明治二二年（一八八九）に四條畷神社の社号と別格官幣社の社格が定められた。社号は父正成の湊川神社と同様、戦死の地、四條畷が冠せられた。ここに南朝忠臣を祀る創建神社として初めて父子がそれぞれ神として祀られた。境内地には正行墓と和田源秀（賢秀）墓を飛地として含んでいる。

神社創建後、周辺の警察署や学校などの名称に四條畷の名が冠せられ、明治二八年（一八九五）に浪速鉄道（現ＪＲ学研都市線）が開通すると四條畷駅が設置された。また、創建された当時の甲可村も昭和七年（一九三二）に四條畷村に改称されている。さらに、昭和一一年（一九三七）には飯盛山には正行の銅像が建立された。

また、四條畷神社から南約一〇km、東大阪市の**往生院六萬寺**（12）にも楠木正行墓と伝えられる五輪塔があり、東大阪市指定文化財となっている。門前には『太平記』の記載から「楠木正行公四條縄手合戦本陣跡」の石碑が建立されている。昭和初期には小楠公菊水会が組織され、顕彰活動がなされていたようである。墓地内には、昭和七年（一九三二）に正行銅像が建立され、西側の高野街道沿いに「小楠公銅像」除幕記念碑が建てられている。また、最寄り駅の近鉄奈良線瓢箪山駅構内には移築された「楠木正行公墓　往生院」の案内石碑がある。この石碑建立と正行墓前の石段の寄付は、大正四年（一九一五）に大正天皇の御大典記念とし、上方歌舞伎の名優初代中村鴈治郎が寄付したものである。

往生院六萬寺「楠木正行公四條畷等合戦本陣跡」碑

参考文献

尾谷雅比古「明治期における地域の楠公父子顕彰」（『近代天皇制と社会』思文閣出版、二〇一八年）

森正人「近代国民国家のイデオロギー装置と国民的偉人—楠正成をめぐる明治期のふたつの出来事—」（『人文論叢　三重大学人文学部文化学科研究紀要』二四号、二〇〇七年）

中村格「天皇制下の歴史教育と太平記」（『太平記の世界』汲古書院、二〇〇〇年）

F・V・ディキンズ、高梨健吉訳『パークス伝』（東洋文庫、平凡社、一九八四年）

『大久保利通日記』下巻（日本史籍協会、一九二七年）

『大久保利通文書』第九巻下付録（東京大学出版会、一九六九年）

大植寿栄一『西村捨三伝』（故西村捨三翁顕彰委員会、一八九七年）

20 久宝寺寺内町

小谷利明
Toshiaki Kotani

大和川流域の微高地と久宝寺《きゅうほうじ》

近鉄大阪線久宝寺口駅から中央環状線沿いに南西に向かって藤美東の交差点まで歩くと、宝永元年（一七〇四）に付け替えられた川幅二〇〇mの旧大和川（長瀬川）を渡りきることになる。この辺りは、最も大きな中洲があったところで、中世には八尾から久宝寺に向かう主要道路であった。久宝寺は、鎌倉時代の洪水によって荒撫地となり、長らく開発されない「無主の地」に形成した戦国時代の都市である。

藤美東の交差点から南に久宝寺寺内町に向かう、真直ぐな比較的幅の狭い道がある。これが慶長二〇年（一六一五）の大坂夏の陣のときに藤堂高虎の軍勢が南下した道でもある。南に下ると、久宝寺コミュニティーセンターが西側にあり、前の広い通りを渡ると、**久宝寺寺内北口**（1）に当たる。東側には、寺内町を囲郭していた堀跡の水路を見ることができる。徳川方である藤堂軍

久宝寺寺内の町並み

は、久宝寺北口の木戸で、豊臣方の長宗我部盛親軍と戦った。大坂夏の陣の久宝寺の戦いは、ここが主戦場となったのである。

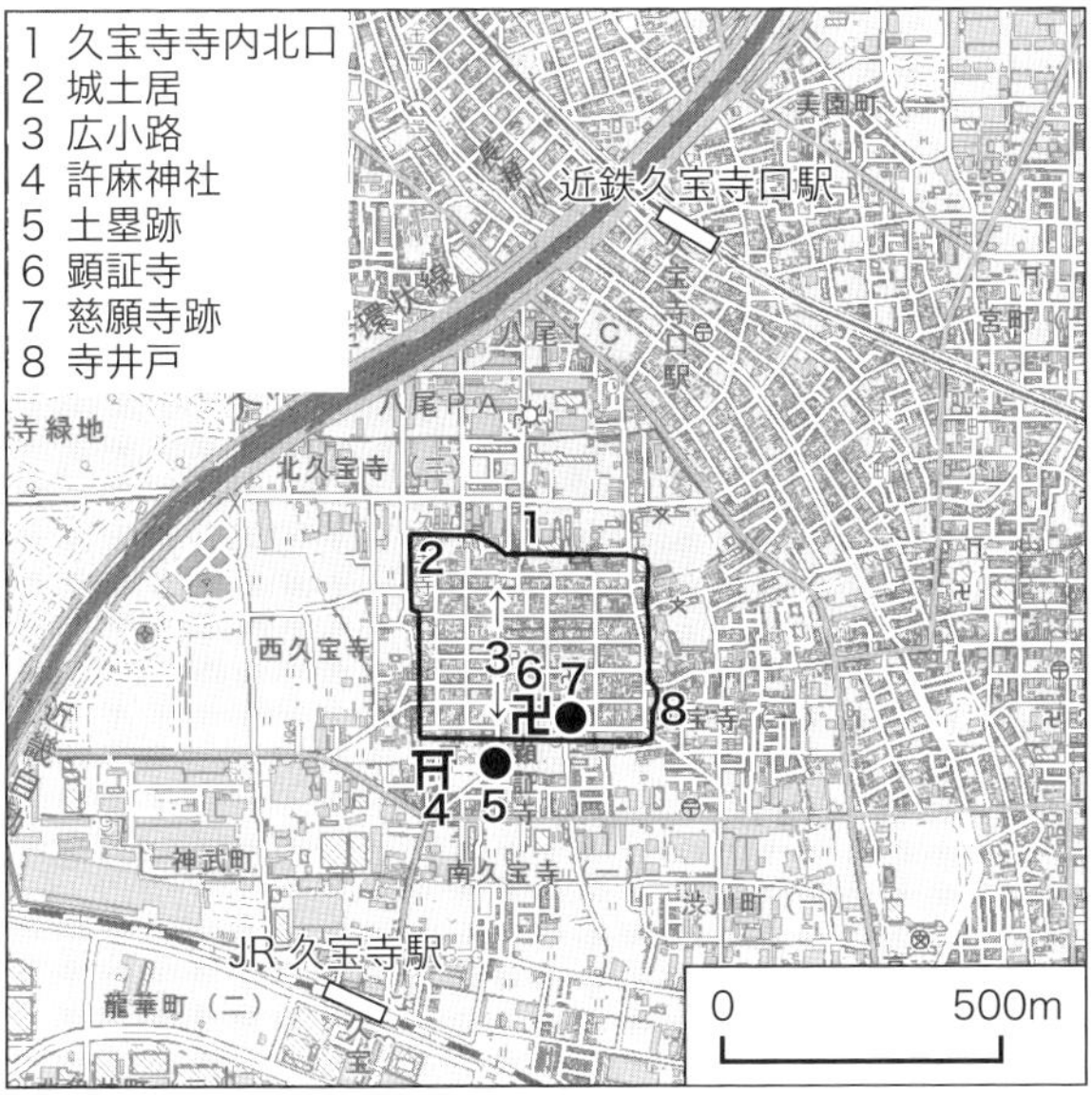

慈《じ》願《がん》寺《じ》と西《さい》証《しょう》寺《じ》（顕《けん》証《しょう》寺《じ》）の創建

久宝寺寺内町は、久宝寺道場慈願寺の創建からはじまる。寺伝では、慈願寺は親鸞聖人の弟子信願房が鎌倉時代に創建したと伝えるが、確実に存在がわかるのは、応永一四年（一四〇七）頃である。慈願寺は、蓮如の父存如の時代には、本尊十字名号を下賜されており、蓮如もたびたび久宝寺を訪れている。特に永正二年（一五〇五）、蓮如の息子実順が西証寺（現在の顕証寺）に入寺したことから久宝寺御坊と呼ばれ、本願寺連枝が入る寺内となった。

広小路と許麻《こま》神社

さて、北口から寺内の北西角に至ると、**シロンド**（城土居）（２）と呼ばれる地域がある。ここが織田信長以来、顕証寺や慈願寺に代わって久宝寺寺内を支配した安井一族の城と呼ばれる場所である。また、寺内町のなかで南北方向の道で最も広い道が**広小路**（３）である。この道は安井一族が**許麻神社**（４）（当時の名前は牛頭天王社）に向かう道として整備したもので、許麻神社は安井氏の村民支配の施設として、京都の祇園

許麻神社

社から慶長一〇年（一六〇五）に勧請した。

寺内町の成立

許麻神社から許麻橋地蔵横の堀を越えると、顕証寺南の**土塁跡**（5）を見ることができる。これは、顕証寺が南に寺地を拡張するのに伴い、従来あった堀・土塁を壊して新たに新設したものである。工事は享保一四年（一七二九）に行われた。

さて**顕証寺**（6）や、顕証寺北隣の久宝寺まちなみセンターの発掘によって、この辺り一面は鎌倉時代の洪水によって「無主の地」となり、長らく放置されていたことがわかった。寺内町としての基盤ができたのは、天文の畿内一向一揆後の天文一四年（一五四五）に新たに造成され再建された顕証寺の創建からである。顕証寺には当時、本願寺教団の中心人物である蓮淳が住持として入り、大坂本願寺に隣接する寺内として大きな役割を持つことになった。

顕証寺南の土塁跡

顕証寺には、宝永四年（一七〇七）の宝永の大地震で倒壊した後、正徳六年（一七一六）に再建された建物が現存する。府下最大規模の真宗寺院である。

また、顕証寺の東向に**慈願寺町**

（7）の町名が残っていることから、天文期の慈願寺もここに再建されたと考えられる。慈願寺は現在は、本願寺の東西分派によって、八尾寺内町に移転している。

東口と寺井戸

久宝寺には、北口をはじめ六つの口があるが、最も大きな口が東口である。この東口の近くに**寺井戸**（8）と呼ばれる井戸がある。長瀬川から竹管で水を運び、この寺井戸に一旦貯めた後で、寺内各地に水道を通していた。大正一二年（一九二三）に簡易水道ができるまで、寺内町唯一の上水であった。

発掘調査の成果と今後

久宝寺寺内町は近年小規模ながら試掘調査が各所で行われ、戦国時代の整地層が発見される場所と、近世段階で整地された場所が徐々に明確になってきた。これによって、天文期の寺内は、極めて小規模であることがわかり、特に久宝寺寺内の東部は、近世に成立した可能性が出てきた。これらの成果は久宝寺寺内町像を大きく変える発見であり、今後の調査成果の集成を待ちたい。

参考文献

櫻井敏雄・大草一憲『寺内町の基本計画に関する研究』（八尾市教育委員会、一九八八年）

小谷利明「河内国渋川郡久宝寺村安井氏に関する基礎的研究」（『八尾市立歴史民俗資料館研究紀要』二一号、二〇一〇年）

小谷利明「久宝寺寺内町の成立と再編」（『八尾市立歴史民俗資料館研究紀要』二四号、二〇一三年）

八尾市立歴史民俗資料館特別展図録『変わる寺内町像』（二〇一四年）

21 大和川の付け替え

安村俊史
Shunji Yasumura

大和川の付け替え

奈良盆地と河内の水を集める大和川は、何度も洪水を起こしながら大阪平野を生み出してきた。しかし、洪水のたびに流れを変える川に、堤防を築いて流路を固定するようになった。一三世紀ごろのことである。流路の固定は一時的に洪水の減少をもたらしたが、やがて運ばれてきた土砂によって川底が高くなり、川底が周囲の土地よりも高い天井川となっていった。そして、天井川になると、洪水の被害が大きくなる。そのころの大和川は、数本の流れに分かれて大阪平野を北もしくは北西に流れ、旧淀川（現在の大川）に合流していたが、一七世紀中頃に、流域の村々から大和川の付け替えを求める運動が始まった。しかし、付け替え反対運動などもあり、幕府は何

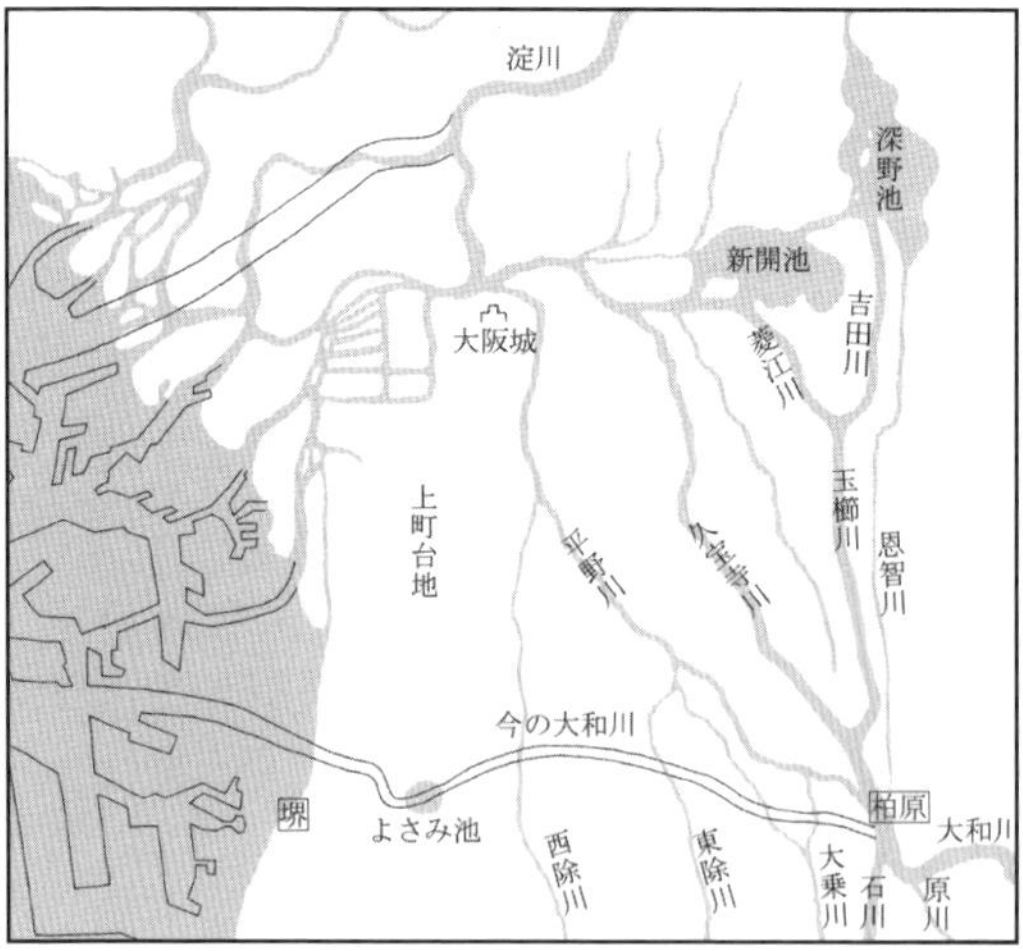

付け替え前の大和川

度も付け替えを検討しながら実行されることはなかった。

一般には、付け替え運動が盛り上がって、最後には幕府も付け替えに踏み切らざるを得なかったとされるが、残された史料はまったく異なる歴史を語っている。付け替え不要を結論づけた幕府に対して、河内の村々は一七世紀末には付け替えをあ

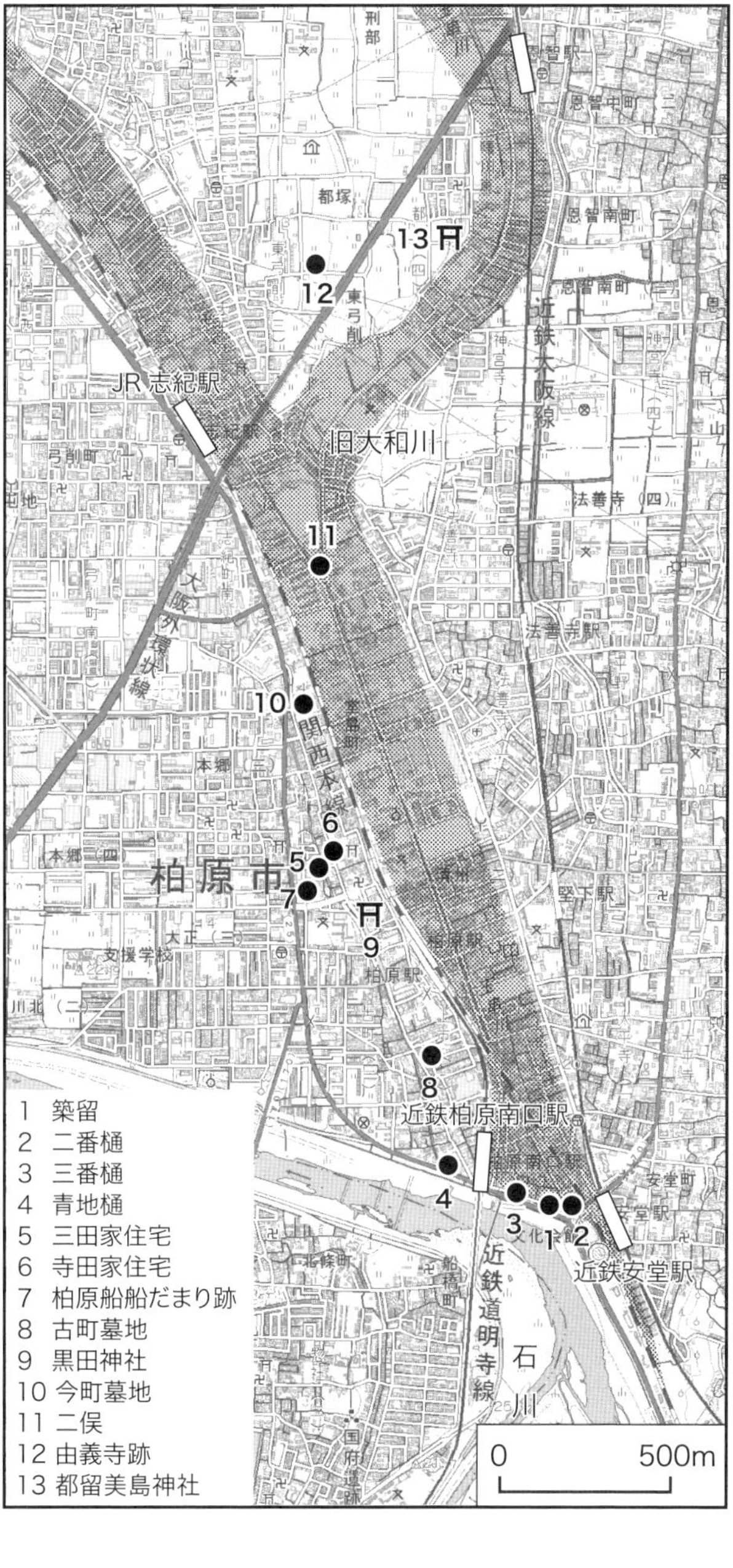

きらめ、治水工事を求める運動に変化していた。そして、その運動に参加する村々も一五万石から三万石、最終的には二万石程度まで減っていた。つまり付け替え運動は終息したといってもよい状態だった。にもかかわらず、幕府は急に付け替えを決定した。工事は宝永元年（一七〇四）二月に着手され、一〇月までのわずか八カ月で新大和川が完成した。

　それでは、なぜ幕府は付け替え工事に踏み切ったのか。幕府は工事のほぼ半分を直接実施し、残りの半分を大名手伝い普請とした。諸藩の大名に費用を含めて工事を請け負わせたのである。全体の工事費が七万両余り。そのうち三万七千五百両を幕府が負担し、残りは各藩の負担であった。そして、旧大和川筋には付け替え後に新田が開かれたが、新田開発権利を得るために幕府に支払われた費用が三万七千両余り。幕府は工事で負担した費用を新田開発で回収できた。しかも千町歩余りの新田からは、年貢があがってくる。大和川の付け替え工事は、幕府に大きな利益をもたらす工事だったのである。

　このようにして付け替えられた旧大和川の痕跡が各地に残されている。旧大和川の痕跡をたどりながら、歩いてみたい。

今も残る旧大和川の風景

　旧大和川をたどるスタート地点は、やはり**築留**《つきどめ》（1）である。旧大和川に堤防を築いて流れをせき止めたので築留である。近鉄大阪線の安堂駅の北西すぐにあり、堤防上は治水記念公園となっている。付け替え運動の中心人物だった中甚兵衛の銅像や記念碑などがある。築留堤防の下には、**築留二番樋**（2）がある。

築留と二番樋

明治二一年（一八八八）に築かれた美しいレンガ積みの樋は、国の登録文化財となっている。

築留堤防に沿って西へ、近鉄道明寺線柏原南口駅の手前には、**築留三番樋**（**３**）がある。二番樋と三番樋の水は北へ三〇〇ｍの地点で合流し、旧大和川流域七八カ村の田畑への用水路である長瀬川となる。長瀬川とその先で分流する玉串川は、その歴史的価値から、二〇一八年に世界かんがい施設遺産に認定された。三番樋よりさらに西には、平野川に取水するための**青地樋**（**４**）がある。新大和川の北堤防には、新大和川より北側の田畑に用水を引くための樋が多数設けられている。この樋を確かめながら、用水の流れをたどるのもおもしろい。

二番樋・三番樋から長瀬川沿いにはアクアロードとして遊歩道が整備され、散策される方も多いが、旧大和川を知るならば、これを歩くよりも旧大和川を横断しながら歩くことをお薦めする。この周辺で、旧大和川の川幅は三〇〇ｍ以上あった。そして、川底が周囲より二～三ｍ高い天井川だった。東西に歩くと、旧大和川の跡が微高地となっており、天井川だったことや川幅がはっきりとわかる。

ここでは、三番樋から北へ向かい、二番樋からの水との合流地点を確認し、旧河陽鉄道（現近鉄道明寺線）のレンガ積跨道橋をくぐり、旧奈良街道に出てみよう。道路がかなり低くなっているのがわかる。旧奈良街道は旧大和川の左岸堤防のすぐ西を通っており、古町、今町という町場が、近世の面影を残している。平野川を運行した柏原船の営業に参加していた重要文化財**三田家住宅**

三田家住宅

今町墓地

（5）、登録文化財**寺田家住宅**（6）（ともに非公開）も見どころである。三田家住宅の裏には、柏原船の**船だまり跡**（7）もある。奈良街道の右手には一段高い土地が続き、旧大和川左岸堤防の痕跡が残っている。**古町墓地**（8）や**黒田神社**（9）は少し高くなっており、**今町墓地**（10）は道路から約四ｍの高さがある。これが旧堤防の姿である。堤防上は墓地や神社などに利用が限られていたため、今も墓地や神社が旧堤防上に残っているところが多い。

再び旧大和川の中央に戻って長瀬川に沿って北へ向かうと、長瀬川と玉串川の分岐点、**二俣**（11）に至る。付け替え前からこの付近で大和川は二本の流路に分かれていた。文字通り二俣の地なのである。この付近では、ＪＲ大和路線が旧左岸堤防の上を通っている。二俣近くの志紀駅も旧堤防上にある。

余裕のある方は、称徳天皇と道鏡ゆかりの地である**由義寺《ゆげでら》跡**（12）付近を散策するのもいいだろう。まだ整備はされていないが、巨大な塔跡が発見されており、その北に西の京とも呼ばれた由義宮があったと考えられている。その東にある式内社**都《つ》留《る》美《み》島《しま》神社**（13）の境内も、旧大和

都留美島神社

川だった玉櫛川の左岸堤防跡である。

旧堤防は、八尾市上之島町の式内社御野県主《みののあがたぬし》神社境内や、八尾市高町の府立八尾高校内の狐山などに痕跡を留めている。また、現在の長瀬川、玉串川は旧大和川のほぼ中心に設けられた用水路であり、その両側一〇〇～二〇〇m幅が旧流路である。旧流路は全域が天井川だったので、川を横断するように歩けば、どこでも旧流路を確認することができる。ぜひ体験していただきたい。

付け替え後の新田開発

付け替え後、旧流路には地元の有力者や寺院、町人らによって新田が開かれた。天井川だったため用水に苦労し、ほとんどの新田で水田が開けず、畑となっていた。畑でもっとも栽培されたのが綿であり、綿からつくられた河内木綿が各地に流通した。

新田を偲ばせるのが会所跡である。JR学研都市線鴻池新田駅の南にある鴻池新田会所跡は、史跡であり建物は重要文化財になっている。豪壮な建物は鴻池新田を開いた鴻池家の会所に相応しい。大東市平野一丁目には平野屋新田会所跡がある。建物は撤去されてしまったが、一部が整備され公園化されている。JR八尾駅のすぐ東には、安中新田会所跡旧植田家住宅がある。会所として使用されていた建物の一部が残り、現在は展示施設として公開されている。また、大阪市住之江区南加賀屋には、新大和川の北側に開かれた加賀屋新田の会所跡がある。これらの新田会所跡を訪ねるのもいいだろう。

付け替え前の大和川の痕跡が、そこかしこに残っている。歩けば身近な歴史の発見にもなり、洪水をもたらした川の姿にも触れることができる。そして、それは今日の防災について考えるためにも大いに役立つであろう。

参考文献

中九兵衛『甚兵衛と大和川』（大阪書籍、二〇〇四年）
安村俊史『大和川の歴史』（清文堂出版、二〇二〇年）

22 近鉄最古の道明寺線

石田成年
Naritoshi Ishida

南河内への鉄路

大阪の南の玄関口天王寺からJR関西本線（大和路線）に乗って約二〇分で**柏原《かしわら》駅**（1）に到着する。明治二二年（一八八九）、当時の大阪鉄道により湊町《みなとまち》（現JR難波《なんば》）と結ばれて開業した駅である。現在その一番のりばは近鉄道明寺《どうみょうじ》線が使用し、営業距離二・二㎞の単線路線を二両編成の電車がのんびりと往き来している。

すでに開業していた柏原を接続点として大阪と南河内とを結ぶことを目的に「河陽《かよう》鉄道」が設立され、柏原古市間が開業したのは明治三一年（一八九八）三月のこと。翌年、営業不振となった河陽鉄道から新会社「河南《かなん》鉄道」へと事業を引き継ぎ、明治三五年（一九〇二）一二月に河内長野まで全通を果たす。JRを除く民営鉄道では最大の営業路線を持つ近畿日本鉄道にあって、創業母体は異なるものの明治三〇年代に開業したこの道明寺線、南大阪線（一部）、長野線こそ最も歴史が古い路線なのである。

一二〇年を経た現役の鉄道構造物

柏原駅西口を出て、道明寺線に沿って南に向かう。最初の踏切から築堤《ちくてい》に沿って歩くと、**第一号溝橋《こうきょう》**（2）が見えてくる。橋長二・三四m、高さ約二・五mの小さな橋梁《きょうりょう》である。桁《けた》を受ける橋台《きょうだい》は煉瓦《れんが》造で、組積にはフランス積みを採用している。鉄道構造物においてはイギリス積みが一般的で、このフランス積みを採用することは珍しいと言われている。また第一号溝橋では線路と道路とが斜交しており、橋台隅部の平面形が直角となっていない。その鋭角（もう一方は鈍角）を形成するために突出した煉瓦の角を打ち欠く隅《すみ》切りを行って斜角を形成している。そしてその切断面には防水のための塗布剤を施している。

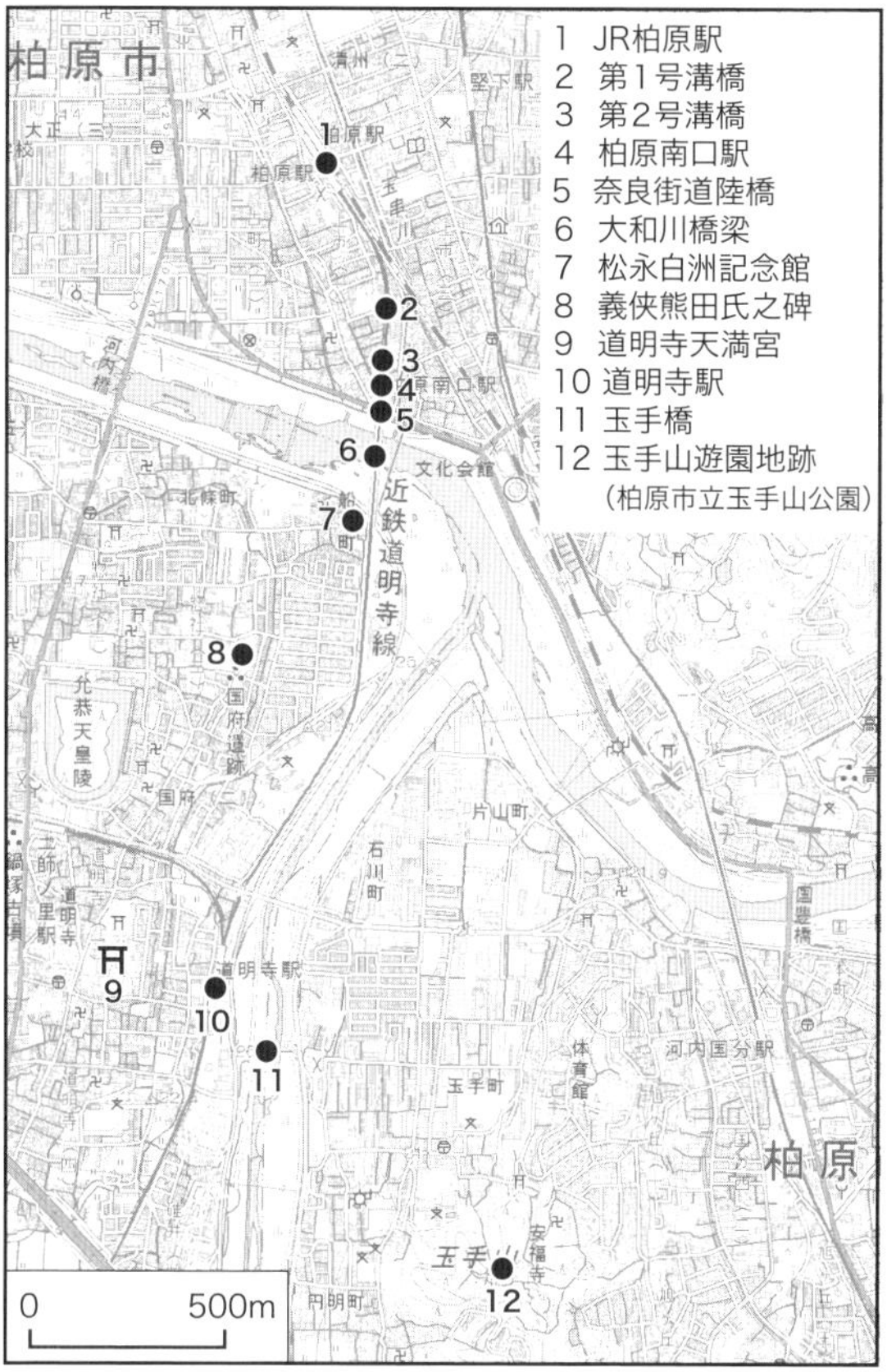

1	JR柏原駅
2	第1号溝橋
3	第2号溝橋
4	柏原南口駅
5	奈良街道陸橋
6	大和川橋梁
7	松永白洲記念館
8	義侠熊田氏之碑
9	道明寺天満宮
10	道明寺駅
11	玉手橋
12	玉手山遊園地跡

（柏原市立玉手山公園）

第一号溝橋から築堤に沿ってさらに南に進むと**第二号溝橋**（**3**）がある。橋長は一・七五三m。橋台の煉瓦組積がフランス積みであること、隅部平面が直角ではなくそのための煉瓦の処理状況が第一号溝橋と共通している。ここで道明寺方橋台の西

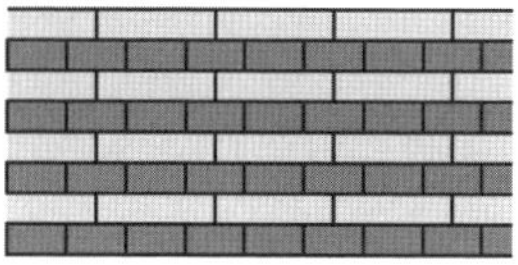

イギリス積み

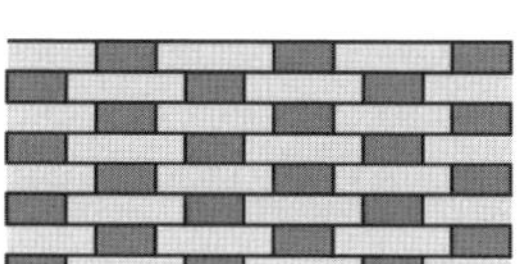

フランス積み

第2号溝橋

側壁の上部に目を向けてみる。組積パターンや目地の通りに乱れがあるなどの改修痕がおわかりいただけるだろうか。これは大正一三年（一九二四）の**柏原南口駅**（4）設置に伴い築堤の勾配《こうばい》が変更され、それにより橋梁の天端を上げる必要が生じたことによる改修であろうと考えられている。

　第二号溝橋をくぐり、築堤に沿って進むとすぐに柏原南口駅である。屋根を支える柱にレールが使用されており、「G.H.H. 1922」の刻印が読める。ドイツの「グーテ・ホフヌングス・ヒュッテ（Gute Hoffnungs Hutte）」社製で一九二二年（大正一一）に作られたことを表している。先の柏原駅道明寺線のホームにある上屋にもレールが使われており、製造会社名が判読できる。

　柏原南口の南、国道二五号を跨ぐ橋長九・一ｍのプレートガーダー橋が**奈良街道陸橋**（5）である。両橋台が煉瓦造で、ここではイギリス積みにより構築されている。長手の段には通常の赤色系の煉瓦をそして小口の段には色調の濃い煉瓦を用いており、それにより全体に縞《しま》状の装飾的効果を生んでいることが特徴となっている。この技法をポリクロミーと呼ぶ。

奈良街道陸橋

　国道二五号の横断歩道を渡り大和

川の堤防上に出ると、単線上路《じょうろ》プレートガーダー一一連により構成される橋長二一六・四〇八ｍの**大和川橋梁**（**６**）の姿がある。橋桁の側面

大和川橋梁

数箇所に銘板《めいばん》が取り付けられ「COCHRANE & Co KAYO. RY DUDLEY ENGLAND」と読むことができる。「イギリス・ダッドリー」にある「コクレーン社」が「河陽鉄道」に納めたものであることを示している。河陽鉄道の存続は明治三二年（一八九九）までであることから、開業以来のものが使用されている証拠の一つになろう。また大和川の堤防に接する両橋台ともに煉瓦造である。イギリス積みで組積されていること、ポリクロミーを採用していることなど、前述の奈良街道陸橋と共通している。

地域に残る鉄道関連の記録

近鉄道明寺線開業一二〇年の歴史を物語るものは現役の鉄道構造物にとどまらず、形を変えて沿線に残されている。

大和川橋梁の東に架かる新大和橋を渡るとそこは藤井寺市である。大和川橋梁の南にある船橋橋梁をくぐって横断歩道を渡り、案内板に従って西に進むと書道家松永白洲《まつながはくしゅう》氏の業績を顕彰する**松永白洲記念館**（**７**）まではすぐである。松永家は江戸時代に庄屋を務め、漢方医も代々輩出しており、後には河南鉄道初代支配人の松永長三郎《まつながちょうざぶろう》を生むことになる。松永は鉄道敷設に際して土地の提供、また会社と地域の調整役を果たす等の多大な功績があった。それに報いるため明治四四年（一九一一）から大正一三年（一九二四）ま

で船橋橋梁のすぐ南に大和橋《やまとばし》停留場が設置されていたことがある。近年、河陽鉄道および河南鉄道の社内文書が記念館で多量に発見され、その整理が精力的に行われている。

　松永記念館を出て、道明寺線とは離れて住宅地を縫うように南西へ向かう。視界が開けたそこは国史跡国府《こう》遺跡である。国府遺跡は旧石器時代から中世に至る集落遺跡で、縄文時代から弥生時代の人骨が多数発見されたことで知られている。その遺跡の一角に「**義侠熊田氏之碑**」（8）と刻まれている石碑がある。鉄道を敷設する際に地域の農民を作業員として雇用し恩恵をもたらしたとされる熊田亀治郎《くまだかめじろう》を称える碑である。なお台座は飛鳥時代創建の衣縫《いぬい》廃寺《はいじ》の塔心礎《とうしんそ》であるという。

熊田氏顕彰碑

　再び住宅地を南へと向かうと、ほどなく東から東高野街道が合流する。允恭《いんぎょう》天皇陵を西に見ながらさらに南へ進むと府道堺大和高田線との交差点に続いて、すぐに近鉄南大阪線の踏切がある。西に土師ノ里《はじのさと》駅が見え、そして東に目を向けると線路が右に大きく弧を描いているのがわかる。この先に道明寺駅がある。

重要視された「道明寺」

　さらに東高野街道を南下し、道明寺に手を合わせ、そして東に折れると**道明寺天満宮**（9）の門前に出る。門をくぐると本殿に向けての参道が伸び、一対の常夜燈がある。その台座には河陽鉄道の役員である「越井彌太郎《こしいやたろう》」「越井醇三《こしいじゅんぞう》」「松永森《まつながもり》太郎《たろう》」「明治三十年一月」の文字が刻まれている。起工式は明治二九年（一八九六）一二月五日に道明寺天満宮で執り行われ、門前の料亭

「梅迺家《うめのや》」で祝宴が開かれたという。

　河陽鉄道柏原古市間の開業日は明治三一年（一八九八）三月二四日であった。翌三月二五日は菅原道真《すがわらみちざね》公の命日である（旧暦二月二五日）。この道真の命日に合わせておこなわれる菜種御供《なたねごくう》祭への参詣者輸送を当て込んで開業日を選んだようだ。大阪からの直通列車も仕立てられたほどで、初詣よりも乗客数は多かったことが松永白洲記念館所蔵資料からも読み取れる。

道明寺天満宮常夜燈

　道明寺天満宮から商店街を東へ向かうと**道明寺駅**（10）に出る。駅前には大坂夏の陣の記念碑があり、それを見て南へ。近鉄南大阪線の踏切を渡り石川に出ると、メルヘンチックな吊橋《つりばし》が目に飛び込んでくる。長さ一五一ｍの五径間《ごけいかん》連続吊橋、**玉手橋**《たまてばし》（11）である。「五径間」は吊橋として日本最多そして唯一である。
　道明寺側の親柱の根元には石製の銘板が取り付けられ、工事に携わった技術者の名が刻まれている。かつてはアスファルト舗装もその部分だけは避けられていたことがあり、現代の技術者の粋な計らいにも胸が打たれた。
　なお玉手橋の竣工《しゅんこう》については『大鉄全史』を根拠として「昭和三年三

玉手橋

月一七日」と考えられていた。ところが最近になって道明寺天満宮において「玉手橋渡初《わたりぞめ》式祝詞《のりと》」が見つかり表書きに「昭和四年三月十七日」と記されていることが明らかとなった。起工式についても「昭和三年八月」とあるという。

　ここから東に見える丘陵にはかつて河南鉄道が開業させた西日本最古の遊園地**玉手山遊園地**（12）があった。平成一〇年（一九八八）に閉園し、その後は柏原市が公園として活用している。園内には小さな音楽堂があり、河南鉄道の社章を掲げている。

　玉手橋から道明寺駅に戻る途中の踏切では道明寺駅構内の線形にも目を向けておきたい。大阪阿部野橋方面へ向かう列車は道明寺を出ると急なカーブを経て西に向かって行く。大阪都市部への路線延長が計画された際には古市を分岐点とする案もあったそうだが、道明寺天満宮や玉手山遊園地への利便性を考慮し、現在のように道明寺で分岐する線形が採用されたのである。ことのほか道明寺の地を重要視していたことの表れであろう。

　大阪都市部へ向けての線形が現在のようになり、道明寺線は支線的な位置付けになった。それにより複線化等による大きな施設改変を受けなかったこと、そして適切な保守管理がなされてきたことで、当時の構造物が現役として使用され続けてきたのである。ここで紹介した柏原・道明寺間の煉瓦造鉄道構造物は平成三〇年（二〇一八）九月に公益社団法人土木学会が制定する選奨土木遺産に認定され、また玉手橋は平成一三年（二〇〇一）に国の登録有形文化財に登録されている。個性的な鉄道構造物、そして鉄道に地域発展の期待を寄せたことを知る資料等々、大阪郊外の小さな路線ではあるが見どころは多い。

参考文献

小野田滋『鉄道構造物探見』（ＪＴＢ、二〇〇三年）
近畿日本鉄道『一〇〇年のあゆみ』（二〇一〇年）
松原市・（財）松原市文化情報振興事業団『松原鉄道物語』（二〇一二年）

23 古市古墳群と高屋城

山田幸弘
Yukihiro Yamada

古市古墳群の大型前方後円墳

　奈良盆地の水を集めた大和川が狭隘な生駒山地の間を縫うように西へ流下し、大阪府の南東部、大阪平野を望む地点で石川と合流している。現在では合流後そのまま西へ流下し、堺で大阪湾に流れ込んでいるが、この流路は、江戸時代宝永元年（一七〇四）に付け替えられた流路で、古墳時代には合流後北西に流下していた（付け替えられた流路については「21大和川の付け替え」参照）。この合流地点の南西部は、段丘地形が発達しており、この地形を利用して巨大な前方後円墳をはじめ古墳時代中期を中心とした一三〇基からなる古墳が築かれた。これらの古墳は古市古墳群と呼ばれており、現在でも四五基の古墳が残っている。

　古市古墳群は中期から後期、四世紀後半から六世紀前半の古墳群で、西方約一〇㎞にある百舌鳥古墳群（百舌鳥古墳群については「27百舌鳥古墳群」を参照）とともに世界遺産として登録された（二〇一九年）。巨大な前方後円墳と、その周辺に配置される小型の円形や帆立貝形、方形といった墳丘の形と大きさに格差があることが特徴である。

　古市古墳群において最初に築かれた大型の前方後円墳は、四世紀後半の墳丘の長さ二一〇ｍの**津堂城山《つどうしろやま》古墳**（**1**）である。津堂城山古墳は、中世末に城に転用されて墳丘が乱さ

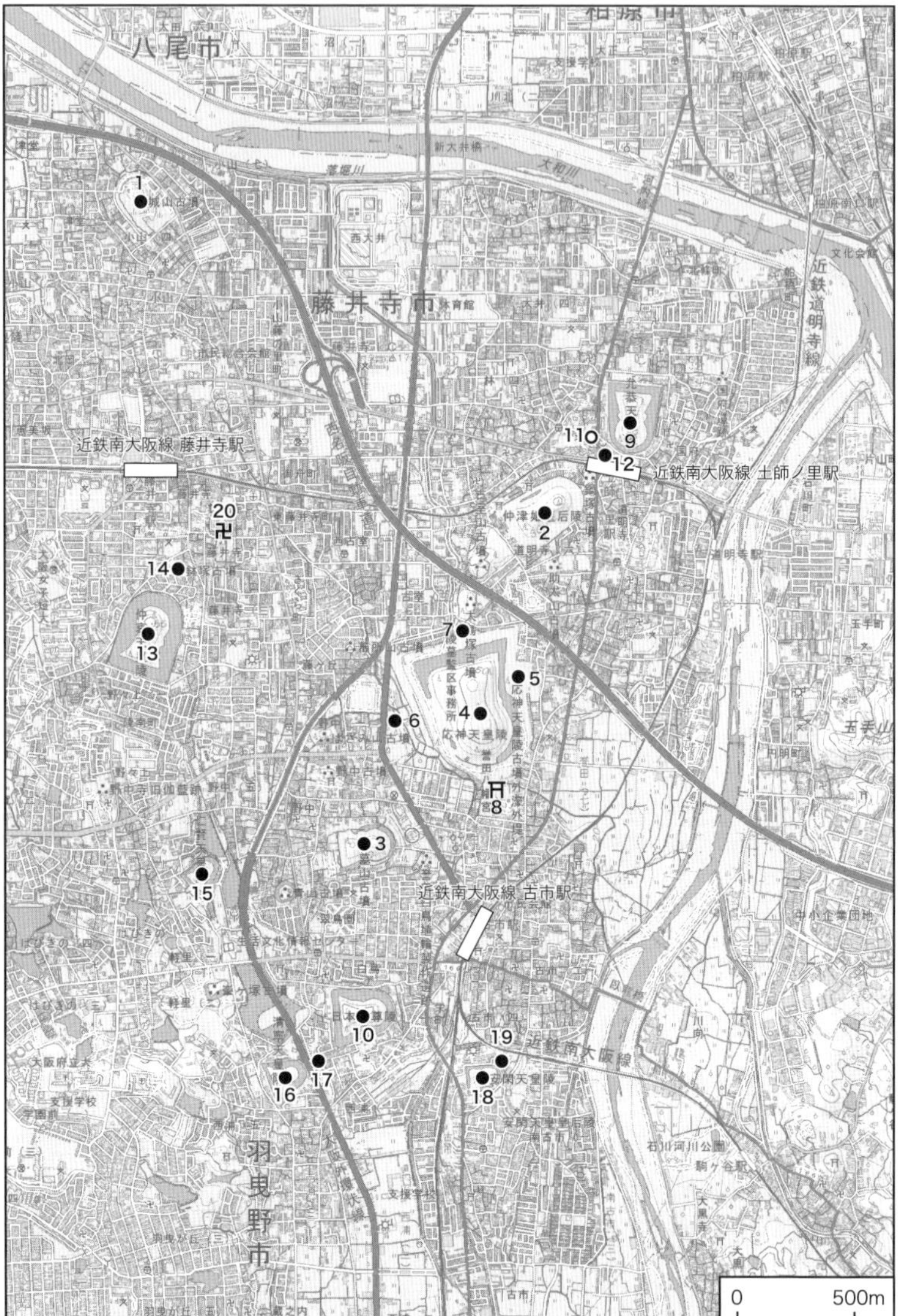

1 津堂城山古墳・小山城　2 仲姫命陵古墳（仲津山古墳）　3 墓山古墳　4 応神天皇陵古墳（誉田御廟山古墳）　5 二ッ塚古墳　6 アリ山古墳　7 誉田丸山古墳　8 誉田八幡宮　9 允恭天皇陵（市野山古墳）　10 白鳥陵古墳　11 長持山古墳　12 唐櫃山古墳　13 仲哀天皇陵古墳（岡ミサンザイ古墳）・藤井寺城　14 鉢塚古墳　15 仁賢天皇陵古墳（ボケ山古墳）　16 清寧天皇陵古墳（白髪山古墳）　17 小白髪山古墳　18 安閑天皇陵（高屋築山古墳）・高屋城　19 不動坂口　20 葛井寺

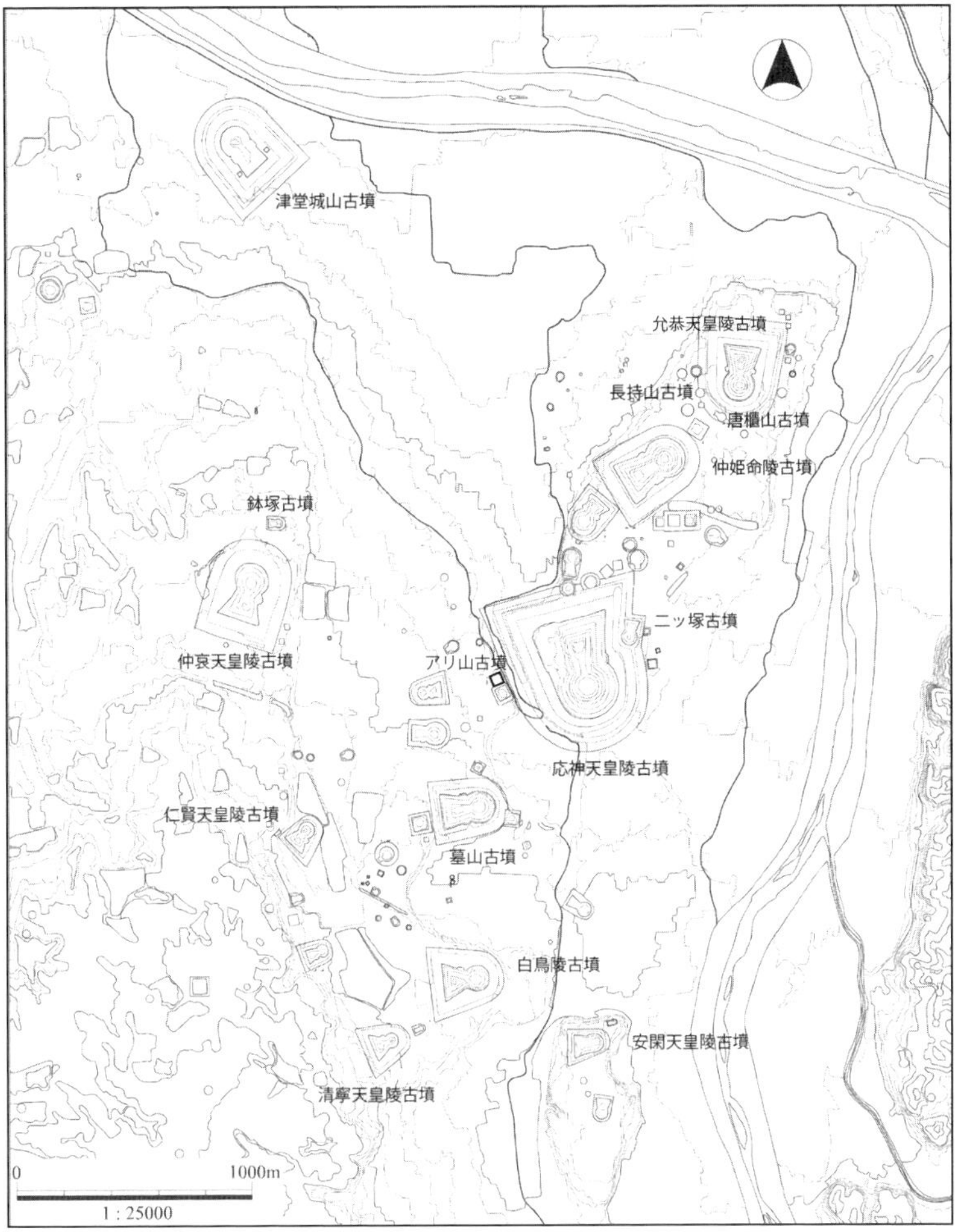

古市古墳群分布図

れていたため、当初の宮内庁による陵墓の治定から外れた古墳である。大正年間に後円部の一部だけが陵墓参考地として治定された。二重の濠と堤を巡らせ、全長は約四三〇mの巨大な前方後円墳である。前方部側面の濠内に、方形の島状遺構を両側に持つことが特徴で、この島状遺構から三基の水鳥形埴輪が出土し、重要文化財に指定されている。水鳥形埴輪は大きいもので高さ一〇八cmある。この古墳は明治四五年に後円部の主体部

復原された長持形石棺

が発掘されており、古市古墳群では内部の状況が判明する貴重な大型前方後円墳である。

調査では、後円部の頂部に板石を積み上げた竪穴式石槨と、兵庫県の竜山石製の豪壮な長持形石棺が確認されている。また銅製品や装身具、腕飾形石製品などの副葬品が確認されており、あまり明らかでない巨大前方後円墳の副葬品の内容を示す貴重な古墳である。「城山古墳ガイダンス棟」には竜山石で実物大に復元された長持形石棺が展示されている。

その次に、**仲姫命《なかつひめのみこと》陵古墳（中津山古墳）**（2）と**墓山《はかやま》古墳**（3）が築かれ、さらに古市古墳群で最大規模を誇る**応神《おうじん》天皇陵古墳（誉田御廟山《こんだごびょうやま》古墳）**（4）が築かれる。墳丘の長さが四二五mで、全長約六三〇mを誇る仁徳天皇陵古墳に次ぐ巨大な古墳である。この古墳の東側の周濠に食い込むように位置する**二ッ塚《ふたつづか》古墳**（5）は、墳丘長一一〇mの前方後円墳で、その埴輪の特徴からは応神天皇陵古墳の築造以前に築かれた古墳と考えられている。応神天皇陵古墳の周濠が、二ッ塚古墳を避けるように曲がっていることから、この二つの古墳の密接な関係が想像される。応神天皇陵西側の前方部隅部は、等高線の乱れから墳丘が崩れていることが判る。応神天皇陵古墳は、二ッ塚古墳を避けるために全体が西側の誉田断層上に配置されたために、一六世紀の地震によって墳丘が崩れたものと考えることができる。レーザー測量の成果からは、前方部頂に位置する方形壇の存在を読み取ることもできる。

古墳周囲には一基の円墳と四基の方墳が配置されている。発掘調査が実施されている**アリ山古墳**（6）では、木箱の中を上下に区分された鉄製品〈武器〈剣・刀・鉄鏃など〉、農・工具〈鋤、鎌、斧、ヤリガンナなど〉〉の多量埋納が確認されている。また、江戸時代に**誉田丸山**《こんだまるやま》**古墳**（7）から出土したという金銅装の鞍金具は国宝に指定されており、**誉田八幡宮**《こんだはちまんぐう》（8）で見ることができる。

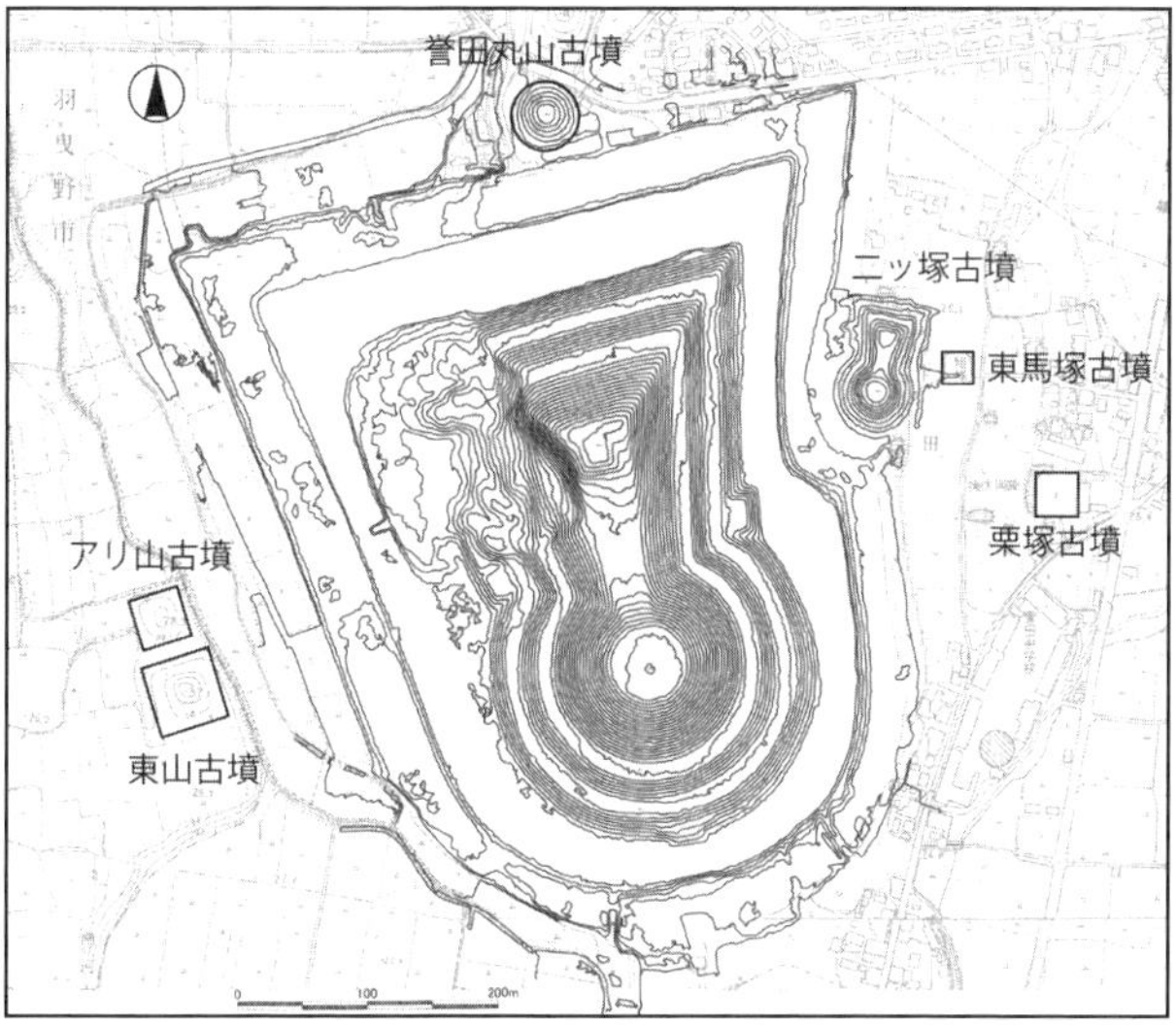

応神天皇陵古墳レーザー測量図

続いて築かれる大型墳は、**允恭**《いんぎょう》**天皇陵古墳**（**市野山古墳**）（9）〈墳丘長二三〇m〉と**白鳥陵古墳**（**軽里大塚**《かるさとおおつか》**古墳**）（10）〈墳丘長一九〇m〉。允恭天皇陵古墳の周囲には今は残っていない古墳も多いが、帆立貝形一基、円墳三基以上があったと考えられている。周辺に配置される古墳は方墳から円墳・帆立貝形へと変化している。発掘調査が実施されている**長持山**《ながもちやま》**古墳**（11）からは九州阿蘇周辺の凝灰岩でつくられた石棺二基、帆立貝形前方後円墳である**唐櫃山**《からとやま》**古墳**（12）からも同様の石棺一基が出土している。

五世紀後半の大型前方後円墳としては、**仲哀**《ちゅうあい》**天皇陵古墳**（**岡ミサンザイ古墳**）（13）〈墳丘長二四二m〉が築かれる。その後円部側に同時期の特徴の埴輪のある前方後円墳、**鉢塚**《はちづか》**古墳**（14）一基が位置している。

仲哀天皇陵古墳の築造以降、**仁賢**《にんけん》**天皇陵古墳**（**ボケ山古墳**）（15）〈墳丘長一二二m〉、**清寧**《せいねい》**天皇陵古墳**（**白髪山古墳**）（16）〈墳丘長一一五m〉と**小白髪山**《こしらがやま》**古墳**（17）、**安閑**《あんかん》**天皇陵古**

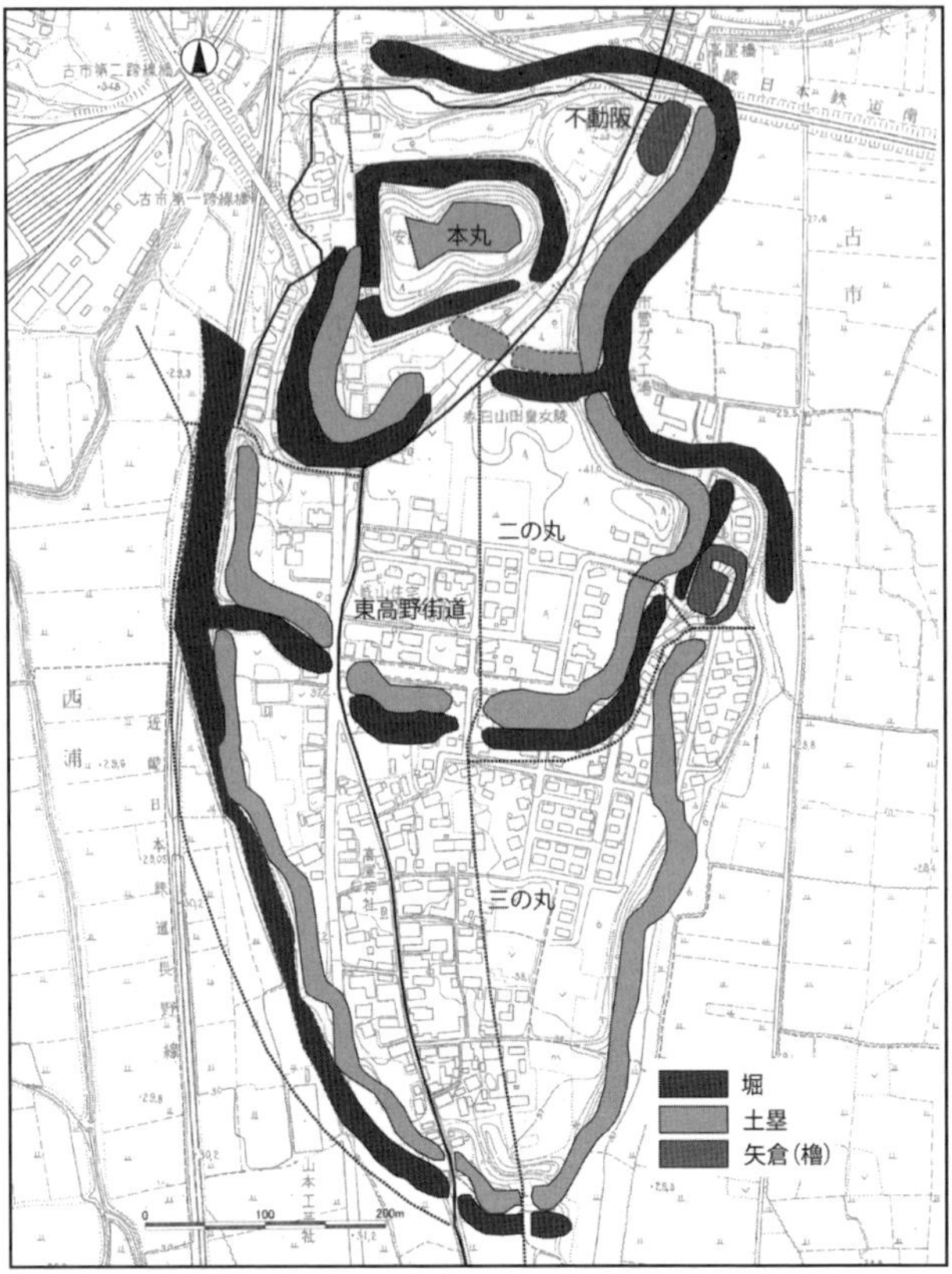

高屋城縄張図（『羽曳野市史』第3巻より作成、一部加筆）

墳（高屋築山古墳）（18）〈墳丘長一二二m〉が築かれるが、いずれも墳丘は縮小化している。

中世の城に改変された古墳　高屋城・小山城・藤井寺城

古墳は築造以来様々な形に改変され、活用されている。江戸時代には小規模な古墳は「小物成山」として、本地域の乏しい山林資源の供給先となっていた。現在陵墓となった古墳においても薪炭供給の場として地区有の山林として林野利用されていた。

最も古墳が改変されたのは、墳丘が城郭として転用されている場合である。古市古墳群において最も有名なのは、安閑天皇陵古墳を転用した

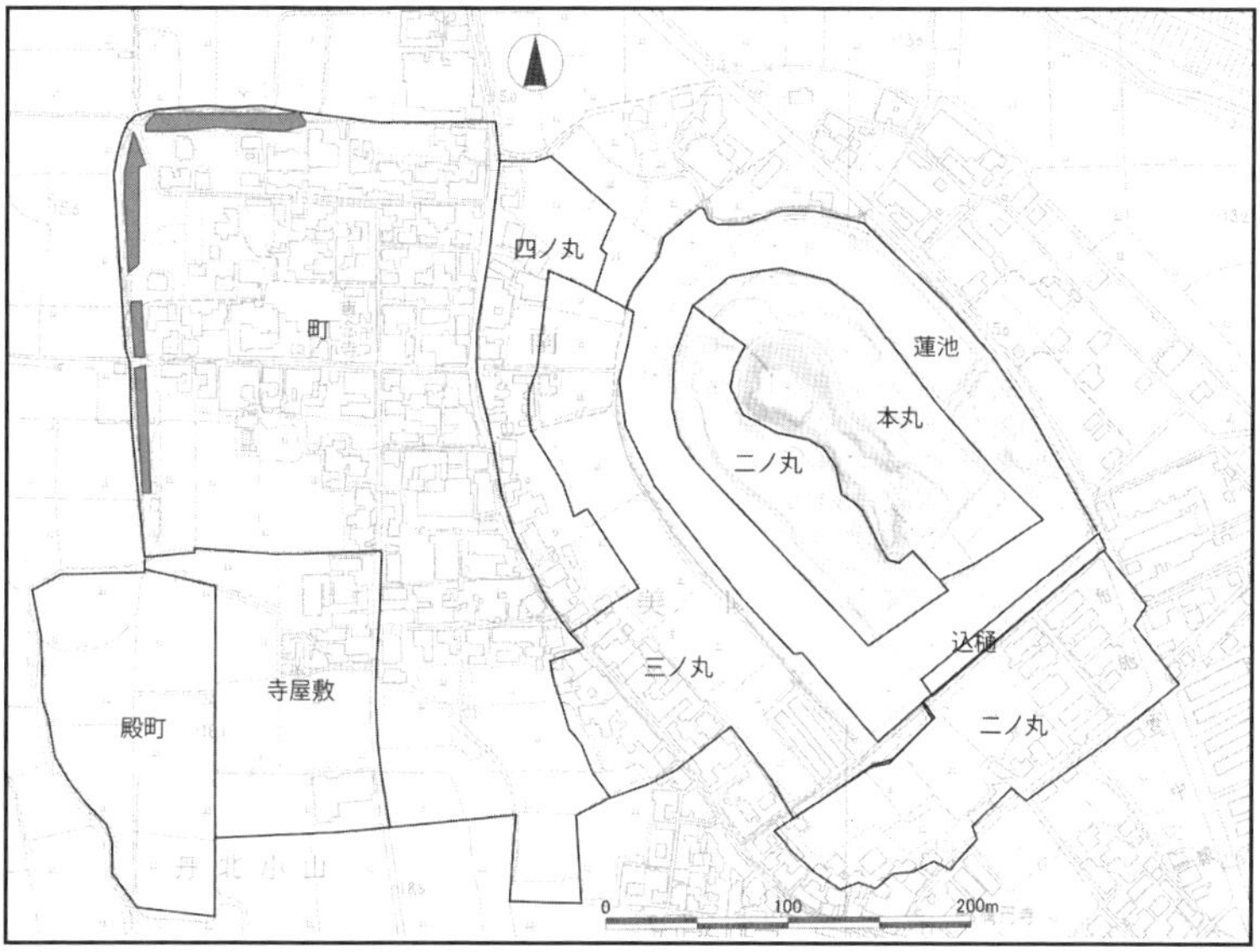

図4　小山城（津堂城山古墳）小字図

高屋城《たかやじょう》（18）である。高屋城は高屋丘陵全体に濠と土塁を設け、城郭化しており、安閑天皇陵古墳を本丸としている。城の南北は八〇〇m、東西は四五〇m、総面積は二四haに及んでいる。墳丘の上部は平坦に削平して城郭に利用されている。また、城の北側は最も崖線の厳しい要害となっており、搦め手と考えられる**不動坂口**（19）が位置している。また、城内に中世の幹線道である東高野街道を取り込み、各曲輪を南北に貫通していることが大きな特徴である。

新大和川の南方約一〇〇mのところに津堂城山古墳がある。付け替え以前は、大阪城のある上町台地の突端から、旧大和川を南へ遡上すると丘陵の突端に津堂城山古墳が見えていたと考えられる。ここに津堂城山古墳を改変し**小山城**（1）と呼ばれる城が築かれていた。古墳の二重の濠を要害として利用し、古墳及びその周辺に「本丸」「二の丸」「三の丸」「四の丸」「殿町」といった城郭関連の字名を残しており、城下を形成したと考えられる痕跡がある。残念ながら、これまでの発掘調査など

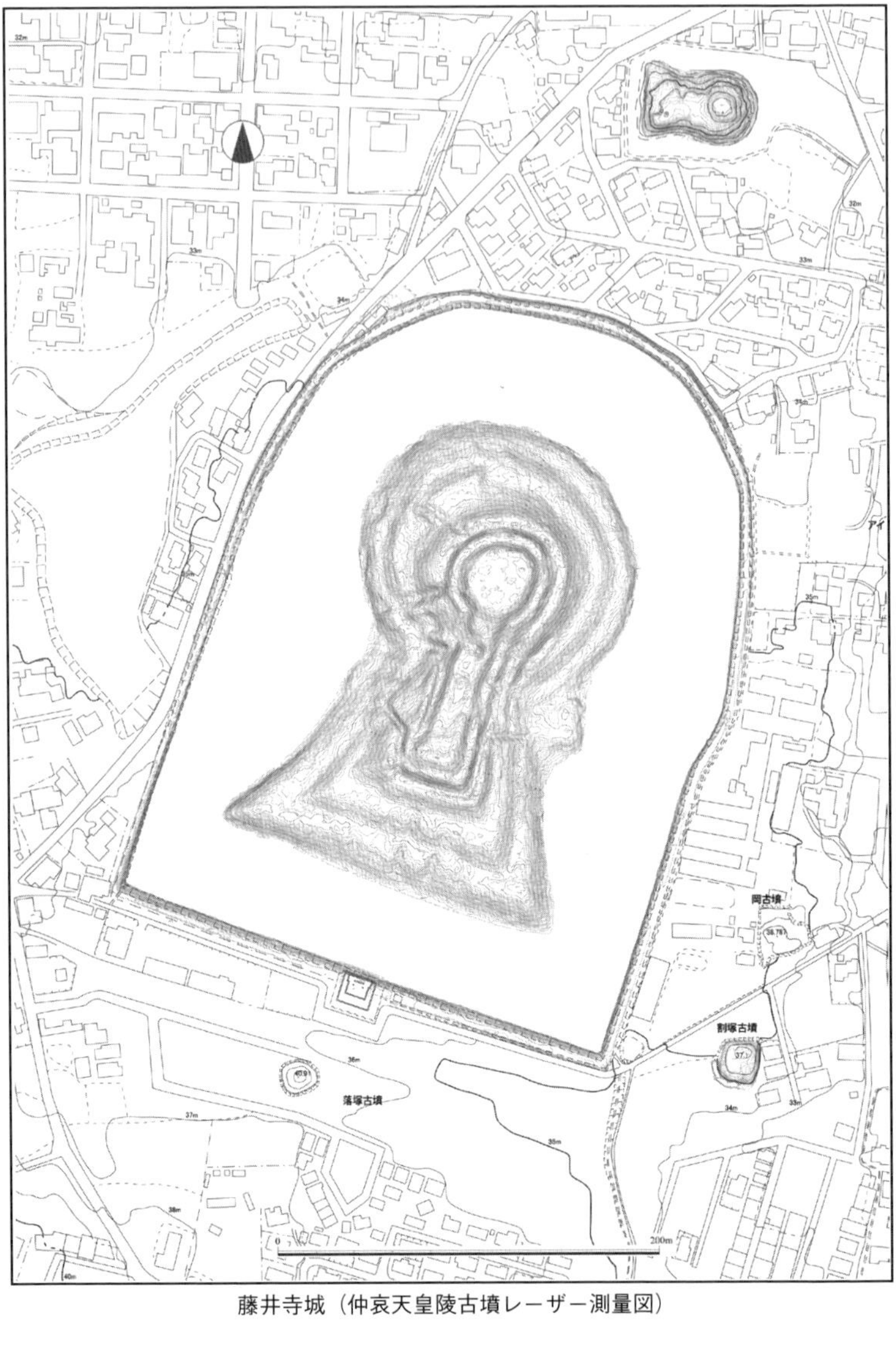

藤井寺城（仲哀天皇陵古墳レーザー測量図）

で明瞭な城関連の痕跡を確認することはできていない。

葛井寺《ふじいでら》（20）の南西に位置する仲哀天皇陵古墳も墳丘が改変され城郭化されている。本来、本地域には古代から続く寺院葛井寺があり、この伽藍を利用し、中世の合戦などでは陣を張っていることが知られている。しかしながら明応二年（一四九三）の兵火によって楼門・中門・三重大塔等が焼失し、本堂と塔一基のみが残り、さらに永正七年（一五一〇）には地震によって堂塔は壊滅したことが伝わっている。そうした状況の中、一六世紀には葛井寺は陣として活用できる状態ではなかったと考えられる。

　仲哀天皇陵古墳の藤井寺城は、その縄張りが小山城と共通する部分が多いことが挙げられる。しかしながら小山城は郭が方形を意識して非常に丁寧に造られている。一方、藤井寺城は城の遺構の遺存状態が良く、詳細なレーザー測量によって城郭を復元することができると考えられているが、小山城と比較して、それぞれの郭はあまり方形区画への意識が貫徹していない。こうした内容が城の築造期間や存続年代を示唆するものか考えていく必要がある。

　さて、これらの古墳を巡るには、近鉄南大阪線の「藤井寺」「土師ノ里」「古市」などの駅で下車する。いずれの駅からも徒歩三〇分圏内に位置している。徒歩で一度に全部回ることは難しいが、レンタサイクルを利用すれば簡単に回ることができる。

参考文献

大阪府教育委員会『南河内における中世城館の調査』（二〇〇八年）
藤井寺市教育委員会『津堂城山古墳』古市古墳群の調査研究報告Ⅳ（二〇一三年）
藤井寺市教育委員会『仲哀天皇陵古墳』古市古墳群の調査研究報告Ⅴ（二〇一四年）
文化庁『百舌鳥・古市古墳群　古代日本の墳墓群』（二〇一八年、https://www.bunka.go.jp/seisaku/bunkazai/shokai/sekai_isan/ichiran/1419077.html）
古市古墳群世界文化遺産登録推進連絡会議『古市古墳群を歩く』（二〇一五年）

24 近つ飛鳥と河内源氏

笠井敏光
Toshimitsu Kasai

「あすか」という地名は、全国に分布しているが、『記紀』によって、難波宮から近い河内の飛鳥を「近つ飛鳥」、遠い大和の飛鳥を「遠つ飛鳥」と呼んでいる。「近つ飛鳥」は、現在では羽曳野市の飛鳥を中心に太子町・柏原市などを含んだ広範囲の呼称として使用されている。

飛鳥戸《あすかべ》神社と飛鳥千塚古墳群

近鉄上ノ太子駅の北方に広がる集落が、羽曳野市飛鳥である。駅の北側を通る竹内街道を左（西）に進むと、集落の入口に**飛鳥戸神社**（1）の鳥居がみえる。飛鳥戸神社は今は小さな社殿であるが、平安時代の『延喜式』には名神大社として記載されている。祭神は、飛鳥戸造《あすかべのみやつこ》一族の祖先神である百済王族の昆支《コンジ》王で、この地域では「飛鳥大神《あすかおおかみ》」と呼ばれているが、明治時代には素盞嗚《すさのお》命《みこと》に変更された。

『日本書紀』によれば、昆支王が

飛鳥戸神社

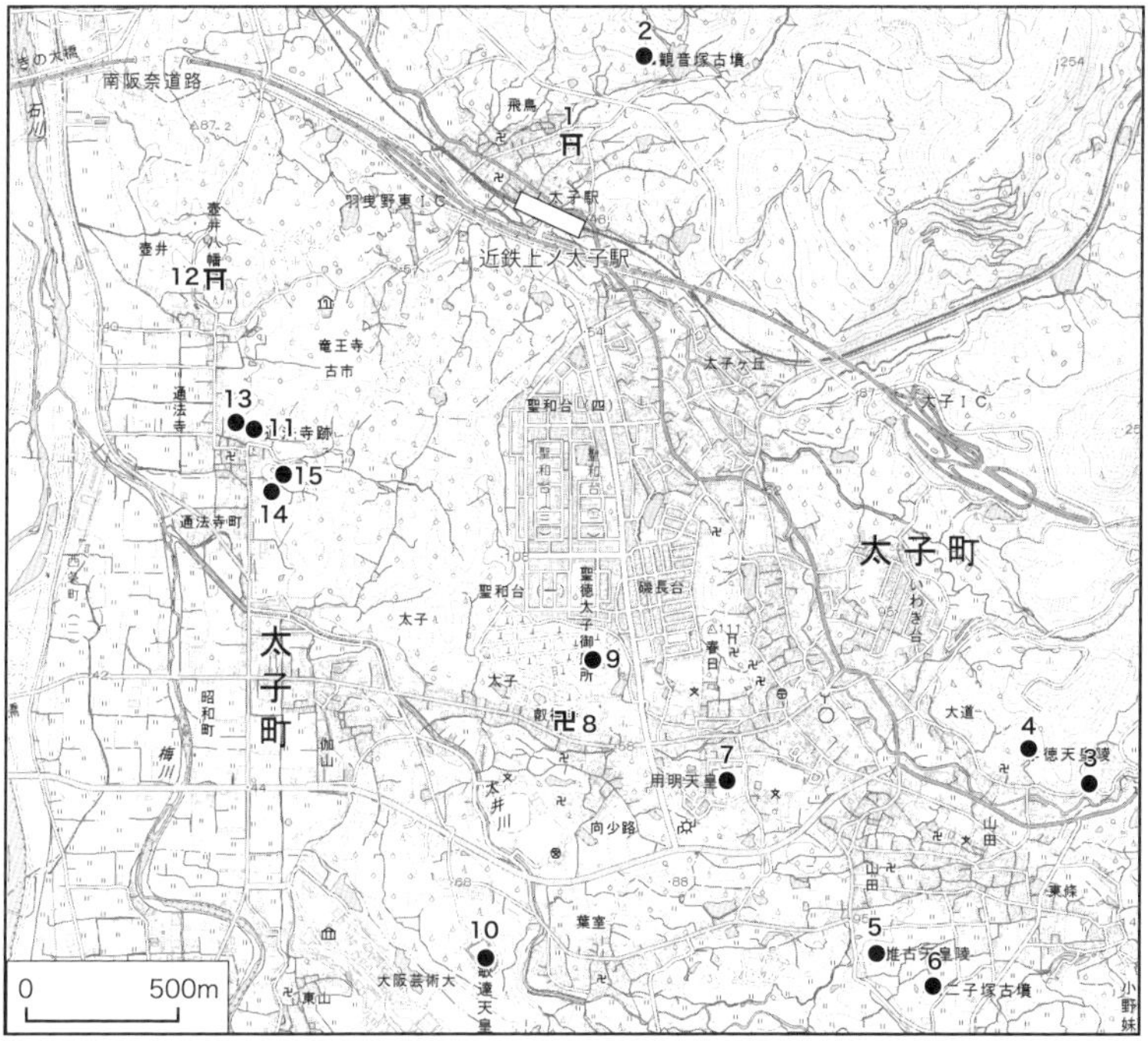

1 飛鳥戸神社　2 観音塚古墳　3 竹内街道歴史資料館　4 孝徳陵（山田上ノ山）古墳　5 推古陵（山田高塚）古墳　6 二子塚古墳　7 用明陵（春日向山）古墳　8 叡福寺　9 聖徳太子墓　10 敏達陵（太子西山）古墳　11 通法寺　12 壷井八幡宮　13 源頼義の墳墓　14 源頼信の墳墓　15 源義家の墳墓

兄の百済王である蓋鹵《ケーロ》王に派遣されて妻とともに来倭したのが、四六一年で、翌年に子どもが産まれたので妻子を百済に帰国させた。この子が後の武寧《ムリョン》王である。『続日本紀』には、桓武天皇の生母が百済の武寧王の子孫であると記されている。

昆支王は倭国滞在中に五人の子息をもうけたが、彼らが文周《ムンジュ》王の娘との間に産まれた東城《トンソン》王をはじめとする飛鳥戸造一族となり、近つ飛鳥に居住した。彼らは後に改姓して百済宿禰《すくね》となり、藤原氏との婚姻によって、後に清和天皇に至る系譜をもつ。これらのことから飛鳥戸神社は、八六〇年に官社となり、八八〇年には春秋祭祀のために田一町が与えられた。

　飛鳥千塚古墳群は、飛鳥戸神社の北方に広がる羽曳野市飛鳥・駒ヶ谷地域の丘陵において六、七世紀に築かれた古墳群で、墳丘は一〇〜二〇m前後の大きさからなる円墳で、主体部は横穴式石室や横口式石槨を中心としている。優れた石工技術、ミニチュア炊飯具土器、夫婦合葬などの特徴から百済系渡来人の墓域と考えることができる。中でも、**観音塚古墳**（**2**）は見逃せない。

観音塚古墳

　飛鳥戸神社の前をさらに登ると新池にでる。北西方向を仰ぎみると、山腹に観音塚古墳がみえる。階段を登りつめ、ふりかえると王陵の谷を一望できる絶景の地である。この素晴らしい景色を黄泉の世界からみていたのは誰だろうか。観音塚古墳は石英安山岩の切石を見事に組み合わせ、最新の石槨を築造している。前室と羨道を備え、石槨部の前には祭壇を造りだし、子孫の餞《はなむけ》を受けていた。側壁のモザイク状の切り込みは、その技術を誇示するかのようである。前室の東壁にみえる江戸時代の落書きは、開口時期を示している。

王陵の谷太子町

　上ノ太子駅の南方に位置する南河内郡太子町は、二㎞×三㎞の大きな谷地形を中心に村落が形成されている。この谷に六世紀後半以降に在位したとされる天皇の王陵が点在することから「王陵の谷」と呼ばれ、また天皇陵四基と聖徳太子墓は梅の花びらになぞらえて「梅鉢御陵」と称されている。

　上ノ太子駅からは、竹内街道に沿って東進し、**太子町立竹内街道歴史資料館**（**3**）をめざそう。この資料館は、竹内街道の整備とともに平成五年（一九九三）に開館した。館内では、街道の歴史とともに、王陵の解説もあり、見学にあたっての情報を得ることができる。

資料館の西には、**孝徳陵（山田上ノ山）古墳（4）**がある。墳丘は、直径四〇mほどの円墳で「うぐいすの陵」と呼ばれ、『枕草子』にも記されている。古くは石棺が見えており、海獣葡萄鏡が出土したと伝えられている。孝徳天皇は、大化二年（六四六）にいわゆる「大化の薄葬令」を発令しており、自らの墳墓と、この詔との関わりが注目される。

次に、孝徳天皇陵の南西約六〇〇mのところにある**推古陵（山田高塚）古墳（5）**にむかう。この古墳は、一辺七五mの方墳であるが、最上段は南北二五m、東西三四mの長方形をしており、二人の被葬者を並葬したことが想定でき、推古天皇と竹田皇子との合葬の可能性が高い。

推古陵古墳

東南東約二〇〇mには**二子塚古墳（6）**がある。その名のとおり双方墳で、二三m×六一mの墳丘、東西両墳丘とも同形同大の石室と石棺があるが、現在は東側だけが見学できる。この古墳を推古陵とする考えもある。

推古天皇陵の北西約六〇〇mのところに、**用明陵（春日向山）古墳（7）**がある。一辺六五mの方墳で、周囲に空堀を巡らす。その規模から石舞台古墳との類似性が指摘されている。用明天皇の母は、蘇我馬子の娘である堅塩姫《きたしひめ》であり、天皇の子に聖徳太子がいる。在位してわずか二年で病没し、大和の磐余《いわれ》に葬られたが後にここ磯長《しなが》に改葬された。天皇として初めての方墳採用となる。

用明陵から北へ出て西へ少し行く

叡福寺

と**叡福寺**（8）の門前につく。石段を登ると南大門があり、正面に見えるのが**聖徳太子墓**（9）である。聖徳太子（厩戸《うまやど》皇子）は生前にこの地を墓所として決めた。まず母である穴穂部間人《あなほべのはしひと》皇后が没し、翌年には太

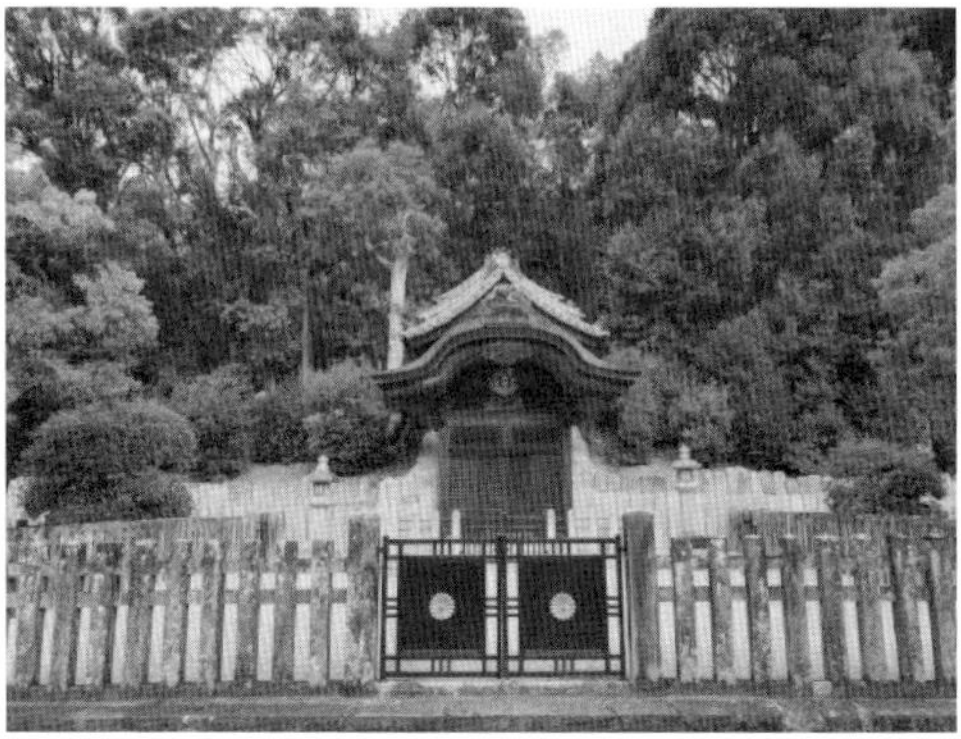
聖徳太子墓

子と妃が亡くなったことから「三骨一廟」の形態をとったという。種々の記録には、奈良県の岩屋山古墳に似た切石積みの横穴式石室をもち、奥壁に沿って母の棺、東側壁に太子の棺台、西側壁に妃の棺台があると記されているが、後世の改変による可能性がある。つまり、太子墓を守り奉祀するために叡福寺が建立され、聖徳太子信仰に伴って整備されたのであろう。

　時間的に余裕があれば、**敏達陵**《びだつ》**（太子西山）古墳**（10）にも寄りたい。叡福寺の南東一㎞ほどのところにあるこの古墳は、王陵の谷では唯一の前方後円墳であり、墳丘長一二〇mある周囲には深い空堀を巡らせ、くびれ部には造り出しを配している。円筒埴輪が出土することから、現在の編年観では六世紀半ば以前に築造された古墳である。敏達天皇の没年が六世紀末であることから疑問視する考えもあるが、『日本書紀』では母の石姫皇后との合葬を記すところ

からその可能性は残されている。

　天皇陵や太子墓として伝えられ、地元の人々に厚く信仰され、守られてきたこうした墳墓は、なぜに二上山の西方、磯長谷に集中して築かれたのであろうか。大和で亡くなった天皇の墳墓を河内の地に改葬し、方墳を中心とする墳墓に埋葬することに天皇家の故郷を磯長谷にしようとする蘇我氏の意図が伺える。

河内源氏の里
壺井・通法寺

　叡福寺から北西二㎞あたりに羽曳野市壺井・通法寺の地域がある。この付近は、河内源氏の里と呼ばれている。源氏といえば、鎌倉を中心とする関東のイメージが強いが、その源流をたどると、この地にたどり着く。

　平安時代に荘園が展開するようになると、源頼信《よりのぶ》を祖とする河内源氏が、壺井里を本拠に活躍するようになった。彼らは藤原道長の侍として受領《ずりょう》を歴任し、やがては前九年・後三年の役などの鎮圧によって勢力を拡大し、頼信のあと頼義《よりよし》・義家《よしいえ》と続いた。

　二代目の頼義は、父頼信の基盤を継承し、この地に氏寺である**通法寺**

通法寺

壺井八幡宮

（11）と、氏神である**壺井八幡宮**（12）を創建した。通法寺は、長久四年（一〇四三）に頼義が狩猟中に千手観音像を見つけて持ち帰り観音堂を建立したのに始まり、壺井八幡宮は、康平七年（一〇六四）に京都の石清水《いわしみず》八幡宮を勧請して創建したと伝えられ、「壺井」の地名は石段下にある井戸がその由来である。

三代目の義家は、所領をまとめて摂関家へ寄進し、石川荘を形成した。このように新興の武士勢力が所領を中央の権門勢家に寄進する「寄進地系荘園」が中世的な荘園に発展していくとともに、武士勢力の強化につながった。やがて、河内源氏の末裔である源頼朝《よりとも》が鎌倉幕府を開いた。

現在、国史跡に指定されている通法寺は江戸時代に再建された。明治時代になって門・鐘楼以外の建物は取り壊されたが、本堂跡の基壇や礎石は確認することができる。境内には、**頼義の墳墓**（13）が墓堂形式で残され、**頼信と義家の墳墓**（14・15）は、通法寺から巽（東南）の方角の山上に葬られている。

義家の墳墓

参考文献
笠井敏光「河内飛鳥歴史散歩」（門脇禎二・水野正好編『古代を考える 河内飛鳥』吉川弘文館、一九八九年）
羽曳野市史編纂委員会『羽曳野市史 第1巻』（羽曳野市、一九九七年）
羽曳野市史編纂委員会『羽曳野市史 第3巻』（羽曳野市、一九九四年）

25 大阪に残された金石文

磐下 徹
Toru Iwashita

金石文とは、鏡や刀剣、石碑などといった、金属製品・石製品に記された文章のことである。こうした金石文は、本体の製作時とほぼ同時に記されることが多いため、同時代性の高い一次資料といえる。また金属や石は、紙などと比べると耐久性にすぐれているため、古いものでも良好な状態で残されやすい。こうした点から、金石文は歴史研究の重要な材料となっている。大阪府下にはそうした金石文が多く残されている。木崎愛吉《きざきあいきち》（一八六六〜一九四四、号は好尚）という人物がいる。大坂南組農人橋材木町の生まれで、大阪朝日新聞の記者などを経て、金石文や近世学芸を研究した人物である。彼の金石文研究の成果である『大日本金石史』（一九二一〜一九二二年刊行）は、慶長年間以前の日本全国の金石文をほぼ網羅し、それらを解説した大著で、一九二四年に帝国学士院賞（桂公爵記念賞）を受けている。また、一九一四年には『摂河泉金石文』、一九二二年には『大阪金石文』を著し、大阪周辺に残された金石文の紹介と考察に努めている。木崎が摂河泉・大阪の金石文に特化した著作に取り組んだのは、彼が大阪の生まれだったからということに加え、この地域に多くの金石文が残されていたからだろう。

では、実際に大阪にはどのような金石文が残されているのか。ここでは大阪府下で発見された古代（七〜九世紀）の金石文をあげてみたい。

①野中寺《やちゅうじ》弥勒菩薩像《みろくぼさつぞう》台座銘《だいざめい》

現所在地：大阪市羽曳野市の野中寺

年代：銘文に「丙寅年」とあり、天智天皇五年（六六六）説が有力

銘文：仏像台座に時計回りに刻字

内容：「栢寺《かやでら》智識」が「天皇」のためにこの弥勒菩薩像を造った旨を記す

伝来：一九一八年に野中寺の宝蔵で発見

②船王後《ふねのおうご》墓誌《ぼし》

現所在地：東京都中央区の三井記念美術館

年代：銘文に「戊申年」とあり、天智天皇七年（六六八）に該当 ただし八世紀初頭の製作である可能性も指摘される

銘文：短冊形の銅板の両面に刻字

内容：渡来系氏族である船王後の出自・経歴・埋葬の様子を記す

伝来：江戸時代に大阪府柏原市国分松岳山《まつおかやま》から出土。羽曳野市の西琳寺《さいりんじ》旧蔵

③采女氏《うねめし》塋域碑《えいいきひ》

現所在地：所在不明。拓本のみ残る

年代：銘文に「己丑年」とあり、持統天皇三年（六八九）に該当

銘文：圭首《けいしゅ》形の石碑に刻字

内容：采女竹良《うねめのちくら》（『日本書紀』に登場）の墓所であることを示し、みだりに立ち入ることを禁じる

伝来：江戸時代までは大阪府太子町の妙見寺《みょうけんじ》（旧境内地）に立っていた

④石川年足《いしかわのとしたり》墓誌《ぼし》

現所在地：大阪府大阪市の大阪歴史博物館（寄託、個人蔵）

年代：銘文より天平宝字六年（七六二）

銘文：長方形の銅板に枠線、魚々子《ななこ》文《もん》、罫線を施して刻字

内容：石川年足（『続日本紀』に登場）の出自・経歴・埋葬の様子を記す

伝来：江戸時代に大阪府高槻市で発見

⑤高屋枚人《たかやのひらひと》墓誌《ぼし》

現所在地：大阪府太子町の叡福寺《えいふくじ》

年代：銘文より宝亀七年（七七六）
銘文：砂岩製の蓋《ふた》と直方体の本体からなり、本体の上面に刻字
内容：高屋枚人の墓であることを示す
伝来：江戸時代に大阪府太子町で発見

⑥紀吉継墓誌《きのよしつぐぼし》

現所在地：大阪府太子町の妙見寺
年代：銘文より延暦三年（七八四）
銘文：塼《せん》製の蓋と直方体の本体からなり、本体の上面に刻字
内容：紀広純《きのひろずみ》（『続日本紀』に登場）の娘である吉継の墓であることを示す
伝来：江戸時代に大阪府太子町の妙見寺旧境内で出土

このほか、威奈《いなの》大村骨蔵《おおむらこつぞう》器銘《きめい》（慶雲四年〈七〇七〉）は、江戸時代に奈良県香芝市穴虫で出土したものであるが、現在は大阪市の四天王寺に所蔵されている。

こうしてみると、大阪に残された古代史関係の金石文は、墓誌などの墳墓や埋葬にかかわるものが多い。これは、例えば奈良と大阪をつなぐ竹内街道沿いの磯長谷に、大王（天皇）陵や奈良時代の貴族の墓が多く営まれたことによる（「24近つ飛鳥と河内源氏」参照）。そうしたものの一つである、③采女氏塋域碑を紹介してみたい。

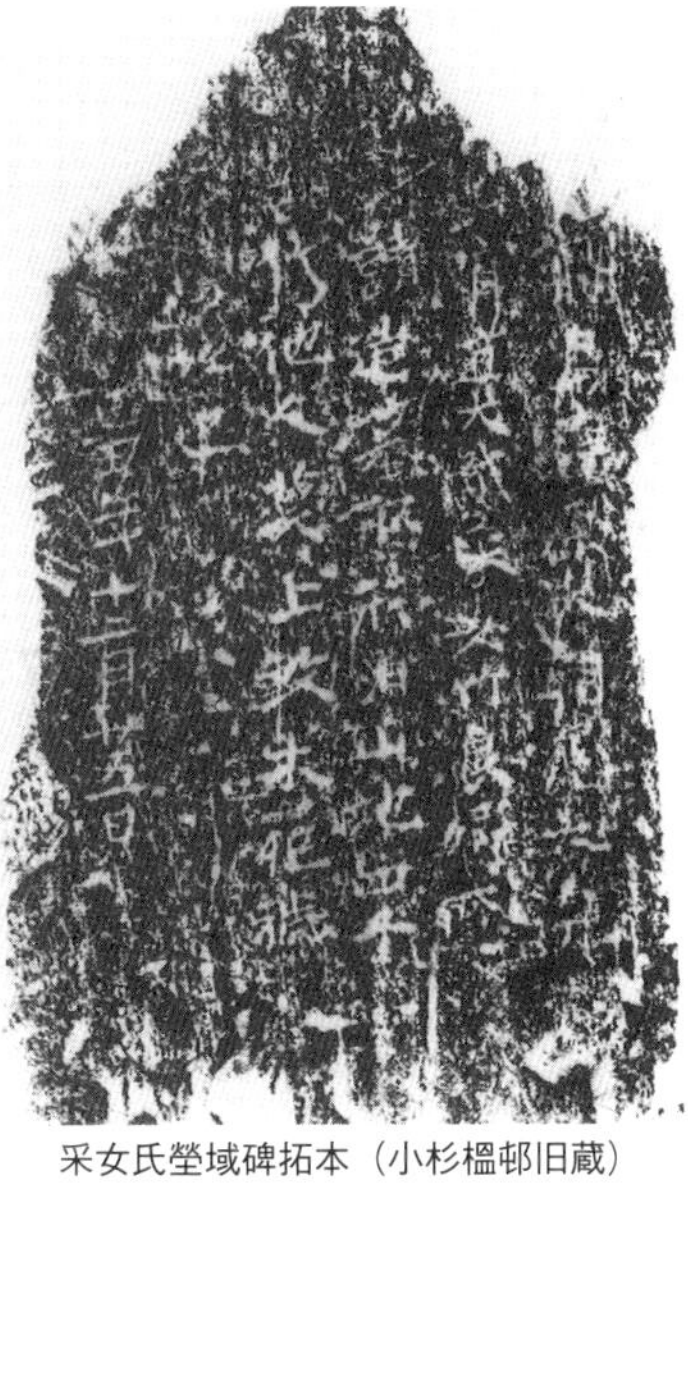
采女氏塋域碑拓本（小杉榲邨旧蔵）

采女氏塋域碑は、江戸時代末期まではその存在が確認されているものの、現在は所在が不明で、拓本（静岡県立美術館所蔵、小杉榲邨《こすぎおんそん（すぎむら）》旧蔵など）のみが残る、いわば〝消えた〟石碑である。もともとは河内国石川郡春日村（現大阪府南河内郡太子町）

の妙見寺で出土したとされ、一八〇一年に刊行された『河内名所図会』の「春日村　妙見寺」の項にもその存在が明記されている。なお、現在の妙見寺（太子町春日字北堂）は、明治時代に元の境内地の南に場所を移している。

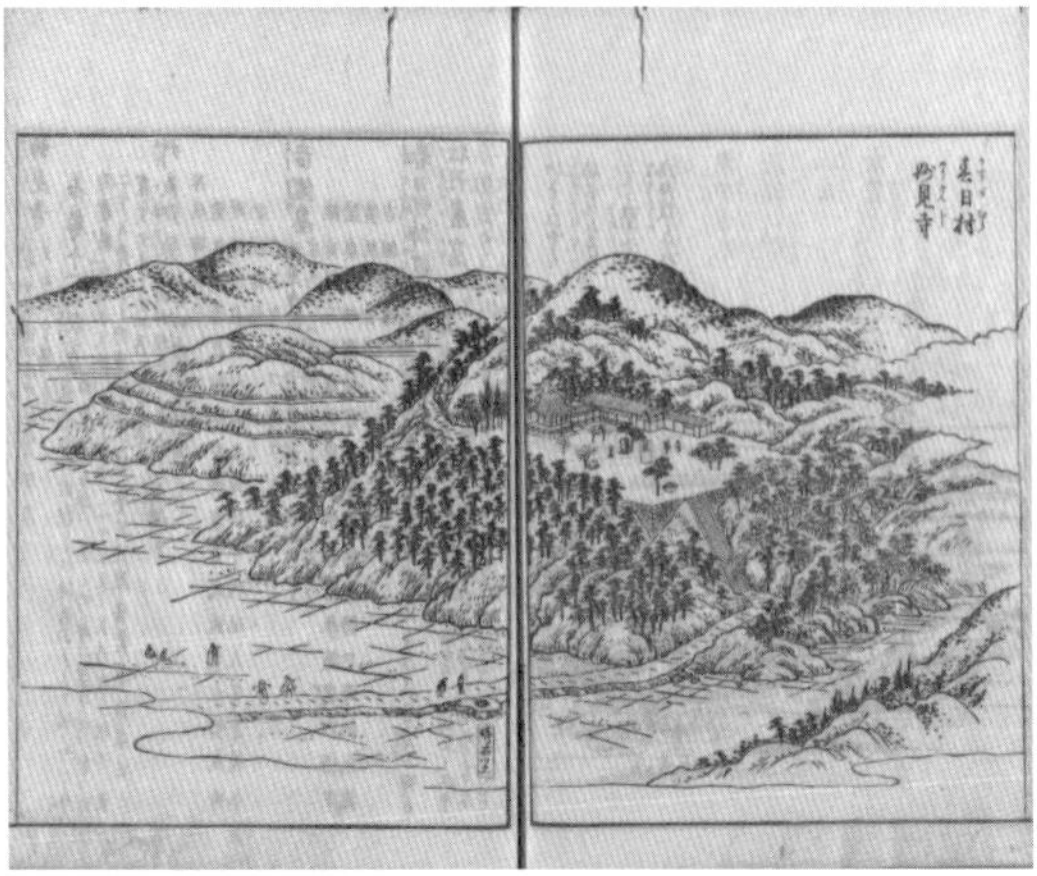
河内名所図会（巻2・妙見寺）

このように采女氏塋域碑は、江戸時代までは確実にその存在が確認され、拓本まで残っているにもかかわらず、肝心の本体は〃消えた〃石碑となっている。なお拓本から読み取れる碑文の大意は次の通りである。

飛鳥浄御原宮《あすかきよみはらのみや》の朝廷で大弁官《だいべんかん》という地位に就いていた采女竹良が、土地をもらって造った墓所である、この形浦山《かたうらやま》の土地を、他の氏族の者が勝手に立ち入ったり、木を倒したり、周囲を汚すようなことをしてはならない。己丑年（六八四）一二月二五日。

采女竹良（竹羅・筑羅とも）は『日本書紀』にも登場する天武・持統天皇の信任あつい当時の有力豪族である。彼は六八一年には朝鮮半島の新羅に使節として派遣されたこともある。石碑はそのような竹良の墓所がここにあることを明示し、みだりに立ち入ることを禁じている。

この碑が発見されたとされる、妙見寺の旧境内地の南西の丘には「片原山」という地名が残されている。碑文にある竹良の墓が営まれたという「形浦山」＝カタウラヤマが「片原山」＝カタハラヤマに転訛したと考えれば、彼の墓は妙見寺の旧境内地に隣接していたことになる。妙見寺のある磯長谷は、現在「王陵の谷」などと呼ばれ、山田高塚古墳（推古天皇陵）や叡福寺北古墳（聖徳太子墓）などのほか、⑤⑥のような奈良時代の貴族の墓が設けられた地域である。したがって竹良の墓所が営まれた場所としては不自然ではない。

『日本書紀』という文献の登場人物が、金石文に登場することは滅多にあることではない。その意味では采女氏塋域碑は極めて貴重な資料である。いつか思いもしないところから、ひょっこり原碑が見つからないだろうか。そんなことを考えながら、「王陵の谷」こと磯長谷を歩いてみるのも面白いかもしれない。

参考文献

『飛鳥・白鳳の在銘金銅仏』（奈良国立文化財研究所飛鳥資料館編、一九七六年）
『日本古代の墓誌』（奈良国立文化財研究所飛鳥資料館編、一九七七年）
近江昌司「采女氏塋域碑について」（『日本歴史』四三一、一九八四年）

本書関連年表

	西暦など	できごと
弥生時代		安満遺跡
古墳時代 飛鳥時代	4～5世紀	古市古墳群、百舌鳥古墳群
	6世紀	今城塚古墳
	593頃	四天王寺創建
	6～7世紀	飛鳥千塚古墳群
	645	孝徳天皇、難波長柄豊碕宮（前期難波宮）へ遷都
奈良時代	722頃	行基の摂河泉での活動本格化
	744	聖武天皇、難波（後期難波宮）へ遷都
	（奈良時代後期）	百済寺造営
平安時代	1043	源頼義、菩提寺として通法寺建立
	（平安時代後期）	この頃から熊野詣がさかんになる
鎌倉時代	1200	後鳥羽上皇、はじめて水無瀬に行幸
	1234	日根荘立荘
室町・戦国時代	1338	北畠顕家、石津合戦で戦死
	1348	楠木正行、摂津・河内を転戦し、四條畷で戦死
	1354	光厳・光明・崇光三上皇、金剛寺に移る
	1359	後村上天皇、観心寺を行在所とする
	1469	遣明船が堺に入港し、以後堺は遣明貿易港となる
	1496	蓮如、大坂（石山）別院を創建
	1501	九条政基、日根荘に下向
	1545	久宝寺寺内町の中心寺院である顕証寺再建
	1550	フランシスコ・ザビエル、堺に来る
	1560	三好長慶、飯盛城に移る
安土・桃山時代	1568	織田信長、上洛。池田城落城
	1573	高山右近、高槻城主となり、天主教会を建てる
	1575頃	高屋城廃城
	1580	本願寺が、織田信長に敗れて大坂から退去する
	1581	田原レイマン墓碑
	1583	豊臣秀吉、大坂城を築く
	1594	大坂城惣構が築かれる
江戸時代	1612	道頓堀の開鑿開始
	1614	大坂冬の陣
	1615	大坂夏の陣。前哨戦で都市堺が全焼
	1704	幕府、大和川付け替え工事に着手
近代 （明治・大正・昭和）	1889	大阪・堺に市制実施。四條畷神社創設
	1898	河陽鉄道の柏原・古市間が開業
	1909	新淀川の開削工事が竣工
	1921	桜井駅跡が国史跡に指定
	1931	大阪城天守閣復興
	1939	禁野火薬庫が大爆発
	1970	日本万国博覧会開催

和泉

26 堺旧市域を散策する

吉田 豊
Yutaka Yoshida

旧市域のまちめぐり

古代・中世から発展した堺の町は、現在の堺市域の北西部にある。東側と南北の三方を堀（外堀。土居川と呼ばれた）で囲まれ、西側を海で区画された環濠《かんごう》都市である。明治二二年に市制が施行された範囲と同じで、旧市・旧市域と呼ばれる。

ただしこの堀は、元和元年（一六一五）に江戸幕府によって掘られた**江戸時代の堀**（1）であり、中世の堀（後述）はもう少し狭い範囲だった。

南海高野線堺東駅の西側を南北に走る阪神高速道路は、環濠都市堺の東側の堀を埋め立てた上に造られている。一方の西の端は、江戸時代の海岸線に近い**内川《うちかわ》**（2）、あるいはそのすぐ西側を走る南海本線あたりであり、堺旧港がさらに西側に突き出ている。北側の堀もすべて埋められているが、南側の堀と西側の内川は残っている。春や秋は観光船で、内川と堺旧港を巡ることができる（NPO法人観濠《かんごう》クルーズＳａｋａｉ）。

旧市域の史跡や文化財建造物を見て歩く場合、まず堺市の西の中心で観光案内所がある南海本線堺駅から出発して、さかい利晶《りしょう》の杜《もり》に行くか、あるいは南北に細長い町であるので北側の南海七道《しちどう》駅から出発するか、逆に南側の南海湊駅からになる。旧市域北部には第二次世界大戦の空襲でも焼けなかった貴重な町並みがいくつか見られるので、本稿で

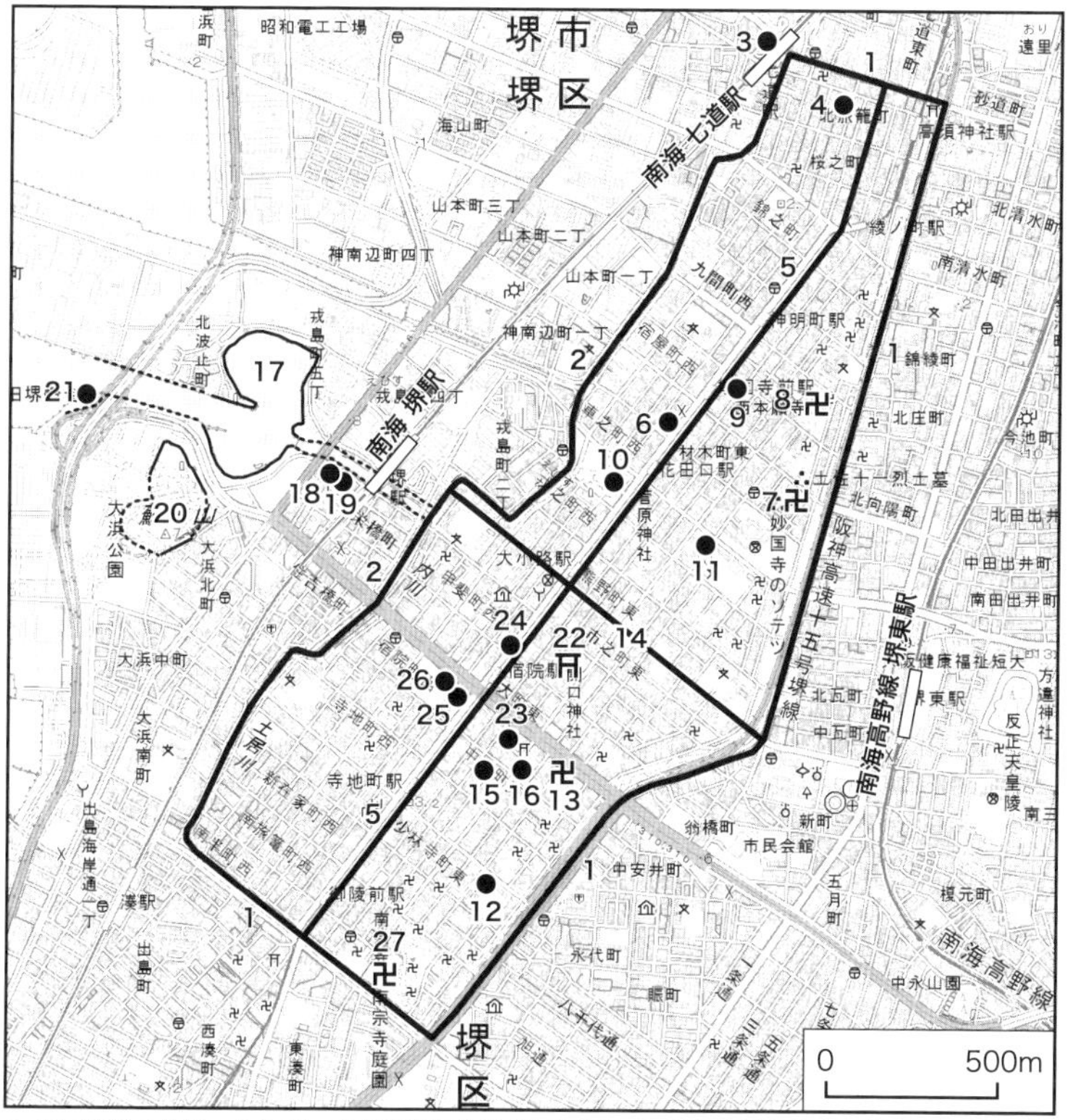

1 江戸時代の外堀　2 内川　3 鉄砲鍛冶射的場の石碑　4 井上家鉄砲鍛冶屋敷　5 大道（紀州街道）　6 堺伝統産業会館　7 妙国寺　8 西本願寺堺別院　9 小西行長屋敷跡の石碑　10 ザビエル公園　11 堺奉行所跡・旧堺市役所跡の石碑　12 引接寺跡　13 顕本寺　14 大小路　15 武野紹鴎屋敷跡の石碑　16 今井屋敷跡の石碑　17 堺旧港　18 明治初年仏人撃攘之処の石碑　19 天誅組義士上陸蹟の石碑　20 堺南台場跡　21 旧堺燈台　22 開口神社　23 住吉大社御旅所　24 与謝野晶子生家跡　25 千利休屋敷跡　26 さかい利晶の杜　27 南宗寺

は七道駅から南に向かって歩くコースを紹介したい。

火縄銃や包丁を製造

旧市域の北部には、江戸時代に鉄砲鍛冶や包丁鍛冶が集住した職人の町があり、さらに明治時代からは自転車部品製造などもおこなわれた工業地域である。

七道駅の西側、イオンのショッピングモールがある一帯の町名を鉄砲町という。駅前に**「鉄砲鍛冶射的場跡」の石碑**（3）が立っているが、鉄砲町あたりは製造した火縄銃の試射をおこなう場所であった。

旧市域は駅の東側にある。**井上家鉄砲鍛冶屋敷**（4）は、江戸時代から続く堺の鉄砲鍛冶の親方である井上関右衛門の居宅と店舗であった。主屋に隣接して座敷棟、道具蔵、俵倉等が建ち並び、江戸時代の鉄砲鍛冶の屋敷構えをよく伝えている。座敷棟は、江戸後期から幕末期に堺随一の鉄砲鍛冶になった井上家に、取引先の各藩の大坂蔵屋敷などの要人を迎え入れるときにも使われたようである。

井上家鉄砲鍛冶屋敷

近年、一万点以上の所蔵古文書が調査されており、井上家は伊予国大洲藩主加藤氏の家臣で、藩のお抱え鉄砲鍛冶だったことが明らかになってきている。堺市によって、数年後の一般公開が計画されている。

旧市域の中心部を大阪から和歌山まで南北に貫く紀州街道は、旧市域では**大道**《だいどう》（5）、あるいは大道筋と呼ばれる。明治四四年からはそこを阪堺電車も走っている。現在では、第二次世界大戦後に拡幅された大道の中央部を悠然と走る姿が印象的な、大阪府域では唯一となった路面電車である。

大道の沿線には**堺伝統産業会館**（6）があり、包丁等の打刃物を中心に線香、浴衣（注染）、敷物、昆布、和菓子など堺の伝統産業を体験・学習したり、産品が販売されるコーナーがある。

堺と三好氏との関わり

旧市域には、近畿地方の戦国大名であった三好氏関係の史跡や妙国寺、南宗寺《なんしゅうじ》などの関係寺院が多い。

堺と長く関わりがあったのは室町幕府管領《かんれい》で和泉国の守護大名等であった細川氏一族であるが、関係する史跡は三好氏に比べて意外なほどに少ない。細川氏は通常は京都におり堺には代官をおいていたのに対して、三好氏は堺で寺院を建立したり堺商人と頻繁に茶の湯をしたりしており、堺での関係が深かったからで

妙国寺

あろう。

日蓮宗の**妙国寺**（7）は、織田信長によって安土に持っていかれた伝説で知られる国指定天然記念物の大蘇鉄があるが、もともと三好長慶《みよしながよし》の弟である実休《じっきゅう》が寺地を寄進したことに始まっている。

妙国寺の北には、明治初年に堺県の県庁舎として使用された西本願寺の**堺別院**（8）など、多くの寺院が軒を連ねている。

大坂夏の陣後、旧市域の東側の堀沿いに南北に細長い寺町が造られた。そのうちの中部・南部の寺院の大半は、第二次世界大戦の空襲で多くの町屋とともに焼けているが、北部には江戸時代から続く戦前の寺院建築や町屋が、今でもかなり残っている。

遣明船貿易から南蛮貿易へ

堺奉行小西立佐《こにしりゅうさ》の息子、**小西行長《ゆきなが》の屋敷跡の石碑**（9）が、大道沿いに立っている。実際の場所ははっきりしないが、立佐・行長親子の屋敷跡推定地である。堺の小西一族には、江戸時代になっても薬種商が多い。薬種は貿易商品であり、立佐が早くにキリシタンになったのも、南蛮貿易との関わりが推測される。堺の伝統産業である堺線香も、原料の香木を中国・東南アジア方面から輸入して始まったが、それにも小西行長の一族が関わったという伝承がある。

行長屋敷跡の南に、**ザビエル公園**

（10）（愛称。正式名は戎公園）がある。小西家と姻戚関係にあった日比屋了珪の家は、櫛屋町（Cuxianocho）にあったとイエズス会報告にある。了珪の家にザビエルが宿泊したとされている。かつての櫛屋町はこのあたりと推定されることから、この公園をザビエル公園と呼んでいる。日比屋家は、遣明船貿易のころからの貿易商人であったと推定される。

ザビエルは最初に到着した鹿児島で、堺は日本の金銀（貨幣）が多く集まるところであると記しており、イエズス会宣教師でその次に堺に来たビレラも、堺を「日本のベネチア」と記している。彼らの報告書や手紙が、ヨーロッパに堺を広く紹介することになった。

府立泉陽高校・市立殿馬場中学、およびその西側一帯は、江戸時代に**堺奉行所**（11）が置かれ、明治二五年から昭和一九年までは堺市役所があった場所である。室町時代に和泉守護所が堺のどこに置かれたかは不明であるが、堺公方《くぼう》足利義維《よしつな》や細川晴元《はるもと》、三好元長《もとなが》らによるいわゆる堺幕府は、**引接寺**《いんじょうじ》（12）や**顕本寺**（13）など旧市域南側にあった有力寺院を拠点にしていたようである。

ザビエル公園

旧市域中央部と堺港

ザビエル公園や奉行所跡を南に進むと、旧市域最大の東西通りがあり、**大小路**《おおしょうじ》（14）、あるいは大小路筋、大小路通などと呼ばれる。摂津と和泉の国境線上の道であり、中世においては摂津国堺北庄、和泉国堺南庄がその北と南にあった。町の中心部で国が分かれていることで、古代から「さかい」（堺）と呼ばれるようになったのである。

江戸時代までの堺は和泉堺と呼ば

大小路道標

れることが多いが、商人の町で豪商も多い和泉側がまず発展し、少し遅れて摂津側も工業を主として繁栄したためであろうか。豪商であり茶人でもあった**武野紹鴎**《たけのじょうおう》**の屋敷**（15）や、娘婿の今井宗久の屋敷も和泉国側にあったらしい。宗久は織田信長の茶堂《さどう》にもなっており、その子宗薫《そうくん》をはじめ子孫は旗本として江戸に住み、堺にも**今井屋敷**（16）があった。

大小路を東へ行けば、南海高野線堺東駅や堺市役所などがある。西に行けば南海本線堺駅があり、その西側に**堺旧港**（17）がある。ここは江戸時代後期からの港であり、江戸前期は堺駅東北の戎島、さらに戦国時代のころは、その東側のザビエル公園あたりが堺の主要な港であったらしい。

慶応四年（一八六八）に堺旧港沖に停泊したフランス軍艦から、小型艇が港内に入ってきて測量をした。このとき、堺を守備していた土佐藩士によってフランス将兵一一人が殺されており、その場所近くに「**堺事件**」**の石碑**（18）が立っている。またすぐ東隣には、文久三年（一八六三）の**天誅組**《てんちゅうぐみ》**上陸地の石碑**（19）もある。

幕末に全国各地に砲台場が造られたが、堺でも旧港の南北にあった。特に**南台場**（20）は規模も大きく、現在でも大浜公園の周囲などに石垣が残っている。また、港口には明治一〇年築造の**旧堺燈台**（21）が当時と同じ場所にある。旧港とその周辺は、堺のなかでは幕末維新の時代が特に感じられる場所であろう。

南部の寺社や史跡

堺南庄の氏神社が**開口**《あぐち》**神社**（22）であり、旧市域唯一の延喜式内社である。また、開口神社の南側には**住吉大社御旅所**（23）がある。後掲の元禄堺大絵図に描かれたころの敷地と比べて、面積がずいぶん小さくなっている。今でも毎年旧暦六月晦日（現在は八月一日）には、住吉大社の神輿が、この御旅所まで渡御してくる。

古代において開口神は住吉の御子神のなかでも重要な神とされ、そこに住吉の神輿が渡ってきたのである。隣り合わせの開口神社と御旅所は同一の存在であり、古くは堺のまちの中心であったと思われる。明治以降は、摂津国一宮住吉大社とともに和泉国一宮大鳥大社の渡御も相次いである、珍しい御旅所（宿院頓宮《しゅくいんとんぐう》）になっている。

開口神社の西側、大道沿いに**与謝野晶子生家跡**（**24**）がある。その少し南には、**千利休屋敷跡**（**25**）がある。そして近年そのすぐ西側に、千利休と与謝野晶子を顕彰する展示施設で、堺の歴史観光の案内もしてくれる**さかい利晶《りしょう》の杜《もり》**（**26**）ができている。入口を入ってすぐのフロアには、江戸時代の大きな地図があり、そこに常駐している観光ガイドの皆さんに説明を求めれば、いろいろなことが分かるはずである。

開口神社

市域の北部と異なって、中部・南部の大半は空襲で焼失しているため、このような施設での展示や観光ガイドの説明によらなければ、堺の歴史を深く知ることは難しいであろう。

最後に向かいたいのは、旧市域の最も南部にある禅宗大徳寺派の**南宗寺《なんしゅうじ》**（**27**）である。三好長慶が父元長の菩提を弔うために建立した寺院である。武野紹鴎や千利休も参禅したといわれ、本山の大徳寺（京都市北区）とともに茶の湯との関係も深い寺院である。北部の妙国寺とともに観光ガイド（NPO法人堺観光ボランティア協会）が年末年始などを除いてほぼ常駐して案内してくれる寺院である。

南宗寺

中世都市堺の町並み復元

旧市域を案内する場合に注意したいのは、江戸時代初期の大坂夏の陣以前と以後で町並みの方向が違うところが半分ほどあることである。特に、早くに町並みが形成されたと思われる南半部の内陸部に多い。

夏の陣の戦火で堺はほぼ全焼したため、町並み全体を格子状に整えるという大規模な戦後復興をおこなっている。これは他都市にはあまり例がない。

第二次世界大戦の空襲でも井上家鉄砲鍛冶屋敷のある北部などは残った建造物も多いが、大坂夏の陣の焼土層をみると、旧市域のほぼ全域が焼失したようである。豊臣方による焼き討ちが徹底的におこなわれたためか、風向きなどによるものであるかは分からない。

次頁の地図は、元禄二年堺大絵図の町並み・屋敷地区画図に、発掘成果等により推定される夏の陣以前の大道（紀州街道）や大小路を被せたものである。

元禄二年頃の町並みは、中心部は現在とほとんど変わらないが、海岸部の土砂の堆積地が湊新地として整備されたことや、第二次世界大戦後の戦後復興で大道が西に拡幅されたり、住吉御旅所を貫通していた道路がフェニックス通り（大阪中央環状線）として拡幅されたりしている。

一五六二年のイエズス会宣教師ビレラの記録が初見である中世の堀

中世都市堺の推定範囲と主要道路図（永井正浩原案　吉田豊・山本尊敏作図）

（外堀）は、豊臣秀吉によって天正一四年（一五八六）に埋められた。それから夏の陣までの三〇年近くの間も町はずっと発展していたと思われる。

町並みが全く変わったところはほとんどないように思われる。町名なども、町並みの角度が変わった分だけ少し動いた程度であろう。夏の陣後も住民の多くは堺の町に住みついていたので、もと居た場所を大きく変化させるのは難しかったであろう。

したがって、たとえば利休屋敷があった今市町や、日比屋了珪屋敷にザビエルが泊まったとされる櫛屋町などは、それほど動いていないであろう。もちろん、今市町、櫛屋町のどこにあったのかは分からないので、今日の利休屋敷跡、ザビエル公園などはそのあたりという推定地である。

町並みの方向性の変化よりも大きかったのは、大半の寺院の寺町への移動であろう。江戸幕府による戦後都市復興で、それまで市中に散在していた寺院を、新しく市域を拡張した東側の堀沿いに集めて寺町とした。たとえば前述の顕本寺は、三好元長の頃は開口神社近くにあった。

寺町の辺りは砂州の後背湿地が多く、軍事的な防御施設とするためだけでなく、寺院の財力でそこを再開発させる目的もあって移したのであろう。

堺南北町の中心的な神社である開口神社、菅原神社はほぼ動いておらず、今でも南北町のそれぞれ中心部にある。神社が町の中心にあるのは珍しいが、御旅所が中心にあるところは多い。開口神社はもともと住吉の御旅所から発展し分離したものであろうから、中心にあるのは理解できる。菅原神社は、開口神社に倣って中心部に設けられたものであろうか。

旧市域の江戸時代の堀の内部は、ほぼすべてが堺環濠都市遺跡として発掘調査がおこなわれ、中国や朝鮮王朝陶磁器などが大量に出土している。一方、中世の堀などはまだ部分的にしか分かっていない。

参考文献

堺市博物館編『さかい利晶の杜展示館案内』（堺市博物館、二〇一五年）

27 百舌鳥古墳群

白神典之
Noriyuki Sirakami

堺市博物館へ

JR「百舌鳥《もず》」駅の改札口を出て西へ向かう。この駅名が漢字三文字で「もず」とは不思議である。この「百舌鳥」は『日本書紀』に由来のある地名である。バス通りでもある二車線の西へ向かう道は、通称御陵通という。途中右手に**収塚古墳**《おさめづか》（1）を見て三〇〇m足らず進むと緑の多い一角に差し掛かるが、ここが大仙公園の入口である。左斜めに公園のエントランスがあり、そこから入る。少し進むと右手にまたもや古墳が見える。孫太夫山古墳である。園路に沿って進むと間もなく左手に**堺市博物館**（2）がある。

博物館に入ってみよう。館内には堺の歴史、文化に関する展示がある。百舌鳥古墳群を見学に来た人は、まずここにある無料の百舌鳥古墳群シアターに入ろう。古墳時代はわが国の原形ができつつあった時代であることや百舌鳥古墳群の世界的な価値について大まかに理解することができるだろう。展示場は古墳時代からの展示である。百舌鳥古墳群の現存四四基の古墳のうち陵墓が二三基と多く、しかも巨大な古墳はすべて陵墓である。

展示場に入ってまず目を引くのは、百舌鳥古墳群と古市古墳群を収めた一枚の大きな衛星写真である。高高度からでも巨大な古墳ははっきり認識できる。特に仁徳天皇陵古墳の大きさが際立っている。二〇一九

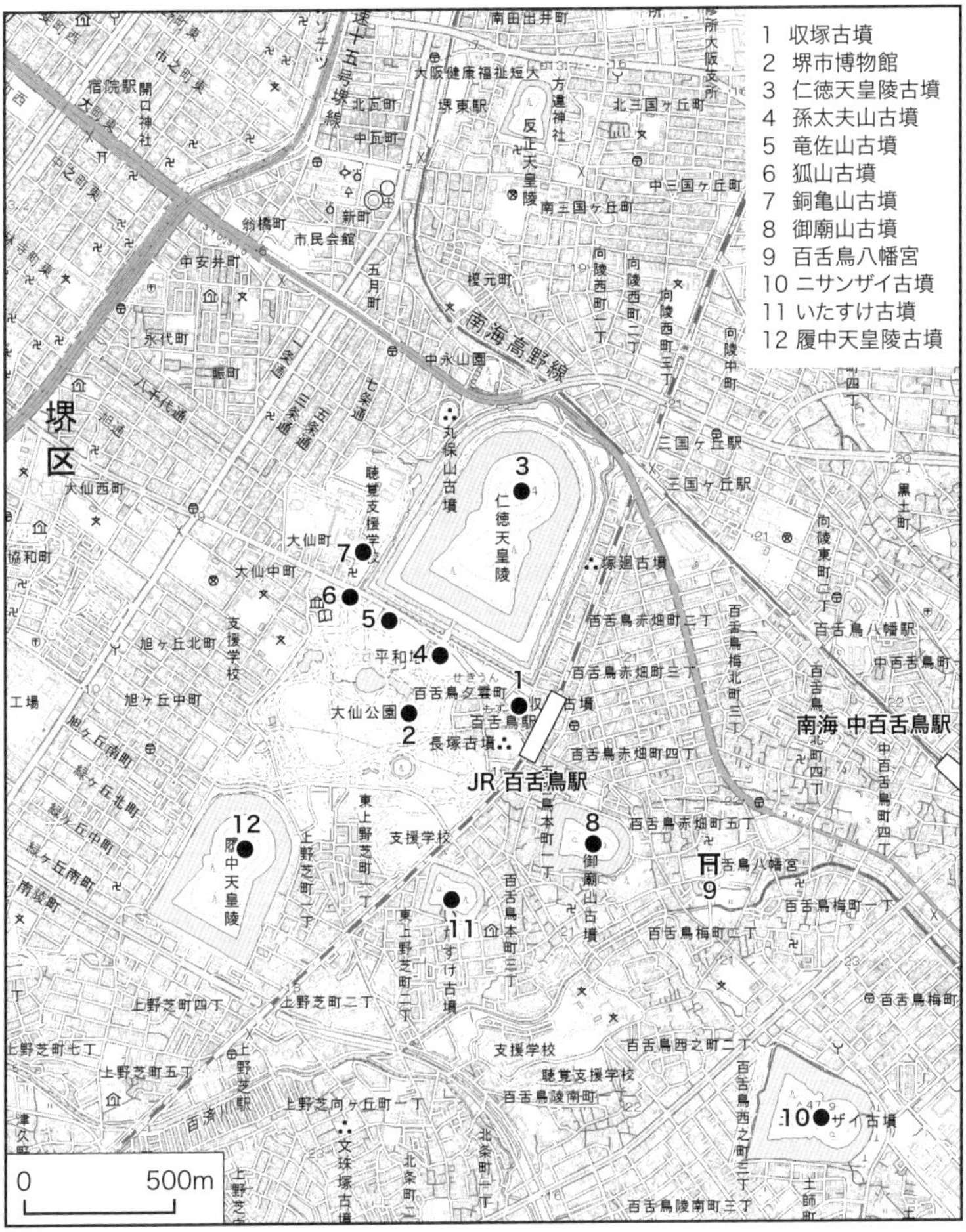

年、大阪にある二つの巨大古墳群は、百舌鳥・古市古墳群として世界文化遺産への登録が決まった（古市古墳群については「23 古市古墳群と高屋城」参照）。

さて、展示品に目を移すと、ここでは大塚山古墳から出土した鉄製の副葬品群が存在感を示している。四世紀末から五世紀にかかると古墳の副葬品に占める鉄製の器物が増えるという特徴がある。当時、日本で産出しなかった鉄でつくられた大量の器物を古墳に埋納しているのである。その器物の多くは甲冑や刀剣類、いわばいくさの道具である。後の戦国時代のような時代が古墳時代にもあったのかと思われそうだが、そうではない。これらの鉄は朝鮮半島南部からもたらされたとの考えが有力である。

　仁徳天皇陵古墳の展示物はさすがにレプリカだが、興味深い。まず、明治五年に前方部前面中段中腹で石棺や副葬品が見つかったときの記録類。石棺や金銅製甲冑の詳細が記録されており、それを基に再現された石棺と石槨が場内中央に置かれている。副葬品の金銅製甲冑やガラス器は、日本の古墳ではめったにお目にかかることがない、たいへん貴重な品物である。また初期の人物埴輪や馬形埴輪もある。

　大量の鉄のほかにも百舌鳥古墳群の時代には朝鮮半島経由でもたらされた馬と乗馬の風習、須恵器と呼ばれるやきものを焼く新しい技術、鉄の道具を加工する鋲留などの新たな技術、かまどやこしきの使用が確認される。さらには漢字の普及もあり、古墳が巨大化の頂点に到達する百舌鳥古墳群の時代は、古代の文明開化とも称される大きな変革の時代であった。巨大な古墳はそうした時代背景のもとで築造されたが、百舌鳥古墳群の巨大古墳は大阪湾から大きく見えるように計画されたとしか考えられない。標高一八m付近の台地の端に、全国第三位の墳丘長三六五mの履中天皇陵古墳、全国第一位の墳丘長四八六mの仁徳天皇陵古墳が築造されている。古墳はお墓ではあるが、そこに期待された役割は埋葬者の力を誇示することにほかならない。国内各地や朝鮮半島からやってきた人々の目に巨大な古墳はどのように映ったのであろうか。

仁徳天皇陵古墳へ

　博物館を出て**仁徳天皇陵**（**３**）の拝所に向かおう。博物館を出て正面に見えるのが**孫太夫山**《まごだゆうやま》**古墳**（**４**）、その西側を回り込んで先ほどの御陵通に出てから左へ。拝所に向かう前に台地の端を実感して頂こう。歩道がすぐに陸橋のように高くなっているが、これはすぐ左にある**竜佐山**《たつさやま》**古墳**（**５**）の周濠を保護するためであ

仁徳天皇陵古墳

る。さらに西へ進むと信号があり南側に**狐山古墳**（６）が見える。信号から先（西）は長い下り坂になっている。もうお気づきであろう。ここが台地の端である。ギリギリの端まで寄せて仁徳天皇陵古墳は築造されている。

なおこの道を御陵通と呼ぶことは先に述べたが、近在の青年団などの手によってこの道路が整備拡張されたのが大正一三年のことであった。そのときに仁徳天皇陵の参拝の最寄り駅はこの坂を下ってさらに一・八㎞先にある現在の阪堺電車の御陵前電停であった。春は並木の桜が見事である。高浜虚子は昭和三年に「町人の寄付の桜や御陵道」と詠んでいる。狐山古墳の信号を北へ渡った先に進むと、西側に**銅亀山古墳**（7）がある。仁徳天皇陵古墳は、仁徳天皇陵古墳の周囲にあるこれらの古墳は、仁徳天皇陵古墳に伴う陪冢古墳であるが、結構大きなものである。

そのまま仁徳天皇陵古墳に沿って北北東へ進んで行けば、周囲二・八五㎞に整備された道を通り一周できる。御陵通に沿って三〇〇ｍほど戻って仁徳天皇陵の拝所にいたる。

天皇陵の拝所として整備されたのは元治二年（一八六五）で、今は仁徳天皇陵古墳の墳丘が最も近くでよく見えるところでもある。鳥居越しに見える墳丘は山のように大きい。この墳丘の中段中腹で明治五年に石棺を納めた石室が見つかったことは博物館の項で述べた通り。また、拝所は三重ある周濠の外濠を一般人が渡ることのできる唯一の場所でもある。左右にある外濠の眺めをみて、その巨大さを実感できる。

このあと、この拝所から百舌鳥駅方向へ一〇〇ｍほどで百舌鳥古墳群ビジターセンターにつく。世界遺産のことや堺の観光について情報を発信している。さらに外濠際を進むと外濠の隅に出る。ここで仁徳天皇陵古墳の東側の外濠が一直線に見えるので、また大きさを実感できる。本当に大きい。さらに百舌鳥駅に戻ってＪＲ線を越える歩道橋に上ると仁徳天皇陵古墳の稜線が見える。契沖が「山とのみ見ゆるもず野のみささぎに高津の宮の昔をぞおもう」と詠んだ歌が思い出される。阪和線を越えて東に真っ直ぐ行けば石の大鳥居

百舌鳥八幡宮

があり、右手に**御廟山古墳**《ごびょうやま》（8）を見ながら進み、信号のところを東へ進むと、**百舌鳥八幡宮**（9）の西側へいたる。

百舌鳥八幡宮

百舌鳥八幡宮は、百舌鳥の地域では古社であり規模が大きい。秋のふとん太鼓の祭りは有名だ。境内には樹齢一〇〇〇年に迫る樟の巨木がある。おそらく平安時代後期にこのあたりに開拓の手が入って以降の歴史を伝えるのであろう。八幡宮と言えば祭神は応神天皇であり、先の御廟山古墳は、かつてここの奥の院であり、応神天皇御廟との伝承もある。先ほどの道に戻り左にとれば二〇〇m程で四車線道路に出る。この道路の信号を渡って右折し、次の信号を南東方向へ入ったところが**ニサンザイ古墳**（10）である。公園になっているのは外濠の跡である。堤を上がれば全長三〇〇mの雄大な墳丘がよく見える。

このあとは、四車線道路を北東へ八〇〇m行くと、南海・地下鉄の中百舌鳥駅にいたる。もう一度来た道を戻り、御廟山古墳、そしてそこからほど近い、**いたすけ古墳**（11）を訪れるのもよいだろう。いたすけ古墳は、百舌鳥古墳群の古墳が第二次大戦後に破壊が進むなかで、次はいたすけとなったときに、保存運動が起こり保存されることになった古墳である。古墳保存運動の聖地でもある。大仙公園を通って南に行けば**履中天皇陵古墳**《りちゅう》（12）にいたる。現在一重となった濠端近くに何カ所かで接しているので、ぐるり廻れば、異なる方角から眺めることができる。

参考文献

『ザ・古墳群―百舌鳥と古市　全89基』（140B、二〇一八年）
宮川徙『よみがえる百舌鳥古墳群』（新泉社、二〇一八年）

28 行基の足跡

磐下　徹
Toru Iwashita

弘法大師空海とならび、全国各地に伝承を残す奈良時代の僧侶行基。生家跡と伝えられる堺市の家原寺《えばらじ》をはじめ、大阪府下には彼の足跡が数多く残されている。しかし、約一三〇〇年前の人物だけに、分厚い伝承のベールに包まれたその実像に近づくことは容易ではない。奈良県生駒市（現在の竹林寺《ちくりんじ》）で出土した、行基の骨蔵器の破片に刻まれた銘文など、彼にまつわる同時代資料が残されていないわけではない。ただ、それらの資料のほとんどが断片的な情報しか伝えてくれておらず、隔靴掻痒の感は否めない。

その意味で、平安時代末期に泉高父《いずみのたかのり》の著した『行基年譜《ぎょうきねんぷ》』は、行基の活動を体系的かつ具体的に伝える史料として貴重である。ただしこの書は、行基の没後四〇〇年ほど後に成立したものであり、伝説的な内容も含まれているため、記載のすべてを鵜呑みにすることはできない。そうした記載のなかで、延暦二四年（八〇五）に朝廷に提出された公文書を転載したと考えられる「天平十三年記」と呼ばれる部分に関しては、信憑性が高いとされている。そこには、天平一三年（七四一）までに行基が築いた橋・道・池・溝・樋・船息《ふなすえ》（船着き場）、堀、布施屋《ふせや》（旅行者の休息施設）が書き上げられている。ここにあげられた交通関連の施設や灌漑設備については、実際に奈良時代に行基がかかわって造営されたものと考えられる。そのうち、行基が築いた一五カ所の池（ため池）をあげてみると次のようになる。

①狭山池　②土室池　③長土池　④鷹江池　⑤檜尾池　⑥茨城池　⑦鶴田池　⑧久米田池　⑨物部田池　⑩昆陽上池　⑪昆陽下池　⑫院前池　⑬中布施尾池　⑭長江池　⑮有部池

①〜⑨は和泉国に、⑩〜⑮は摂津国に所在すると「天平十三年記」には記されている。そしてこれらのいくつかは、現在でも豊かな水をたたえた池として、農業用水あるいは地域の人々の憩いの場として利用されている。それらを少し紹介してみたい。

①の狭山池は、いうまでもなく大阪狭山市に所在する池である。狭山池は堤を築いて水をせき止めるダム形式の池で、その堤の発掘調査からこの池が七世紀に築造されたことが判明した。さらに奈良時代前期に行基が改修した際の痕跡も確認されている。また、鎌倉時代に東大寺の僧侶の重源《ちょうげん》が行った改修を記念して残された石碑も発見されている。このように狭山池には、池とともに生きた人々の痕跡が幾層にも重なって残されている。そうした狭山池の歴史は、大阪府立狭山池博物館の展示で詳しく知ることができる。

⑦の鶴田池は堺市に残っており、いまはゴルフの練習場としても利用されている。⑧の久米田池は、現在でも岸和田市の久米田寺の前に広がっている。この池も近年発掘調査が行われ、奈良時代の堤の盛り土や、池にたまった水を配水するために堤に埋め込まれた木樋が発見されている。⑩〜⑫は兵庫県伊丹市の昆《こ》陽池《やいけ》とその周辺地域が該当する。この昆陽池は、伊丹空港から離発着する飛行機の窓からよく見える池である。

これらの池のほとんどは、仏教の教えを説く場である道場とセットでつくられ、既に述べたように⑧の久米田池には久米田寺が、⑩〜⑫の昆陽池には昆陽寺が、現在でも法灯を伝えている。ここからは、行基のもとに集まった信仰を同じくする人々が、昼間は池などの造営工事に従事し、夕刻には道場で仏の教えに耳を傾けていた様子を想像することができる。

このように『行基年譜』のうち、史実性が高いとされる「天平十三年記」によって、行基の活動の実像をうかがうことができる。一方で『行基年譜』の他の部分の記述の信憑性については、確かな裏づけがないとして積極的に評価されてこなかった。ところが近年は考古学的な発掘調査の進展により、「天平十三年記」以外の部分、とりわけ「年代記」と呼ばれる、行基の事績を彼の年齢順に書き上げていった史料をもとにした記述内容が、改めて注目されるようになっている。そのきっかけとなったのが、堺市の大野寺《おおのでら》に隣接する史跡土塔《どとう》である。

土塔は土を盛り上げた階段ピラミッド状の遺構を主体とし、周囲からは大量の瓦が出土している。このことから土塔は、瓦で覆われた階段ピラミッドのような姿をしていたと推定される。いわゆる五重塔のような仏塔の一形式と考えられており、大野寺の塔として造営されたものと理解できる。類例としては奈良時代につくられた奈良市の頭塔《ずとう》が知られている。

土塔

ここから出土する瓦のほとんどは、人名の記された文字瓦である。これらは土塔の造営に協力した人々と考えられ、その分析からは一〇〇〇人ほどの人の参加を推測する見解もある。そうした文字瓦のなかに、「神亀四年□（丁カ）卯年二月□□□」と記された軒丸瓦が発見された。そして『行基年譜』の「年代記」に由来する部分には次のように記されている（〈　〉内は割書）。

行年六十歳丁卯　聖武天皇四年

〈神亀五年（四年の誤り）丁卯〉
大野寺　和泉国大鳥郡大野村に在り　二月三日に起す
尼院　同所　〈今香琳寺か　同年〉

ここには行基が六〇歳の神亀四年（七二七、本文には「五年」とあるが、続けて記された「丁卯」という干支は神亀四年を表すので「四年」の書き誤り）に、和泉国大鳥郡で大野寺の造営が開始されたことが記されている。土塔は大野寺の塔であるから、土塔もほぼ同年に造営が開始されたということになる。

とすれば、『行基年譜』のこの記述と「神亀四年」銘文字瓦の記載内容とは見事に一致することになる。これにより、土塔が行基とその周囲に集まった人々によって造営されたものであることが証明されると同時に、『行基年譜』の「年代記」部分の記載内容の信憑性もにわかに高まったのである。このことは行基の実像に迫るあらたな材料が「発見」されたことを意味しており、歴史学界に大きなインパクトを与えた。

現在土塔は史跡公園として整備され、半分は瓦を葺いた往時の姿を復元し、もう半面は土の盛られた状態が分かるように保存されている。住宅街の一角に設けられたこの公園を休日に訪れると、ほかではちょっと見かけない奇妙な瓦葺のピラミッドを背景に、地元の人々が思い思いの時間を過ごしている風景に出くわす。

そんな風景の背後にたたずむ土塔を見ていると、それが学界に大きなインパクトを与えた史跡であるとはちょっと想像できない。まして行基が現在のこの風景を見たらどう思うだろうか。そんなことに思いをはせながら、現地に赴いてみるのも一興だろう。

参考文献

井上薫『行基』（吉川弘文館、一九五九年）
吉田靖雄『行基』（ミネルヴァ書房、二〇一三年）
『行基資料集』（大阪狭山市教育委員会教育部歴史文化グループ編、二〇一五年）

29 岸和田城下町から貝塚寺内町へ

大澤研一
Kenichi Osawa

岸和田と貝塚

今、岸和田といえばだんじりの町であり、シンボルは近世岸和田城の模擬天守閣である。しかし近年は岸和田古城《こじょう》が注目を集め、都市岸和田の歴史的変遷についても解明が進んできた。一方、貝塚は寺内町としての歴史を積み重ね、現在も色濃くその様相を伝える都市である。隣接しながら生い立ちがまったく異なるこの二つの都市をめぐってみたい。

失われた岸和田古城

最初に岸和田古城跡をめざそう。南海岸和田駅から野田町を東南方向へ進み、岸和田市立福祉総合センターの前で南西へ折れ、少し下ると左手に三階建てのマンションがあらわれる。その前には大正一〇年（一九二二）の「和田氏居城伝説地」碑と**岸和田古城**（**1**）の解説板が建つ。この碑はもともと東奥へ入ったところの古城遺構にあったものだ。

かつての岸和田古城跡

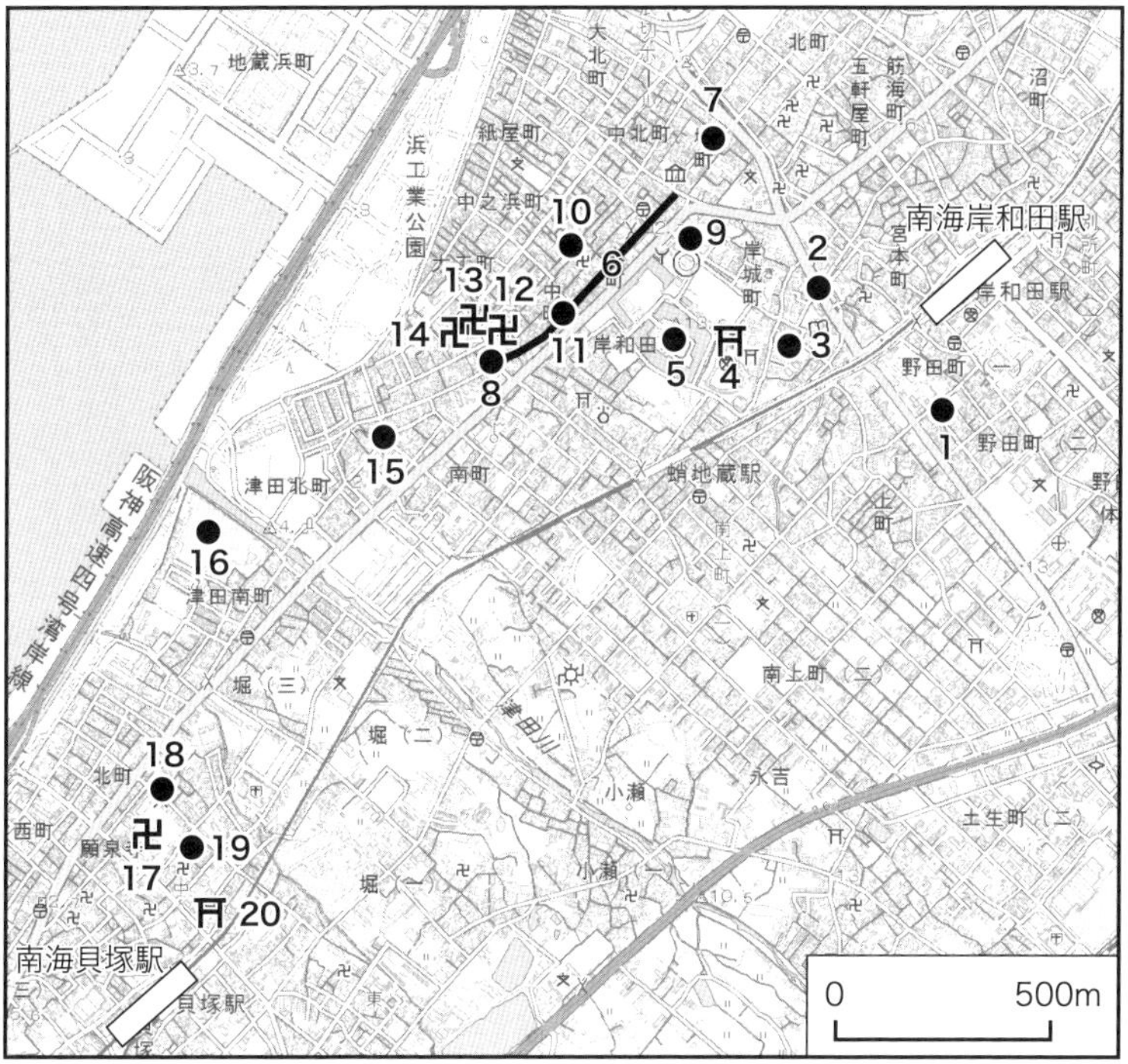

1 岸和田古城　2 城見橋交差点　3 佐々木家住宅　4 岸城神社　5 岸和田城天守閣　6（太線）本町　7 堺口門　8 伝馬口門　9 こなから坂　10 防潮石垣　11 一里塚弁財天　12 光明寺　13 梅渓寺　14 天性寺　15 寺前橋　16 寺田紡績　17 願泉寺（卜半役所）　18 利斎坂　19 並河家住宅　20 感田神社

古城は和泉国では貴重な一四～一六世紀初頭の城館遺構だったことから熱心な保存運動が繰り広げられたが、住宅開発のため二〇〇七年に完全に失われてしまった。岸和田そして和泉国の中世史を塗り替える歴史遺産だっただけに、まことに残念な結末だった。

岸和田城の構造

古城の主だった岸和田氏は一六世紀前半に城館を移転させ、一六世紀後半になると三好政権下で台頭した松浦氏が代わって城主となった。このときの岸和田城は現在の岸和田城と同位置にあったと考えられている。中世後期、石清水八幡宮領だった岸和田では古城川河口に港が形成されて一帯の物流拠点となっており、その港湾を望む段丘上が選ばれたのであった。

古城跡から府道三九号線に出て北西方向へ進む。古城川に沿った府道は近世岸和田城の外堀を踏襲したものである。南海本線をくぐり東大手だった**城見橋交差点付近**（２）から城内に入ってみよう。

城見橋交差点

岸和田城の城主は松浦氏ののち中村一氏《かずうじ》、小出秀政・吉政・吉英、松平康重《やすしげ》・康映《やすてる》、岡部宣勝《のぶかつ》と次第した。徳川時代の岸和田城は、大坂城を防衛する役割を担うため譜代大名が配置された重要拠点であった。そしてこの間に城・城下町の整備・拡大が進んだ。

まず三の曲輪の武家屋敷地区を訪ねてみたい。市立図書館前を西向きに折れ、さらに南東方向へ曲がると左手に**佐々木家住宅**（３）が見えてくる。非公開であるが、江戸時代の武家屋敷の面影をうかがうことができる。来た道を戻りT字路交差点を南東へ曲がると**岸城**《きしき》**神社**（４）の前に出る。当社は牛頭天王社《ごずてんのうしゃ》を慶長元年（一五九六）に小出秀政が守護神として城中に分祀したという。さらに二の曲輪の岸和田高校前を通り内堀を時計回りに巡っていくと、天守

武家屋敷

閣のある本丸入口に着く。現在**天守閣**（５）は地元ゆかりの資料・映像を公開する展示施設として利用されている。

本丸正面の二ノ丸石垣上からは西側の城下町を見下ろすことができる。城が段丘上にあり、城下町がその下（西方）の海岸低地に細長く伸びる構造であることがよくわかる。

城下町を歩く

岸和田の城下町は紀州街道を軸に形成された**本町**《ほんまち》（６）を核とする。紀州街道の整備は慶長七年（一六〇二）とされるが、町場の濫觴は松浦氏段階にさかのぼるとみられる。城下町の範囲は当初**堺口門**《さかいぐちもん》（７）から**伝馬口門**《てんまぐちもん》（８）までだったが、今回は市役所北側の**北大手**（**こなから坂**）（９）を下り、本町を南へと向かうことにする。本町地区は歴史的まちなみ保全地区に指定されており、本瓦葺き・中二階・出格子で構成される町家が軒を連ね、大阪府内では貴重な城下町景観を味わうことができる。そして本町に並行する中町の**防潮石垣**（10）も見学したい。元和五年（一六一九）に松平康重が築かせ、海岸線の護岸と城下町域を明示する役割を担った。

本町（紀州街道）

防潮石垣

本町に戻りさらに南へと進む。**一里塚弁財天**（11）を過ぎると、まもなく右手に**光明寺**《こうみょうじ》（12）があらわれる。ここが本町の南端となる。紀州街道はもともとこのあたりで大きくクランクし、城下町端の典型的な景観を形づくっていたが、現在は直線に改造されている。

岸和田から貝塚へ

伝馬口門跡で本町に別れを告げ、一本浜側の道に面した城主岡部氏ゆかりの**梅渓寺**《ばいけいじ》（13）と、根来寺勢の攻撃から岸和田城を救った地蔵を本尊とする**天性寺**《てんしょうじ》（**蛸地蔵**《たこじぞう》）（14）にも立ち寄ってみたい。その後、紀州街道は南町二三番地付近で大きくクランクしたうえで**寺前橋**《てらまえばし》（15）に至る。

寺前橋は細い溝に架かる小橋なので見過ごしそうになるが、実は伝馬口門からここまでが江戸時代初めに拡大した岸和田城下町の南新町《みなみしんまち》である。ここでいよいよ岸和田城下町に別れを告げる。

南新町の寺前橋

岸和田・貝塚市境には津田川が流れている。下流方向に目を向けると貝塚側に**寺田紡績**（16）の煉瓦建物が見える。近代紡績で名を馳せた貝塚への訪問を出迎えてくれるようだ。

貝塚寺内町とは

紀州街道は「堀新《ほりしん》」交差点で府道二〇四号線に合流する。ここには北境川《きたさかいがわ》が流れている。ここを北端とし、南方の清水川を南端とする範囲が貝塚寺内町である。貝塚寺内町は段丘上の浄土真宗**願泉寺**《がんせんじ》（17）および中之町・近木之町《こぎのまち》、そして段丘下に位置する紀州街道沿いの北之町・西之町・南之町から構成された。

願泉寺は天文一九年（一五五〇）

成立の御坊寺院「海塚坊」を前身とし、天正一一年（一五八三）から一三年までは本山本願寺の所在地となった経歴をもつ。そして近世を通して願泉寺住職の卜半《ぼくはん》氏が寺内町の領主となり、寺内町は「卜半寺内」として諸役免許が認められて存続した。他に類例のない寺内町である。

利斎坂

寺内町の景観

府道二〇四号線の「北町南」交差点から南東方向へ段丘を上がってみよう。正面の趣深い坂は**利斎坂**《りさいざか》（18）で、左手にあるのが名の由来となった利斎家住宅である。同家は薬種問屋を営み北町の町年寄をつとめた。一七世紀にさかのぼる可能性のある寺内有数の古建築である（登録有形文化財）。坂の右手はかつて願泉寺と政務機関だった卜半役所が置かれた市立北小学校である。坂を上りきり南西方向に折れると卜半家家老職をつとめた天保三年（一八三二）築の**並河**《なみかわ》**家住宅**（登録有形文化財）（19）があり、それを過ぎると勇壮な願泉寺の表門が見えてくる。表門の前面には満泉寺など、かつての寺僧寺院が立ち並び、寺内町中枢部の往年の光景を偲ぶことができる。

願泉寺本堂

感田神社の濠

表門から願泉寺の境内に入ってみる。目隠し塀の向こうに建つのが装飾性豊かな荘厳に彩られた寛文三年（一六六三）再興の本堂である。太鼓堂・表門とあわせて国の重要文化財に指定されており、近世真宗寺院を構成する建築群が鑑賞できる貴重な場となっている。

願泉寺を出て南西側にある中町通を南東に一〇〇mほど行くと、寺内町の東端に位置する**感田《かんだ》神社**（寺内町総鎮守）（20）に着く。かつて感田神社は濠で囲まれていたが、その濠は寺内町全体を囲う濠の一部でもあった。境内の北寄りにはそのうち一〇数mが残り、寺内町の濠としては唯一の遺構となっている（市指定史跡）。欲張って二都市をめぐった今日の旅の終着点、南海電車の貝塚駅は神社からすぐである。

参考文献

大澤研一・仁木宏編『岸和田古城から城下町へ　中世・近世の岸和田』（和泉書院、二〇〇八年）
堺市博物館編『貝塚願泉寺と泉州堺』（二〇〇七年）

30 中世荘園・和泉国日根荘

廣田浩治
Koji Hirota

中世の荘園とは

荘園というと日本史の授業で「開発領主が貴族に土地を寄進してできた貴族や寺院の私有地」と教わった方が多いだろう。しかしその理解は十分ではない。

荘園は寄進だけでなく権門貴族（公家《くげ》・寺社・武家政権）の主導でつくられる。荘園には権門貴族（荘園領主）の組織が置かれて支配を行う。公家・武家の政権も荘園を行政単位として国政を行う。荘園は今日の自治体に当たる。

荘園はまとまった領域と境界を持つ。そして農民をはじめ多様な住民がおり、住民は様々な共同体を形成して、共同で生活と生産を営んでいた。荘園は住民の共同体から成る地域社会である。

大阪府泉佐野市にあった荘園・和泉国日根荘《ひねのしょう》には、荘園の遺跡や荘園の時代から続く景観が存在する。遺跡のうち一六カ所が国史跡、景観の一角が重要文化的景観になっている。日根荘の遺跡と景観を活かした歴史的ストーリーは二〇一九年、「旅引付と二枚の絵図が伝えるまち—中世日根荘の風景—」として、文化庁により日本遺産に認定された。遺跡や景観を通して、先のような荘園のあり方を知ってほしい。

日根荘の立荘と寺社

日根荘の故地に行くには、ＪＲ阪和線の日根野駅で下車する。駅前に

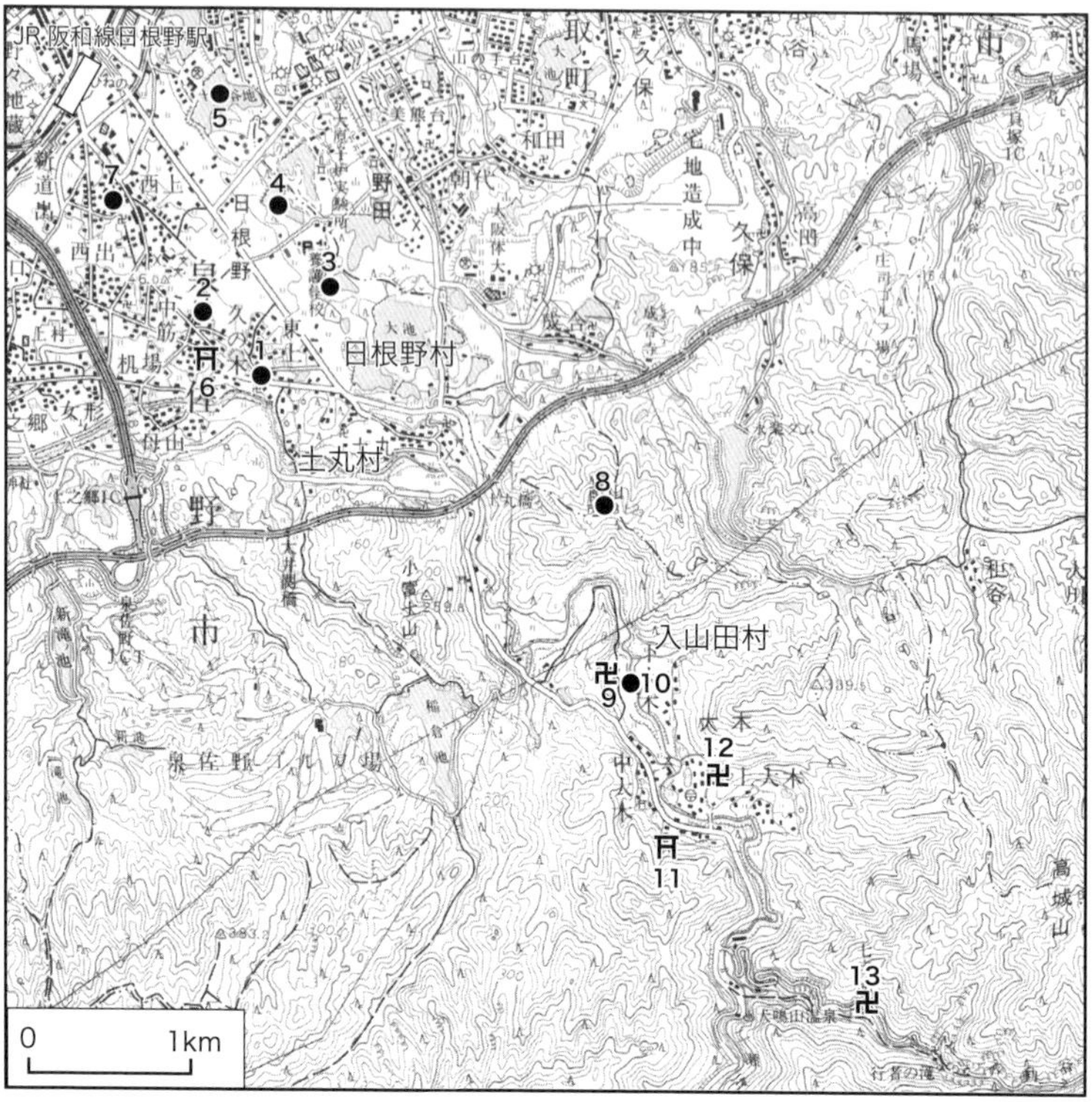

1 日根神社・慈眼院・井川　2 野々宮跡　3 尼津池　4 八重治池　5 十二谷池　6 総福寺天満宮　7 新道出牛神　8 土丸・雨山城跡　9 円満寺　10 長福寺跡　11 火走神社　12 西光寺　13 犬鳴山七宝瀧寺

日根荘遺跡の案内板がある。日根荘を描いた鎌倉時代の絵図が二点残されているが、駅前はそれらの絵図にみえる白水池《しらみずいけ》があったところである。

日根荘の立荘《りっしょう》（設立）は鎌倉時代の天福二年（一二三四）。領主は五摂家（摂関家）の一つ九条家である。前当主の九条道家《みちいえ》は、和泉国日根郡の賀美《かみ》郷（今の泉佐野市）の荒野の開発を朝廷から認められ、鶴原《つるはら》・井原《いはら》・日根野《ひねの》・入山田《いりやまだ》の四カ村から成る広域荘園・日根荘が誕生した。

駅前からバスに乗って粉河《こかわ》街道を日根野（中世の日根荘日根野村）に進む。バス道路ぞいに、久《く》の木《き》の**総福《そうふく》寺天満宮《じてんまんぐう》**（6）と**新道出牛神《しんどうでうしかみ》**（7）がある。牛神は農耕牛の神とされ、鎌倉時代の絵図では荒野の近くにある。

東上バス停の近くに**日根神社**《ひねじんじゃ》（1）がある。和泉国五社の一つで大井関《おおいぜき》社とよばれ、日根荘の荘鎮守社であった。室町・戦国期には祭礼（射《じゃ》

日根神社

礼《らい》・馬行列）や連歌会が行われた。境内には本殿や摂社などの文化財がある。

日根神社の境内を農業用水路が流れる。中世に開削された**井川**《ゆかわ》（1）である。井川の用水は近くを流れる樫井川の上流から取水する。

日根神社の北側に隣接するのは真言宗の**慈眼院**《じげんいん》（1）である。近世までは大井関社の社僧寺であった。鎌倉時代の多宝塔《たほうとう》、金堂がある（拝観有料）。

日根荘の開発と水利

慈眼院からバス道路を北側へ渡ると、道路脇に井川が流れている。井川ぞいには荒野開発の歴史をたどる遺跡がある。鎌倉時代の正和五年（一三一六）の日根荘日根野村の絵図をもとに進む。

井川ぞいに北西方向へ進むと水田の景観が開ける。井川のすぐ東の高台の田地一帯に、日根荘の政所《まんどころ》（経営本部）が置かれた無辺光院《むへんこういん》があったと考えられる。さらに井川に沿って進むと田地のなかに樹木に囲まれて**野々宮跡**《ののみや》（2）の碑が立つ。丹生《にゅう》大明神《だいみょうじん》とよばれ日根野村の鎮守社で、本殿は日根神社境内に移されている。

井川の東の丘陵には国史跡の溜池、**尼津池**《あまづいけ》（3）・**八重治池**《やえじいけ》（4）・**十二谷池**《じゅうにだにいけ》（5）が並ぶ。これらは鎌倉時代の絵図の甘漬池・八重池・住持谷池に当たる。井川に流れ込む用水は、これらの溜池の水である。井

十二谷池

川の終着点は浄水場が隣接する十二谷池である。開発の水源となった溜池からは、日根野の水田景観を見下ろすことができる。

当時の荒野は日根野小・中学校一帯～日根野駅～熊野街道付近（国道二六号線付近）に当たる。鎌倉後期、九条家は絵図を作成し、土木技術を有する僧侶や寺院を起用して荒野開発を進めた。

鎌倉期の開発を基礎に室町時代には荒野に新たな集落や耕地が形成された。久の木や新道出も室町時代に現れた日根野の集落である。十二谷池や井川の用水は日根野村の百姓（農民）が管理した。室町・戦国期の日根野村では農民的な開発が展開し、番頭（村役人）・百姓中が自治を行った。

土丸・雨山城

日根野から和泉山脈を見ると、二つに連なる城《じょう》ノ山と雨山《あめやま》が見える。山頂には中世の山城、**土丸《つちまる》・雨山城《あめやまじょう》跡**（8）（泉佐野市土丸・熊取町）がある。土丸は中世には日根荘入山田村の一村であった。

日根野からバス道路を土丸に進む。土丸バス停付近に土丸・雨山城の説明版がある。樫井川を渡り、城

土丸・雨山城跡（井川から）

ノ山・雨山頂上の城跡に登ると、和泉国の平地を見渡せる。

　土丸・雨山城は、南北朝時代に室町幕府軍と南朝軍が争奪しあった。土丸・雨山城は戦国期まで使われ、曲輪《くるわ》の跡や堀切《ほりきり》・土塁《どるい》が残る。戦国期に日根荘の住民が戦時の避難所とした可能性もある。

　バス停から往復二時間ぐらいでこれらの山城をまわれるので、健脚の方はトライしてほしい。

入山田村と九条正基

　土丸からバス道路を通り、池と峠を越えると大木《おおぎ》である。中世の日根荘入山田村《いりやまだむら》の奥三カ村（船淵《ふなぶち》村・菖蒲《しょうぶ》村・大木村）の故地である。

　下大木バス停から北向きに集落に下ると、中世の大木村以来の村堂で戦国時代に曲舞《くせまい》が演じられた**円満寺《えんまんじ》**（9）がある。円満寺から見下ろす樫井川べりの水田は**長福寺跡《ちょうふくじ》**（10）である。戦国時代の文亀元年（一五〇一）～永正元年（一五〇四）、前関白の九条政基《まさもと》は長福寺に滞在して直《じき》務《む》支配を行い、日記『政基公旅引《まさもとこうたびひき》付《つけ》』を記した。

長福寺跡

　日根荘は室町・戦国期には武家勢力の侵略により平野部の鶴原村・井原村を失い、九条家領は日根野・入山田の二カ村となった。戦国期には日根荘の周辺で和泉守護の細川氏と紀伊の根来寺《ねごろでら》が戦った。九条政基は日根荘の支配を再建維持するため、老齢ながら家僕《かぼく》（家臣）を率いて日根荘に在荘《ざいしょう》した。
　長福寺跡では寺院遺構が発掘されている。政基の在荘時には境内に政基一行の宿所が整えられた。

入山田村の寺社と景観

　バス道路に戻ってさらに進むと中

大木バス停前に**火走神社**《ひばしりじんじゃ》（11）がある。中世には滝宮とよばれ、入山田四カ村（奥三カ村と土丸村）の鎮守社であった。七月の盂蘭盆《うらぼん》では滝宮で入山田村の衆が風流念仏《ふうりゅうねんぶつ》の踊りを催した。政基も風流念仏を「都の能者に恥じず」と記した。八月の祭礼では猿楽《さるがく》や能楽《のうがく》も行われた。旱魃の時には雨乞《あまご》いが行われている。滝宮は入山田村の番頭・古老・百姓の寄合の場でもあった。

バス道路に戻って上大木バス停から橋を渡り墓地のある山を登ると、中世の菖蒲村の村堂であった**西光寺**《さいこうじ》（12）がある。入山田村の番頭・百姓は守護の軍勢が攻め寄せると、西光寺や円満寺の鐘を鳴らして集まり、武装して日根野村とともに守護の軍勢を撃退した。村堂は住民の自治の拠点であった。

西光寺のある山からは奥三カ村を一望に見渡せる。ここが重要文化的景観（日根荘大木の農村景観）の場である。特に上大木の棚田の景観が美しい。九条家の古文書や「旅引付」には入山田村の水路や溜池が現れる。水田・水路・溜池の景観が中世に遡ることを物語る。

バス道路をさらに山奥に進むと、犬鳴温泉があり、真言宗で修験道《しゅげんどう》の**犬鳴山七宝瀧寺**《いぬなきさんしっぽうりゅうじ》（13）がある。政基の時代、七宝瀧寺の滝で入山田村の雨乞いが行われた。当時、七宝瀧寺の別当は根来寺僧であった。政基が在荘直務を終えて帰洛すると、日根荘は根来寺の代官支配地となり、根来寺領となっていった。

参考文献

泉佐野市『新修泉佐野市史第13巻　絵図地図編』（二〇〇〇年）
泉佐野市『新修泉佐野市史第12巻　かんがい水利編』（清文堂出版、二〇〇五年）
泉佐野市『新修泉佐野市史第1巻　通史編』（清文堂出版、二〇〇八年）

＊日根荘の遺跡や景観の保存整備の取り組みや、指定文化財については、泉佐野市役所ホームページhttp://www.city.izumisano.lg.jp/、歴史館いずみさの内の展示を参照。

あとがき

私たちが本書の構想をたずさえて、文理閣の黒川美富子さんに相談したのは、二〇一七年のことでした。仁木は大阪生まれですが、磐下さんは愛知県育ちで、就職して来阪し、ようやく大阪の町のことが少しずつわかってきたころでした。それぞれ中世史、古代史のゼミの学生を連れて府内の巡見にでかけ、歴史の奥深さを実感する機会が多くありました。それで、より多くのみなさんに、大阪の町歩きの魅力を伝える本をつくりたいと考えたわけです。

大阪の歴史が京都の歴史とちがうのは、その多様性にあるように思います。京都は、歴史的な事物や場所の多くが究極的には、天皇・内裏に結びつき、武家もふくめた「都の史跡」ということになります。それにくらべて大阪では、古代の天皇陵も重要ですが、中世・近世には武士、寺社、民衆にかかわる遺跡も多く、近代・現代のモダン建築や産業にかかわる遺産も多く残されています。また大阪市に中心性はありますが、近郊都市がそれぞれ独自の歴史をもち、自治体もそれを大事にしています。

私たちが勤める大阪市立大学は、大阪府立大学と一緒になり、二〇二二年から新大学（大阪公立大学）が立ち上がります。これからは、府内各地でさまざまな専門の研究者、あるいは市民のみなさんと交流し、大阪の歴史にふれる機会も増えるのではないかと楽しみにしています。この本は、そうしたきっかけとなるでしょう。

読者のみなさんには、是非、この本を片手に町を歩いていただき、これまで知らなかった大阪の魅力を発見してほしいと思います。そうしてこの本が、さらに歴史を掘りおこすとともに、大阪の歴史遺産や文化財が未来に継承されてゆく一助となるように祈っています。

最後になりましたが、コロナ禍のたいへんな状況の下、本書の編集に尽力いただいた文理閣の山田知佐子さんに、あらためて感謝の意を表したいと存じます。ありがとうございました。

二〇二一年七月

仁木　宏

執筆者紹介

仁木　宏（にき　ひろし）
（奥付ページに記載）

磐下　徹（いわした　とおる）
（奥付ページに記載）

積山　洋（せきやま　ひろし）
（一財）大阪市文化財協会学芸員
『古代の都城と東アジア』（清文堂、2013年）、『東アジアに開かれた古代王宮　難波宮』（新泉社、2014年）

松尾　信裕（まつお　のぶひろ）
元大阪城天守閣館長
「松江城下の成立と構造」（中井均編『松江城』山陰名城叢書2、ハーベスト出版、2020年）、「古代・中世の船場地域の景観」（『大阪歴史博物館研究紀要』第16号、2018年）

大澤　研一（おおさわ　けんいち）
大阪歴史博物館館長
『戦国・織豊期大坂の都市史的研究』（思文閣出版、2019年）、『岸和田古城から城下町へ　中世・近世の岸和田』（共編、和泉書院、2008年）

豆谷　浩之（まめたに　ひろゆき）
大阪歴史博物館研究主幹
「蔵屋敷の配置と移転に関する基礎的考察」（『大阪市文化財協会研究紀要』第4号、2001年）、「江戸時代前期における摂津国住吉郡西喜連村の素描」（『大阪歴史博物館研究紀要』第18号、2020年）

小谷　利明（こたに　としあき）
八尾市立歴史民俗資料館館長
『畿内戦国期守護と地域社会』（清文堂出版、2003年）、『南近畿の戦国時代』（編著、戎光祥出版、2017年）

中西　裕樹（なかにし　ゆうき）
高槻市文化財課課長
『戦国摂津の下克上　高山右近と中川清秀』（戎光祥出版、2019年）、『大阪府中世城館事典』（戎光祥出版、2015年）

藤井　裕之（ふじい　ひろゆき）
吹田市立博物館学芸員
「胞衣と疱瘡 ―儀礼的誕生の象徴的世界と湯立て―」（森隆男編『民俗儀礼の世界』清文堂出版、2002年）、「校歌にみる千里ニュータウン」（『吹田市立博物館報』14号、2014年）

宮崎　康雄（みやざき　やすお）
高槻市街にぎわい部参事
「摂津国」（『日本古代道路事典』八木書店、2004年）、「今城塚古墳は継体天皇陵か」（『天皇陵』洋泉社、2016年）

福島　克彦（ふくしま　かつひこ）
大山崎町歴史資料館館長
中世大山崎の都市空間「保」（仁木宏編『日本古代・中世都市論』吉川弘文館、2016年）、『明智光秀』（中央公論新社、2020年）、『畿内・近国の戦国合戦』（吉川弘文館、2009年）

西田　敏秀（にしだ　としひで）
京都橘大学非常勤講師
「くずは考 ―継体天皇擁立の一側面―」（『塚口義信博士古稀記念　日本古代学論叢』和泉書院、2016年）、「古代寺院と寺辺の景観 ―河内九頭神廃寺周辺の調査成果から―」（『古代寺院史の研究』思文閣出版、2019年）

三田村　宗樹（みたむら　むねき）
大阪市立大学大学院理学研究科　教授
「ボーリングデータからみる大坂城本丸地区における地盤の変遷」（大阪市立大学豊臣期大坂研究会編『秀吉と大坂 ―城と城下町―』和泉書院、2015年）、「我が国の地下水盆」「大阪平野の帯水層と流動性」（益田晴恵編『都市の水資源と地下水の未来』京都大学学術出版会、2011年）

村上　始（むらかみ　はじめ）
四條畷市教育委員会生涯学習推進課　上席主幹兼主任
「河内キリシタンの動向と展開」（『飯盛山城と三好長慶』戎光祥出版、2015年）、「河内キリシタンの遺跡」（『戦国河内キリシタンの世界』批評社、2016年）

尾谷　雅比古（おたに　まさひこ）
関西大学・桃山学院大学・立命館大学非常勤講師
『近代古墳保存行政の研究』（思文閣出版、2014年）、「明治期における知己の楠公父子顕彰」（高木博志編『近代天皇制と社会』思文閣出版、2018年）

安村　俊史（やすむら　しゅんじ）

柏原市立歴史資料館館長

『群集墳と終末期古墳の研究』（清文堂出版、2008年）、『大和川の歴史』（清文堂出版、2020年）

石田　成年（いしだ　なりとし）

元柏原市教育委員会文化財課

「奈良県の鉄道について」（『奈良県の近代化遺産 —奈良県近代化遺産総合調査報告書—』奈良県教育委員会、2014年）、「旧大阪鉄道（JR西日本関西本線）芝山隧道（大阪府）」（『近代遺跡調査報告書 —交通・運輸・通信業— 第一分冊』文化庁文化財部記念物課、2018年）

山田　幸弘（やまだ　ゆきひろ）

藤井寺市教育委員会文化財保護課　主幹

『西墓山古墳 —古市古墳群の調査研究報告Ⅲ』（藤井寺市教育委員会、1997年）、『南河内における中世城館の調査』（大阪府教育委員会、2008年）

笠井　敏光（かさい　としみつ）

大阪国際大学国際教養学部　教授

「古市古墳群とその時代」（『古代を考える河内飛鳥』吉川弘文館、1989年）、「三輪山と卑弥呼」（『三輪山と卑弥呼・神武天皇』学生社、2008年）

吉田　豊（よしだ　ゆたか）

元堺市博物館　学芸課長

「堺中世の会合と自由」（『堺市博物館報』17号、1998年）、「海神から歌神へ —住吉・堺・和歌の浦—」（鶴﨑裕雄・小髙道子編『歌神と古今伝受』和泉書院、2018年）

白神　典之（しらかみ　のりゆき）

堺市博物館　学芸員

「埴輪の終い —日置荘埴輪窯を中心として—」（『埴輪論叢』第7号、埴輪検討会、2017年）、「堺事件とは何か —150年の時を超えて」（『フォーラム堺学』第24集、公益財団法人堺都市政策研究所、2018年）

廣田　浩治（ひろた　こうじ）

静岡市文化振興財団事務局学芸課　係長

「『政基公旅引付』（九条政基）」（元木泰雄・松薗斉編『日記で読む日本中世史』ミネルヴァ書房、2011年）

編者紹介

仁木　宏（にき　ひろし）
1962年大阪府生まれ
京都大学大学院文学研究科博士後期課程学修退学。京都大学文学部助手などを経て
現在、大阪市立大学大学院文学研究科教授
『近畿の名城を歩く』（吉川弘文館、2015年）
『秀吉と大坂 —城と城下町—』（和泉書院、2015年）

磐下　徹（いわした　とおる）
1980年京都府生まれ
東京大学大学院人文社会系研究科博士課程単位取得満期退学。関東学園大学経済学部講師、大阪市立大学大学院文学研究科講師を経て
現在、大阪市立大学大学院文学研究科准教授
『日本古代の郡司と天皇』（吉川弘文館、2016年）
『難波宮と大化改新』（共著、和泉書院、2020年）

＊本書は、日本学術振興会科学研究費補助金・基盤研究(B)（課題番号19H01312、研究代表者＝仁木宏）、ならびに同上・若手研究（課題番号20K13178、研究代表者＝磐下徹）の研究成果の一部である。

歴史家の案内する大阪

2021年10月20日　第1刷発行

編著者　仁木　宏・磐下　徹
発行者　黒川美富子
発行所　図書出版　文理閣
京都市下京区七条河原町西南角 〒600-8146
電話 (075) 351-7553　FAX (075) 351-7560
http://www.bunrikaku.com
印　刷　新日本プロセス株式会社

　ISBN978-4-89259-890-6